国連安全保障理事会

UNITED NATIONS
SECURITY COUNCIL

その限界と可能性

松浦博司【著】

東信堂

はじめに

二〇〇八年夏、グルジアの南オセチアにおける軍事行動とそれに対するロシアのグルジア進出によって、国際情勢の緊張は一気に高まった。この問題を巡り国連安全保障理事会（以下安保理）は、常任理事国（Permanent 5：P5）である米英仏と露の間の政策対立が先鋭化し、意思決定不能に陥った。折しもP5の残る一カ国である中国も、二〇〇七年来ミャンマー問題やジンバブエ問題で米英仏との対立を先鋭化させている。領土内に分離独立を唱える少数民族を抱える中国が、南オセチアとアブハジアのグルジアからの分離独立を承認した露と、グルジア問題で直ちに共同歩調をとることは考えにくいが、このところ安保理がP5諸国間の対立が原因で急速に機能を低下させていることは間違いない。

今回のP5内の対立は、上に挙げた三つの特定問題に限定されるのだろうか。そして、P5諸国がボスニア・ヘルツェゴビナ問題、コソボ問題、対イラク武力行使問題等を巡って対立したものの全般的な協力・協調を維持した九〇年代初頭から最近までの時期と同様、対立する問題以外においては全般的な協力・協調を維持するのだろうか。それともこれらの特定問題を超えて対立・対決が広がり、あたかも冷戦時代のように、安保理は全面的な機能不全に陥ってしまうのだろうか。この二〇年間おおむね紛争解決における役割を拡大してきた安保理は、いまや岐路に直面しているように見える。

しかし視野を少し広げてみると、安保理がその制約を克服して期待される機能を果たすために必要なのは、P5内の協調ばかりではない。実際安保理が負っている制約は大きいので、制約を克服するために必要なことは相当に多い。では、そもそも安保理はいかなる制約を負っているのだろうか。その制約はどこまで克服可能なのだろうか。克服した先に、どのような可能性が待っているのだろうか。本当に安保理はこれからも紛争解決に有効な役割を果たせるのだろうか。本書はこのような視点から安保理にアプローチしている。

二〇〇五年から二〇〇六年にかけての二年間、日本の世論にとり安保理はこれまでになく身近な存在だった。多くの安保理関連報道が日本の新聞紙上をにぎわした。とりわけ、二〇〇五年に日本がドイツ、インド、ブラジルとともに安保理改革論議を主導する役割を果たし、ニューヨークのみならず世界を舞台に大がかりな外交戦を繰り広げた経緯[1]や、二〇〇六年、北朝鮮が七月にミサイルを発射し、一〇月に核実験再開声明を行ったことへの対応を安保理が審議し、それぞれを非難し、停止を要求する安保理決議一六九五及び一七一八を採択した経緯[2]は、日本中の注目の対象となった。あれから二年以上が経って当時の記憶も薄らぎ、安保理は、時折関心を喚起し残りの期間は忘れられる存在に戻ったかのように見える。

果たしてあの二年間は日本人の対安保理観に決定的な変化を与えることなく、日本の世論にとっての安保理は以前のそれへと戻ってしまったのだろうか。それとも国連安保理という仕組みを通じて国際紛争の解決に関与することの意味が、深く国民の脳裏に刻み込まれた時期として、永く影響を及ぼすことになるのだろうか。二〇〇三年から二〇〇六年末までの約四年間を日本政府国連代表部で政務担当官として過ごし、問題の二年間をまさに安保理における交渉に費やした筆者は、後者であることを望む。日本は、国連加盟国中安保理非常任理事国に最も頻繁に選出されている国の一つである。二〇〇五年の安保理改革論議についても、孤立した外交史上の出来事として記憶されるのではなく、日本が世界の紛争解決に果たす役割が高まりゆく過程における一里程標として思い出されるようであって欲しい。

上に述べたように、安保理はＰ５さえ協調していれば有効な役割を果たせるわけではない。Ｐ５を含む全安保理メンバー国、紛争解決に携わる様々な国や国際機関、そして国際世論を形成する国、メディアなど、実に広範な主体が、安保理の有効性を支える行動を互いにとりあって、初めて真に有効な役割を果たせる。日本はすでにその重要な一翼を担っているのである。このことをぜひ意識していただきたいと思う。

本書は、実務者の目に映ずる安保理を、実務者の関心に従って書き綴ったものにすぎない。したがって、学術著述としての質は望むべくもないが、読者諸賢が安保理についての記憶を新たにし、また今後の日本と紛争解決との関わり、国連安保理との関わりについて考える上での一助になることを願って執筆した。安保理の働きについて理解を深めることから出発して、さらに紛争解決のために安保理を使いこなすことに何らか役に立てていただける機会があらば、望外の幸せである。この問題について専門的に研究されている方から見れば、もとより不十分な内容であり、誤りもあるかと思う。御批判、御叱責を賜ることができればと思う。

本書の構成を記しておく。序章は、イラク問題、北朝鮮問題、アフガニスタン問題という、日本の読者に比較的なじみ深い三つの問題を題材に、今日の安保理を理解する手がかりとなる問題をいくつか浮かび上がらせる。第１章から第３章はいわば理論編であり、本書の中核部分である第７章から第10章において、安保理の様々な側面を順に取り上げていく際の分析枠組を提示することに充てられる。第1章は安保理自身に由来する制約、第2章は紛争への介入行動の本質に由来する制約、第3章は、それにもかかわらず安保理による介入が大きな効果を発揮し得る原理である、正統性の付与機能を中心に取り上げることとなる。

続く第4章から第6章は、実践編序論とでも言ったらよいであろうか。安保理の活動の分析に初めて触れる読者を念頭に、法的制度、紛争介入ツール及び通時分析を取り扱っている。これらの分野については優れた研究書がすでに多数存在しているので、第7章から第10章の記述を理解するために必要な基礎事項と最近の安保理における実行の紹介に主眼を置いた内容となっている。実務で安保理に携わっている読者には目新しい内容が乏しいかもしれない。

これら三章を序論とすれば、第7章から第10章が実践編本論である。交渉し決定をする合議体としての安保理を巡る現象に現れた事実を、第1章から第3章で提示した分析枠組を用いて、また第4章から第6章の知識を下敷きにして、つなげていく体裁をとっている。安保理内部の実行を分析した文献はあまりないようなので、組織・権力構造（第7章）、手続き（第8章及び第9章）、意思決定過程（第10章）に分けて、ある程度詳しく分析した。安保理における実行は流動的なので、賞味期限切れとなる宿命を免れないが、当面は実務家の参考になる面があると思う。実務に対する関心が強くない読者には拾い読みしていただければと思う。

第11章では、第10章までの議論の主要点をまとめ、それを土台として今後の課題と見通しを整理してみた。

付録として、安保理の手続き問題についての基礎的な資料を二点収録した。付録1は、二〇〇六年に安保理文書手続作業部会が手続き問題を総合的に取り扱った経緯を解説した拙稿[3]であり、付録2は、その作業の成果物である「安保理作業方法ハンドブック」（日本政府国連代表部編集・発行）の私訳である。これには別添資料として、安保理仮手続規則が添付されており、これも併せて訳出した。訳文は、本文の記述となるべく用語上の統一を図るよう心がけた。これまで出回っている訳や今後出版されるものと訳語の異同があるかもしれないが、御寛恕願いたい。

先にも述べたが筆者は二〇〇三年四月から二〇〇六年一二月まで日本政府国連代表部政務部に勤務し、多くの安保理関連業務に携わる機会を得た。本書は、筆者が二〇〇五年一〇月から二〇〇六年四月にかけて、コロンビア大学国際関係学大学院の日本人大学院生約一〇名とともに数回に分けて行ったセミナーにおける、筆者の講義内容が出発点となっている。その後、当時東京大学から国連代表部に出向中であった北岡伸一次席大使（以下も含め、肩書は特記しない限りいずれも当時）や羽田浩二国連代表部公使の勧めにより、原稿に書き下ろし、本書の原型が出来上がった。当初のセミナー参加者の一部から第一稿へのコメントをしてもらい、これらのコメントを踏まえるとともに、二〇〇六年八月に在ニューヨークの国連関係者・研究者のネットワークである国連フォーラムの依頼により国連代表部内で筆者が行った講演[4]の内容を加味して、第二稿とした。さらに、二〇〇八年一月及び二月、東京大学大学院総合文化研究科が行っている「『破綻国家』の生成と再生をめぐる学術研究」の一環として、筆者は同大学において研究会形式で発表を行う機会を得た。その際に行った追加的な分析を取り込んだ第三稿に対して、何人かの専門家から寄せられたコメントを踏まえて修正を加えたものを最終稿とした。

こうした経緯を経て誕生をした本書である。筆者として、以下の方々に感謝の辞を捧げさせていただきたい。本書の題材である安保理について筆者が分析をする機会を得たのは、国連代表部で幅広く関連業務を担当することができたからである。原口幸一郎元国連大使、大島賢三前国連大使をはじめとする代表部の皆様のお陰である。とりわけ、北岡大使と羽田公使に対しては、仕事の機会を与えてくださったということに加え、本書が誕生する決定的なきっかけを与えていただいたことで二重の感謝をお伝えしたい。北岡教授にはさらに出版社に本稿を紹介していただく労までとっていただいたので、真に本書の産婆役になっていただいた。大阪大学から国連代表部に出向中であった星野俊也公使参事官にも絶えず筆者の執筆を励ましていただくとともに、原稿に丁寧なコメントを頂戴し、のみならず多くの有益な参考文献を紹介していただいた。本書の出発点はコロンビア大学でのセミナーと書いたが、真の出発点は、ともに安保理チームとして働いた国連代表部政務部の同僚と仕事場で繰り返した内輪の議論である。筆者との議論につきあってくれたすべての同僚諸兄姉のおかげで、本書の生地が練られた。特に、中田昌宏書記官との様々な角度からの実り豊かな議論の楽しさが忘れられない。また筆者とともに安保理文書手続作業部会議長職の実働部隊を務め、「安保理作業方法ハンドブック」作成の実務を一手に引き受けてくれた、山本武臣書記官との共同作業も思い出深い。

そして、コロンビア大学でのセミナーに熱心に参加してくれた皆さん。特に、幹事役を引き受けてくれた寺西友美さん、第一稿に対する有益なコメントを提供してくれた土井香苗さん、橋本のぞみさん、藤澤有希子さんに感謝申し上げる。また、国連フォーラム主催の講演に出席し、活発な議論を提起してくださった皆さんや主催者の皆さんにもこの場を借りてお礼申し上げたい。さらに、二〇〇六年末に外務本省に帰任して以来、欧州諸国との経済関係という国連安保理とは縁遠い仕事に日々を送る中で、本書を仕上げる作業はほとんど頓挫しかかっていたが、そのような時に石田淳教授及び遠藤貢教授が東大における研究会に声をかけてくださったお陰で、作業を進める新たな弾みを得ることができた。また研究会における意見交換が、本書の内容と構成を向上させるよい刺激となった。お二人とともに研究会に参加してくださったすべての方にお礼申し上げる。第三稿に対する有益なコメントを賜ったすべての方々にも、深く感謝申し上げる。

最後に、本書で述べられた見解は著者個人のものであり、日本政府または外務省の見解を代表するものではないことをお断りさせていただく。

注

1　北岡［二〇〇七］第8章から第10章参照。
2　麻生［二〇〇六］、大島［二〇〇七］及び北岡 同上書、終章参照。
3　「安保理の店子、大家を掣肘す――安保理作業方法ハンドブック誕生記」（東京財団国連研究プロジェクト「国連ウォッチング」二〇〇七年七月二四日号（通巻第1号）所収の同名論文を再録）
4　松浦［二〇〇六］

国連安全保障理事会――その限界と可能性／目次

国連安全保障理事会——その限界と可能性

序章　イラク、北朝鮮、アフガニスタンを巡る審議から見た安保理

これら三つの安保理審議が提起する、今日の安保理の論点を俯瞰するとともに、本書のアプローチ、前提とする立場及び分析視角を提示する。

1　三つの安保理審議

世論の記憶する安保理審議

読者に安保理の役割と機能という問題を身近に考えていただくため、過去数年の国連安保理における審議の中から比較的日本世論の記憶に残っている案件に関する審議を振り返ってみるところから始めたい。日本に限らず、世間の安保理に対する関心の範囲は内容的にも時間的にも限定的である。多彩な安保理審議は、(1)議論の激しさ（戦争か平和かの選択か、悲惨な人道被害があるか等）、(2)とられる措置の強さ（軍事的措置や制裁を伴うか）、(3)自国との関わりの大きさ（自国が紛争当事者か、自国周辺の安全保障に直結するか、自国が実施しようとする介入措置に関わるか等）といった観点

からふるいにかけられ、一定以上のもの以外は、報道もまばらであるし、世間からもすぐに忘れ去られる。ここに取り上げる三つの安保理審議は、日本に関して上に挙げた基準のいずれかを満たしているが、これらですら二〇〇八年の現時点において、日本の世論がよく記憶しているとまでは言えないかもしれない。

三つの安保理審議とは、第一に二〇〇二年から二〇〇三年にかけて行われた、対イラク武力行使を容認する決議案を巡る審議、第二に二〇〇六年に北朝鮮が行ったミサイル発射及び核兵器実験実施声明を受けてこれを非難し、制裁を科す二本の決議を採択した審議、そして第三に、インパクトはだいぶ落ちるが、アフガニスタンにおける対テロ作戦支援の一環であるインド洋における給油活動について、日本国内でその継続をめぐる議論が行われていた二〇〇七年、日本給油活動を感謝する趣旨を盛り込んだ決議を採択した際の審議、の三つである。中東和平問題、ダルフール問題、ミャンマー問題やジンバブエ問題の審議の方が、重要度が高いのではないかという異論はあるであろう。しかしここではなるべく多くの日本の読者に安保理の役割について改めて身近に考える材料を提供するという目的に従い、日本の世論自身が注目し、盛んに議論を行った問題に関連する審議の中から選ぶこととした。その結果、日本の安全保障や日本の国際貢献と直結し、日本自身の政策論議と絡められたものを選ぶこととなった。読者にはぜひ御自身の記憶をたどりながら読んでいただきたいと思う。

対イラク武力行使の容認を巡る審議は、米ブッシュ政権内で国連安保理による容認を重視するパウエル国務長官の主唱で始められたとされている。二〇〇二年一一月に安保理が採択した決議一四四一は、一九九一年クウェートを侵攻したイラクが多国籍軍による武力行使を受けて停戦に応じた際の諸決議に対し、イラクが重大な違反を犯していると認定し、それら一連の決議の遵守を要求したものである。しかしさらなる武力行使については、かつての多国籍軍の際の武力行使権限が残存していることを窺わせる文言を盛り込みつつも、イラクによる諸決議遵守状況を見つつ再検討することを決定するにとどまり、明示的な容認には至らなかった。仏露等いわゆる平和陣営の反対に遭遇した米英が歩み寄って妥協した結果であり、この決議は全会一致で採択された[1]。米英は、大量破壊兵器問題に関する国連監視・検証・査察委員会（ＵＮＭＯＶＩＣ）へのその後のイラクの協力が不十分であり、またイラクは大量破壊兵器開発を行っていると主張して、武力行使の容認を内容とするいわゆる「第二決議」（一四四一とセットで武力行使容認が完結すると考えられたことからこう呼ばれた）案の採択を求めた。しかし二〇〇三年に入り、その年非常任理事国となった独も加わった平和陣営の強硬な反対に直面（仏による拒否権行使の仄めかしもあったとされる）し、米英は「第二決議」採択を断念して武力行使に踏み切った[2]。当時日本は安保理メンバー国でなく、報道では日本不在のまま戦争か平和かの重大問題が決められることに対する深刻な問題意識が提起された。

二〇〇六年七月、北朝鮮が弾道ミサイルを発射したことを受け、安保理は、これを非難し、北朝鮮に対し関連活動の停止を求め、また国連加盟国に関連物資・技術が北朝鮮内外へ流入・流出することの防止を求め、北朝鮮に六者会合への復帰を求める決議一六九五を全会一致で採択した[3]。「防止」の部分が制裁に当たるかどうかについては、曖昧さが残った。引き続いて同年一〇月、北朝鮮が核兵器実験を行ったとの発表をしたのに対し、非難、さらなる核実験及び弾道ミサイル発射の中止要求、核不拡散条約への復帰要求、核兵器・核開発計画の放棄要求を行った上、禁輸や金融資産凍結を含む制裁措置を明確な形で決定する決議一七一八を、やはり全会一致で採択した[4]。この当時は、日本は安保理メンバー国であり、五常任理事国（Ｐ５）と並ぶ有力関係国として、審議に中心的役割を果たしたことが報道でも大きく取り上げられた。

三番目のアフガニスタンのケースは、安保理審議そのものが記憶に永く残る性質のものではない。しかし、我が国参院において与野党議席数が逆転する「ねじれ国会」という政治状況の下、給油活動の継続・再開が単に国内の政策問題であったのみならず国際社会からも繰り返し要請されて国際問題となった中で、そのような国際社会からの日本への要請を、安保理が控えめな形ながらも表現したという点が注目される。二〇〇七年九月、安保理は、アフガニスタンにおいて国連から武力行使権限を付与された多国籍軍である国際治安支援部隊（ＩＳＡＦ）の権限（マンデート）を一年間延長する決議一七七六を採択した。ＩＳＡＦのマンデートは二〇〇一年の設立以来定期的に安保理決議をもって更新されており、決議一七七六もそのようなルーティーンの更新決議の一つである。安保理は更新決議の採択にあたり、その時点での情勢評価など必要な修正を行うが、決議一七七六採択に当たっては、それ以前の更新決議で言及されていなかった、海上給油活動に対する感謝の文言を前文に盛り込んだ。同決議案の票決にあたりロシアが棄権した（賛成一四票、棄権一票）[5]。ちなみに、この当時日本は安保理メンバー国ではなかった。

読者には、当時の国内外における関連する議論とともにこれらの審議を思い出していただけたであろうか。対イラク武力行使は、まさに戦争か平和かを巡り、国際世論が真二つに分かれた問題であった。米の戦争政策に対し、小泉内閣下の日本がどのように、どの程度協力するかということにも結びつけられて強い関心を持たれた。北朝鮮審議は日本の安全保障に直結するケースであり、よく記憶されて当然である。また日本が効果的な制裁措置を執るかどうかが、対北朝鮮制裁の実効性を左右するという位置づけにもあった。アフガニスタンは、福田内閣の対米関係の試金石とされながら、政局が絡んで日本の国論を分けることとなった貢献措置に関するものであった。三つの安保理審議を仔細に見てみると、今日の安保理を理解する上で重要な論点をかなり多く提起している。本書の取りかかりとして、イラク、北朝鮮、アフガニスタンという我々にとり比較的馴染みのある三つの安保理審議を手がかりに、今日の安保理のいかなる側面に注目していく必要があるかを考えていきたい。

対イラク武力行使容認

当時国際世論を二分した最大の論点は、イラクに対する武力行使が、（国際社会の集団的安全保障のために）「必要不可欠な戦争」なのか、それとも（個別国益のための政策遂行手段としての）「任意の戦争」なのか、という点であった。安保理との関係では、仮にそれが「任意の戦争」であるならば、そのために安保理を正統化の手段に使うことは許されるのか、安保理の濫用ではないか、という形で議論が展開された。では、米はそもそもなぜ安保理による容認を欲したのか。当初容認を欲したにもかかわらず、結局は「第二決議」の採択をあきらめて武力行使に踏み切ったことは、何を意味するのか。

安保理による容認を得るということは、その武力行使が「任意の戦争」ではなく「必要不可欠な戦争」であることの証明を得ることである。すなわち米が安保理による容認を欲したのは、それにより武力行使が政治的及び法的な正統性を付与されるからである。米は当初、そのような正統性を手に入れることが、国内世論との関係、国際世論との関係、イラクとの関係、いずれ戦後復興で協力を求めることとなる各国・国際機関との関係で必要だと判断していたのだろう。そしてまた、容認を求めるという行為を通じて、米は一般に自国の武力行使を集団的安全保障の考えに基づく規範の下に置く姿勢であることを内外に示す必要があると判断していたと考えられる。これらの点は、安保理の基本的役割が正統性付与であること、その基礎として国際社会による集団的安全保障の考え方に対するコミットが必要であることを、きわめて印象的に照射している（本書第3章参照。以下同様）。

結局米は「第二決議」なしに武力行使に踏み切った。このことは、新たな安保理決議による容認から得られる追加的正統性が、武力行使政策の成功にとり決定的に重要ではないとの判断に米が傾いたことの表れであろう。同時に、「第二決議」を諦めたことは、対イラク武力行使が集団的安全保障の考えに基づく武力行使かどうかにつき、安保理が少なくとも確定しなかったと広く理解された。つまり米英による「第二決議」提案は、「安保理の濫用」を試みるものだったが正当にも拒否された、と少なからぬ国から受け止められた。このことは三つの重要な問題を提起する。

まず、紛争に対する国際的介入が集団的安全保障の一環であるのかどうかの境界線は往々にして曖昧である。あらゆる紛争介入は介入する側の国益を離れては考えられず、その意味で、安保理は、そのような国益を動機の少なくとも一部とする紛争介入に、国連の普遍性・中立性を利用して正統性を付与する装置である、という側面も否定できない（第1章及び第2章）。こうした相対的な視点から見てもなお、濫用を試みるものだったと言えるかどうかをよく見る必要があるのだろう[6]。

次に、米英がこのような武力行使提案をなし得たことは、両国が安保理において支配的な力を持つ常任理事国（P5）であったことを抜きには考えられない（第7章）が、この提案が国際世論により「安保理の濫用」と受け止められたとすれば、それが制度としての安保理の長期的信頼に影響を与える可能性、ひいては安保理の支配勢力P5である米英が安保理の信頼性から得ている利益に影響を与える可能性（第11章）についても考えるべきであろう。

三つめに、米英は一九九一年に容認された武力行使権限が二〇〇三年においても有効であるという考え方にのっとり武力行使を敢行した。この考え方は必ずしもすべての安保理理事国や国連事務局に共有されてはいなかったと考えられる。もしこの考えが全面的に共有されていれば、そもそも「第二決議」を巡る議論は不要だったとも言えるだろう。このことは、安保理をめぐる法的制度の曖昧な性格（第4章）を端的に示している。

P5を中心とする安保理の権力構造（第7章）と意思決定過程（第10章）の観点から見て、仏が行ったとされる「拒否権行使の仄めかし」の持つ意味も考察に値する。安保理における対決局面をいやが上にも見せつけ、P5、なかんずく米英仏の分裂を際立たせる効果を持った。英仏二国は、拒否権を行使しない方針を堅持していると見られていただけに、大きな衝撃を与えた。二〇〇三年及び二〇〇四年の安保理は、対決安保理の傷跡を修復することに、相当のエネルギーを費やした。

また、「第二決議」の行く末を巡って報道が白熱する中、イラク問題に関する主要なプレーヤーではない安保理メンバー国（カメルーン、ギニア等）が、投票態度をなかなか決めきれないが故に、キャスティング・ボートを握るメンバーとしてあたかも意思決定に大きな影響力を持つかのように取り上げられた。しかし実際にはそれは見かけの上だけのことであり、案件に深い関心を持たないメンバー国が意思決定に大きな影響力を持つことは極めて稀である（第7章及び第10章）。

武力行使容認審議の局面のみならず、その後の戦後処理の局面にまで引き続いて、アナン事務総長は米英主導の安保理運営に対し例になく明確な形で距離を置く姿勢を示し、「一六番目の安保理メンバー」とさえ揶揄された。このことは、理論的には安保理の忠実な僕《しもべ》であるはずの事務局と安保理との関係（第7章）について考察を迫る状況として目を引いた。

決議案交渉は、往々にして米英二国、P5、P5＋独等で行われた。非理事国やメディアはもとより理事国の多数をも排した密室で行われる閉鎖性に改めて光が当たった。密室交渉の結果概要を、それぞれの陣営がメディアに報告する模様も広く伝えられた。これは一面から見ればそれぞれの陣営による支持獲得キャンペーンであり、もう一面から見れば、安保理が国際社会を代表するという法的擬制が空洞化しないための補償行動と言えるだろう（第9章及び第10章）。

この審議の際には、日本は米とともに決議案の起草国となり、またP５＋日が主たる交渉の場となることにより、日本と五常任理事国が密室交渉の主役となった。P５＋１は、P５中心の議事運営に対する微修正の一類型であり、「＋１」の理事国が実質的に紛争解決策の立案・実施に関与している場合には、有効な方法であることから今後も必要に応じて使われていくであろう（第10章及び第11章）。

また、北朝鮮の大量破壊兵器問題は長く国際社会の安全保障問題であり続けているにもかかわらず、安保理で議論される機会は少ない。一九九三年に北朝鮮がＮＰＴ（核不拡散条約）から脱退する声明を行った際、脱退再考を求める決議八二五を採択したが、その後議長声明やプレス・ステートメントの採択はあったものの、決議による対応は一〇年以上の間隔があいた[7]。この間、九〇年代においては米朝枠組、二〇〇〇年代においては六者会合が本問題を取り扱う主要な場であったからである。今回北朝鮮問題が、六者会合という交渉枠組がありながら安保理でも取り上げられたことは、安保理とそれ以外の紛争解決枠組の役割分担を考える手がかりを提供する。

安保理による紛争介入は、その公的性格から、他の国際的介入にはない正統性を帯びるが、安保理による介入のみで紛争を効果的に解決できることはないし、紛争の性格や局面によっては公的性格がかえって災いすることもある。安保理による介入が効果的であるためには、その下地として安保理以外による介入が十分行われている必要がある。そして、その紛争の解決に自国の国益を裏付けにコミットした国が、安保理を通じた国際社会の動員に強い政治的意志で臨んでいることが必要である（第２章）。

また、安保理は介入するか否かを自律的に決めるので、紛争当事者が既存の交渉枠組を停滞させることを通じて解決を遷延しようとしたとしても、それに拘束されることはない（第４章）。

決議一六九五主文第六パラが北朝鮮に六者会合プロセスへの復帰を求めたことは、平和的措置（交渉）と強制措置の関係（紛争解決の局面に応じて、どちらを前面に出すかが案配される）を考える上でも興味深い（第4章及び第5章）。

上述したとおり、決議一六九五と決議一七一八では、加盟国に要請されている措置の位置づけが異なっている。決議一七一八（主文第八〜一二パラ）では、明確に制裁措置であるが、決議一六九五（主文第三〜四パラ）ではこの点が曖昧であり、むしろ制裁措置でないと解すのが妥当であろう。それは「関連物資・技術が北朝鮮内外へ流入・流出することの防止」という緩やかな措置内容にも現れているし、決議前文において国連憲章第七章への言及や国際平和・安全に対する脅威の認定が行われていないことにも現れていると考えられる（第4章）。北朝鮮の行動に対する安保理内の脅威認識が二つの決議審議を経る間に定着・深化したことがよく分かる。

アフガニスタン（インド洋給油活動感謝）

すでに述べたとおり、採択された決議一七七六は定期的なＩＳＡＦマンデート更新のための決議であった。イラクや北朝鮮の場合と異なり、現地情勢の急速な変化に基づくものでもなければ、安保理による紛争介入枠組の大幅な変化を伴うものではない。イラクや北朝鮮のような審議を「非日常の安保理」と名づけるとすれば、安保理の審議の相当部分は「日常の安保理」に属する。「日常の安保理」と「非日常の安保理」では意思決定のあり方が異なるのも安保理の一つの現実である（第4章、第7章及び第10章）。そして「日常の安保理」で何が行われているかはほとんど知られていない。この決議が日本の活動の継続・再開に関わるものでなければ、日本の世論の関心を引くこともなかったであろう。

決議一七七六を目を凝らして見れば、決議中で支持・奨励されているのは日本の給油活動（前文第一九パラ）のみではない。ＩＳＡＦ及びこれに貢献するＮＡＴＯ本部及び要員派遣国（前文第五、一〇、一三、一八、一九、二一パラ）はもとよりとして、「不朽の自由作戦（ＯＥＦ）」（前文第一〇、一九パラ）、治安セクター改革（前文第一四パラ）、刑務所改革（前文第一五パラ）、周辺国・地域協力（前文第一七パラ）、ＥＵ警察ミッション（前文第一八パラ）など、枚挙にいとまがない。安保理が国連の普遍性・中立性を介して紛争への介入に正統性を付与するのは、安保理自身の介入活動にとどまらず、それに協力する関心加盟国や国際機関の自主的な活動にも及んでいることがよく分かる。裏を返せば、紛争地域における自らの活動に対する正統性を国際社会から調達したいという動機は、日本のみならずあまねく加盟国・国際機関にあるということである（第３章）。

この決議案にロシアが棄権したことの意味についても、いろいろな角度から見ることができる。公式の棄権理由は採決時の安保理会合でロシアが述べている（「給油活動への感謝をはじめとする今回の修文について、十分な説明を受けられなかったのに、拙速に投票に持ち込まれた」）[8]。これは、給油活動に対する感謝そのものへの疑義を述べたものであるというよりは、かつてのアフガン侵攻の負の遺産としてアフガニスタン問題のハンドリングについて心理的・物理的に大きな政治的利害を持つロシアが、審議の進め方でより密接な協議を求めたものと考えるべきであろう。「日常の安保理」においては、Ｐ５の一国であるロシアといえども「非日常の安保理」におけるほど大切に扱われていないのではないか（第４章、第７章及び第10章）ということを窺わせる。

棄権は、Ｐ５による異議表明が安保理の意思決定を妨げないことを確保する優れた便法である（第４章）。しかし安保理は、自らが国際社会を代表することの表現として全会一致による採択を重視しているので、メンバーが賛成票を投ぜず全会一致の成立を妨げることについては、棄権投票といえどもそれなりの心理的ハードルを乗り越えなければならない（第３章及び第10章）。ロシアがそのようなハードルを乗り越えて審議の進め方に注文をつけたことの政治的含意は微妙である。安保理決議を特定の方向に主導すべき位置にはないが、アフガニスタン問題を巡ってロシア政府が国内的に置かれた状況から、国内政治勢力の関心に手当てするために一言異議申し立て程度はしておく必要がある、との判断が表れていると見られる。

ロシアは、棄権理由の中で「給油活動をはじめとするＯＥＦは国連の枠外の活動である」点につき言及している。これは、ＯＥＦ（＝不朽の自由作戦）を主導する米を牽制する視点から言及したものと解釈される。これをもって安保理における米露対立の予兆とまで言えるのかについては、慎重に見る必要がある。しかし、安保理における米露対立が再燃するのか、その場合それは個別政策における露の対米協調路線終了のみを意味するのか、それにとどまらずより横断的に西側との対決路線をとることを意味するのかは重要な問題である（第６章及び第11章）。グルジア問題以後のロシアの行動は、この観点から大いに注視されなければならない。

三つの審議に現れた紛争の変質

対イラク武力行使、北朝鮮問題、アフガニスタン問題の三つは、いずれも国連憲章が、元来安保理が介入することを想定していた古典的な国家間の紛争とは異なる。安保理の取り扱う紛争は、国家間の紛争から内戦へと軸足を移し、いまやそのどちらでもない「新たな脅威」も多く取り上げるようになっている（第１章）。大量破壊兵器問題とテロ問題は「新たな脅威」の代表であり、奇しくも北朝鮮問題とアフガニスタン問題がそれぞれを正面から取り扱っている。イラク武力行使は、淵源をたどれば一九九一年のイラクによるクウェート侵攻であって国家間紛争であるが、二〇〇三年の武力行使に関しては、主としてフセイン政権による大量破壊兵器開発疑惑が問題となっていたと考えるべきであろう。つまり、この三つの審議は、安保理の介入対象の変質をよく表している。

この推移の意味も多面的である。国家間の紛争が少なくなり、世界がその分平和になったことは確かであろうが、冷戦下で管理され脅威化しなかった内戦、大量破壊兵器、テロが顕在化した分だけ危険になったとも言えるだろう。安保理が多様な紛争・脅威に取り組むようになったことを、米ソ対決の終了に伴う安保理の活性化と役割の増大と言えば前向きであるが、米露がかつて両陣営の盟主として行ってきた脅威の管理を止め、安保理という便利な場所に「丸投げ」する一種の責任回避が助長されていると見れば手放しでは喜べない（第6章）。

国家間紛争と異なり、内戦、さらにテロへと進行するにつれ、介入対象たる紛争当事者はよりつかみ所がなくなっていっている。国家間紛争の解決メカニズムとして構想された安保理がこの変質にうまく対応できているのか。また、大量破壊兵器問題における問題の当事者は、国家間紛争や内戦と異なり、相争う複数の紛争当事者ではない。このため、安保理が中立・不偏の立場から介入する構図とはならず、もっぱら安保理と当事者が対峙する構図となりやすい。これも新たな変質であり、この変質に安保理がうまく対応できているかを判断する材料はまだ十分揃っているとは言えないだろう（第1章、第2章及び第11章）[9]。

以上、我々に馴染みのある三つの安保理審議に即して、安保理の主要問題への取りかかり口を示すことを試みた。本章後半では、これらの問題を本書がどのような視点から取り扱っていくかを明らかにしておく。

2　安保理理解の視点

安保理と政治力学

前節では安保理の主要問題を脈絡なく羅列したが、次章以下の本論では、これらを体系立てて扱い、今日の安保理の役割と機能について全体的把握を行うことを目指していく。

まず本書では、安保理及び安保理による紛争介入を、そこに作用する政治力学を通じて理解することを重視するつもりである。紛争解決のために国際社会を代表して介入するという役割が帯びる崇高な重要性のためか、あるいは安保理自身が神秘のとばりに包まれた存在として自己演出することを通じて権威を培ってきたためか、一般に安保理は特殊な力が支配する特殊な場であるという印象が強いように思われる。このような印象は、安保理の内部で起きていることに関する情報が少ないために増幅される傾向がある。確かに安保理の制度面には特徴があり、また紛争介入という政治行動は政治現象一般と異なる一種独特な面がある。しかし、こうした「場の特殊性」を十分に吟味した上で検討するならば、その「場」には、多くの政治現象と変わることのない力学が働いていることが分かる。この点を把握することは、表面的な理解にとどまらない安保理の全体的理解のために極めて重要と思われる。とりわけ、現実の安保理が負う大きな制約、紛争当事者との交渉が持つ高度の政治性及び安保理内部におけるＰ５中心の権力構造に注意を割くこととなろう。

安保理の主体的活用

安保理の全体的理解といっても、すべての政治現象解説はすべからく解説者のバイアスによる偏りを免れることはできないのであって、本書も例外ではない。あらかじめ本書がよって立つ三つの前提を明らかにしておきたい。第一は、「紛争に対する有効な国際的介入は望ましい」との前提である。国際的介入が紛争の解決をかえって遅延する場合があることは確かだし、のみならず紛争の要因を複雑化する場合すらある。しかしそのことは国際的介入の価値を否定し去るものではない。国際的介入の価値を否定すると、平和の達成は紛争当事者にまったくゆだねることになる。

そうなれば、紛争地域周辺（あるいは国際社会全体）の不安定化や紛争の拡大を招きかねず、ひいては武力を用いて国際対立を解決しようとする傾向を助長する恐れがある。また多数の非戦闘員を悲惨な状況に陥れる人道的被害が発生・拡大しかねない。さらに紛争が制御を失うことにより、紛争当事者に受け入れ可能なレベルを超える損害が生じても当事者間では紛争を止められなくなる可能性がある。そして最後に、これが極めて重要なのだが、紛争当事者が解決のため調停を求めてもその機会を生かせないことになる。これらを最大限防ぐ観点から、国際的介入に一定の意義を認める立場である。ただし、ここでいう国際的介入は安保理による介入または安保理の決定に基づく介入に限られるものではない。

第二は、「集団的安全保障が強化されることは望ましい」との前提である。これは、「全世界的な集団的安全保障が実現しそうである」というのとは違う。地上のありとあらゆる脅威主体が安保理の権威に服することは考えられないし、国連加盟国政府に限定してもおよそ困難である。また「日本の安全保障をすべて集団的安全保障にゆだねるべきである」というのとも違う。国際政治の現実の中で、自衛権や同盟により自国の安全保障を図る必要は依然としてある。そうではなく、「国際社会を代表する機関に紛争解決機能をゆだねることとの引き換えに、武力の発動を一定の国際的規律の下に服させることを受け入れる」という集団的安全保障の考えが、定着する方向に現状から少しずつでも進むことが望ましい、という立場である。集団的安全保障の考え方に対しては、国際社会から一般的に支持が表明されているが、実行面におけるコミットは一部の有力国においていまだ脆弱である。意識的かつ継続的な強化努力を怠れば、紛争解決に利益を見出す有力国が個別の武力発動を通じて介入することがまかり通る方向へと逆行する力が働きやすい。このような逆行はなるべく抑えるべきであるとの立場をとっている。

第三は、「紛争解決を通じ、自由で民主的な政治体制が普及することが望ましい」との前提である。紛争解決のために国際的介入を行う第一義的な理由は、第一の前提に関して述べたとおりである。このような理由に基づく介入から得られる最善の結果が、それまでの政治体制の継続であったとしても、その政治体制そのものが直ちに紛争再発要因とならないのであれば、満足すべきである。しかし、政治の安定を長期的に達成するためにはルールに基づいた政治が行われる必要があり、自由の保障と民主主義の実現こそがルールに基づいた政治を確立する最も確実な方法である。したがって、紛争解決を通じて、自由と民主主義に基づく政治を導入または強化することができればより望ましいし、少なくとも、紛争解決の結果、自由と民主主義に基づく政治がかえって後退することは最大限食い止めるべきである、という立場である。いわゆる西側の価値観に立脚している、と言い換えてもよい。国連そのものが本質的にはそのような価値観を基礎としているし、追って見るとおり、安保理の組織構造もこの価値観に沿った介入に基本的には有利である。

　この三つの前提から出発する限り、安保理は紛争解決のために実質的に意味を持ち得る選択肢として、今後も追及する価値があると考えられる。現実の世界の中で安保理が抱える制約は大きく、安保理は役割を果たす上で幾多の限界に直面している。しかし安保理の限界と効果的紛争介入の間の関係は決して固定的、静的なものではなく、紛争や国際社会の変貌に対応して、絶えず限界の克服を通じて効果的介入の実現を図るダイナミックな関係であった。この点は今も変わらない。今後における安保理の効果的活用を追求するためには、安保理が直面する限界を直視するとともに、その限界をいかにして克服するか、というダイナミックな視点から分析することが必要になる。これは単なる観察者の視点でなく、紛争解決のために安保理を使いこなす視点である。この点が、本書の基本的な問題設定である。

五つの分析視角

本書を通じて繰り返し現れるテーマが五つある。あらかじめ簡単に提示しておきたい。第一に、安保理の役割を突き詰めていくと、紛争への介入活動に対し、それが国際社会を代表して行われるという正統性を付与する一点に集約されてくる。安保理の有用性の核が、正統性付与機能であるといってよいと思う。しかし国際社会は極めて分権的なのであって、国連憲章を根拠として安保理の決定は国際社会の決定であると主張することは、端的に言って法的擬制である。したがって、この法的擬制を少しでも実質化し、擬制を守ることが、安保理の活動が実効的であるために必要である。安保理の神秘化も、擬制を守る営みの一例である。読者は本書の随所に、「国際社会を代表する」という擬制をいかにして機能させるかが安保理の活動の実効性の鍵として取り扱われるのを見るであろう。

第二に、安保理が合議体であることの両義性である。一方で、安保理が国際社会を代表するという擬制を守るためには、安保理が合議体であることは不可欠であるし、また国際社会をなるべく広く衡平に代表する構成とすることも必須である。他方合議体における意思決定を経験したことのある読者であればすぐに分かるとおり、合議体の成員には非同質性が支配的である。国内の合議体であっても、案件によって成員の関心度合いは異なるから、特定案件の審議はその案件に関心の強い成員の主導で行われ、関心のない成員は往々にして(時には案件と直接関係のない事柄と取引する利害調整の上)名目的に支持を与えることで審議が成立する。これは合議体における意思決定の常態であり、そのこと自体は合議体の通性であって安保理の特殊事情ではない。しかし国際社会の場合、成員間の非同質性は国内社会の比ではないので、関心ある成員の主導と無関心成員の追従という合議体の通性は著しく増幅される。

このことは、無関心成員の名目的追従や利害調整取引という面からは安保理の決定の正統性を空洞化しかねない、決定に対する安保理のコミットを弱めかねないといったマイナス面がある。しかしそれに対する歯止めとして、実質的に関心ある成員による議事主導が確保されるのであれば、それは審議の質に対する一定の保証になり得る。ただしその場合においても、審議の質に対して保証が働くのは、その審議を主導する安保理メンバーが、審議の対象である紛争の解決について、紛争当事者との交渉を主導し、国・国際機関等様々な主体による介入措置を一つの紛争解決戦略の下に調整し、また介入活動を支持する国際世論形成を誘導するほどその紛争解決にコミットしている場合に限られるだろう。このように、安保理が極めて非同質な合議体であることは、安保理の決定の実効性に正負両面の複雑な影響を与えている。

第三に、紛争解決に向けた統合的な戦略を調整することの難しさである。上に触れたとおり、紛争への国際的介入が成功するためには、(1)紛争当事者との交渉における信頼関係、(2)様々な介入主体を一つの戦略の下にまとめる調整力、(3)そのような戦略を国際世論が支持するよう誘導する影響力、そして(4)安保理の意思決定過程において議論を主導し、その戦略に合った決議にまとめ上げていく交渉力の四つが求められる。しかしこの四つのレベルにはそれぞれ特性があり、それぞれのレベルで指導力を発揮するために必要な資源・能力は互いに異なるので、一つの国がすべてを兼ねられるとは限らない。その場合には、四つのレベルにおける調整者の間で、密接な連携と指導力の役割分担ができるかどうかが安保理の決定の実効性を左右することになるだろう。

第四に、安保理におけるＰ５への権力集中である。一般にＰ５への権力集中は、拒否権独占の観点のみから理解されやすいが、実際には安保理には、それ以外にも米英仏露中の五カ国が優遇される公式・非公式の構造があり、結果的に高度の権力集中が実現している。このことも両義的である。まず拒否権自体が、創設の趣旨としては、Ｐ５が反対する決定が行われないことを通じて実際に行われた決定の実効性を確保するプラスの意図を含んでいたが、これまでの拒否権行使の歴史は、拒否権行使が行使されなければ実効的であった可能性のある決定の流産というマイナスの作用が大きかったことを示している。またＰ５への高度な権力集中の結果Ｐ５が安保理における審議を主導する力は極めて強いが、このことは、⑴Ｐ５が分裂していない限り、効率的な意思決定が可能である、⑵効率性の陰で、正統性の空洞化が進みやすい、⑶Ｐ５による権力濫用に対する歯止めがなく、実際に濫用が頻発すれば、安保理の正統性を損なう恐れがある、⑷冷戦の際のようにＰ５が分裂すると意思決定は麻痺する、⑸Ｐ５以外の国が特定の紛争解決にコミットしている場合に、その国が安保理の審議を主導する可能性を閉じる方向に働きやすい、というやはり正負両面の影響を及ぼしている。

第五に、安保理には国連憲章以外ほとんど自らを拘束するルールがない。このことがＰ５への高度の権力集中と結びついて、安保理の活動内容に大きな自由度（発展性）を与えてきた。発展性は、柔軟性または流動性とも言い換えることができる。安保理は、この発展性を大いに活用し、紛争介入措置として決定する介入ツール（平和維持活動、多国籍軍等）を多様化させ、また意思決定手続・意思決定過程を柔軟に変更してきた。国連憲章に定められた法制度の一部ですら、曖昧さをもって取り扱われることにより、柔軟性が与えられてきた。この発展性は、安保理が紛争の多様性や変質、国際社会の変転に機敏に応じることを可能にしたので、安保理の決定の実効性の観点からは正の効果を持ったと考えられる。他方で、透明性や説明責任を犠牲にすることによって、Ｐ５による権力集中を維持する役割を果たしていることも否定できない。また安保理が効率的合意形成を優先するあまり、介入措置の内容につき極端に曖昧な決定をする場合には、措置の実施が困難になることがある。

主要な結論

本書の結論は、第11章に現れるが、これについても主要点をあらかじめ本章で要約しておくこととする。

まず、安保理が持つ、紛争への介入活動に正統性を付与する機能は、紛争の性質や局面により、効果的である場合とそうでない場合があり、効果的である場合は限定されているものの、そのような場合において安保理が果たすべき役割は依然として大きい。次に、安保理が正統性付与機能を効果的に果たすためには、その紛争解決において(1)対紛争当事者、(2)対協力国・機関、(3)対国際世論、(4)安保理内部の議論で、十分な主導性と影響力を持つ主体の関与が必要である。現在のＰ５を中心とする安保理の構造は、安保理内の意思決定過程における主導性の創出には一定の効果を発揮しているが、他の三レベルについて主導性・影響力のある主体が常にＰ５のうちに含まれているとは限らない。そこで安保理は紛争ごとに必要に応じて、求められる指導力を持つ主体をＰ５外から導入せざるを得ない。方法論としては、安保理拡大、選挙方法の改善、作業方法の改善がある。安保理改革が必要とされるゆえんである。最後に、集団的安全保障に対する国際社会のコミットが安保理の実効性の基礎であり、この基礎が掘り崩されないよう涵養が必要である。また安保理を通じて自由と民主主義の普及につながる紛争解決を実現するためには、それを推進する諸国が、安保理内及びより広い国際社会において、そのようなアプローチに対する支持を広げるよう努める必要がある。冷戦終了後の二〇年間、露中がおおむね米欧に協調する路線をとってきたので、これらの点についての深刻な危機意識は生まれなかったが、露中が今後もこの路線を継続するか否かが短期的には極めて重要である。また露中のみならず、イスラム世界、インド・アフリカ・ラ米等の今後の行方も重要であり、これら諸国が集団的安全保障へのコミットと自由・民主主義への融和性を強めるよう促していくことが、安保理の実効性を長期的に確保する鍵であることは確実と思われる。

注

1　国連文書 S/PV.4644（安保理会合記録。以下同様）
2　三月一九日武力行使開始。二〇〇三年に入ってから武力行使開始までに、公式会合だけでも九回審議されている。
3　S/PV.5490
4　S/PV.5551
5　S/PV.5744
6　同様に、仏露等いわゆる平和陣営がイラク問題を巡り米英と対立する立場をとった動機の重要な一部はそれぞれの国益であることにも留意する必要がある。
7　Luck［2006］第９章参照。
8　前掲 S/PV.5744
9　同様に「新たな脅威」分野における安保理の実効性にやや慎重な見方を示したものとして、Luck 前掲書、第９章。

第1章　安保理による紛争介入とその制約

本章では、安保理による紛争介入の輪郭を、介入行動の性質・類型及び介入対象となる紛争の両面から把握する。また、安保理の成り立ちに内在する制約として、意思決定機関としての間接性、外部資源への依存、法的拘束力に対する担保の欠如、合議体としての非同質性の四つを取り上げる。

1　安保理による紛争介入

国際社会を代表して行う紛争介入

国連安保理の機能を一言で要約するとすれば「紛争（または類似の事態）に対してその解決のために国際社会を代表して介入すること」ということになる。国連憲章第二四条の規定（「国際連合加盟国は、国際の平和及び安全の維持に関する主要な責任を安全保障理事会に負わせるものとし、かつ、安全保障理事会がこの責任に基づく義務を果たすにあたって加盟国に代わって行動することに同意する」）が、このことを明確にしている。最も基本的な点は、安保理は紛争への介入行動を国際社会の名において行うことである。国連の中立性・普遍性を背景に国際社会全体を代表する公的性格を持たされていることにより、介入行動に政治的及び法的な正統性が付与される点が決定的に重要である。

介入行動の類型

安保理の介入行動は多岐にわたるが、おおむね⑴紛争状況の評価（憂慮・非難・歓迎等）、⑵紛争解決策（停戦・和平案等）の提示・受け入れ要請（これに至るための仲介・周旋活動を含む）、⑶紛争解決策が受け入れられない場合の強制措置（制裁・軍事的措置）、⑷紛争解決策が受け入れられた場合、その定着を確保するための措置（ＰＫＯ、平和構築ミッションの設置等）の四類型に分類できると考えられる（詳しくは第5章参照）。

安保理の卓越性

また安保理は、他の機関にない例外的、特権的な紛争解決機関としての法的性質が与えられている。⑴国連憲章上他の機関をしのぐ主要な役割を果たすことが定められた紛争解決の主要機関であること（憲章第二四条）、⑵国連加盟国に対し法的拘束力を持つ決定を行い得ること（第二五条）、これと関連して、⑶説得と交渉を中心とする平和的解決手段（第六章）のみならず、制裁・軍事的措置といった強制措置（第七章）をもとり得ること、⑷いかなる紛争・事態に対し介入するかについては安保理自身が決定できること（第三四条、第三九条等）等が、安保理に与えられた例外的、特権的な性質の内容である。この性質を卓越性と呼ぶことにしよう。国際社会における広汎な紛争・事態について、解決のための主要な役割があらかじめ与えられ、介入の是非を自ら判断し、一旦介入すると決めた上は、その介入活動を、国際社会全体を代表して行い、必要に応じて紛争当事国を含む全国連加盟国に対して法的拘束力のある決定や強制措置をもとる。紛争解決という、平和を守る最重要機能について、相当の権限集中が行われている。言い換えれば、安保理の介入活動が持つ政治的・法的正統性は上述の卓越性によって、法的側面から一層強化されている。

とはいえ、このような独占的地位を持っていても決して安保理が万能ではないことは、例えば中東和平問題が六〇年経過しても解決していないことを見ても明らかである。根本的には国際社会の分権性に由来する問題であり、安保理の権限は、整備された主権国家内における司法・警察の権能には及ぶべくもない。しかし安保理の制約につき検討する前に、介入の対象である紛争について検討しておこう。

2　国際社会における紛争

国家間紛争と内戦型紛争

安保理の介入対象となる紛争とは何か。安保理の介入対象は「紛争」とそれに類する「事態」とに分かれる。ともに、「国際の平和と安全の維持を危くする虞」があるかどうかを基準として安保理自身が判断し介入の是非を決める（詳しくは第4章）。

はじめに「紛争」についてである。国連及び安保理が、二度の世界大戦の反省を踏まえて設立された経緯から分かるとおり、典型的な紛争は、主権国家が他の主権国家の領域に侵攻するケースであり、紛争当事者は相対立する複数の国家である。近年の例としては、一九九〇年のイラクによるクウェート侵攻がこれに相当する。

現在の国際社会においては、この典型的な国家間紛争に当てはまらない例が急増している。政府軍対反政府軍、複数の非政府武装勢力間の戦闘といった武力紛争がそうである。これらの武力紛争は、あるいは内戦として、あるいは独立をめぐる分離戦争として、あるいは国境を越えた紛争として展開されている。内戦型紛争と総称しておこう。内戦型紛争の場合も、政府または非政府の武装勢力の形で紛争当事者が存在する。一九九〇年代のユーゴスラビア内戦とルワンダ内戦は顕著な例である。

国家間紛争の場合と内戦型紛争とを併せて「狭義の紛争」と称するとすれば、「狭義の紛争」の場合、相争う紛争当事者が存在しており、いわば「誰と誰の間の喧嘩であるかがはっきりした喧嘩」である点が共通である。安保理による介入行動は、紛争当事者間の緊張を押さえ込み、最終的には緊張の源を取り除いて緊張の再発を防止することを目指すことになる。

国家間紛争と内戦型紛争を比較すると、後者は「国内管轄事項不干渉の原則」(憲章第二条七)を抑制してでも介入すべきかを安保理が判断する必要がある、前者では憲章第二五条により全紛争当事者が安保理の決定に拘束されるが後者ではそうでないなど、憲章上の扱いが異なっている。これらの違いは、内戦型紛争の紛争当事者が安保理の介入を拒む際にその理由として援用されることが多い。また、国内管轄事項への不干渉を重視する安保理メンバーからも同じ観点から援用されることがある。

「事態」と「新たな脅威」

次に「事態」である。安保理は明確に紛争の形態をとらない事態であっても、「国際の平和と安全の維持を危くする虞」があれば介入して解決を目指す。この「事態」は、元来は、典型的な国家間紛争における武力衝突が発生する前の政治的・軍事的緊張の高まりを指していたものと考えられ、したがって言うなれば「潜在的紛争当事者」が特定できた。

しかし紛争の場合と同様、事態についても現在の国際社会では元来の想定と異なる例が増えている。テロ行為、大量破壊兵器（核兵器、生物・化学兵器及びそれらの運搬手段）の開発・集積、収拾を要する無政府状態、暴政による難民流出等の人道的危機等が、周辺諸国やより広い国際社会を不安定化させる恐れをはらむと認識される場合（すなわち、安保理がこれらを「国際の平和と安全の維持を危くする虞」であると認定する場合）が、これに当てはまる。それぞれ、テロの行為者、以前の政府を崩壊させた責任者、人道危機の原因となった暴政を行った政府、大量破壊兵器の開発・集積者を特定することはできたとしても、相争う紛争当事者を特定することはできない。この点において、「狭義の紛争」の場合（及び紛争の予兆となる緊張の高まりとしての「事態」（元来の「事態」）の場合）と異なっている。紛争当事者が特定されないので、対処法もおのずと異なる。紛争当事者間の緊張を低下させ、取り除くことではなく、テロとの戦い、大量破壊兵器開発・集積に対する査察・検証、政府再構築、人道に対する罪の侵犯者に対する裁判・処罰といった、新たな対処法を試みざるを得ない。最近では、さらに自然災害や環境問題により引き起こされる国際的不安定も射程に入れ、紛争と区別して「新たな脅威」と総称されるようになってきている[1]。

「新たな脅威」は、脅威の性質ごとに異なるアプローチが要求され、かついずれも対処の方法は手探りである。安保理が取り上げることに対する違和感も表明されることが多い。さらに、国内管轄事項不干渉の原則との抵触が顕著な場合もある。こうしたことから、安保理は「新たな脅威」については紛争に比し、自らの介入の対象とすることにつき慎重な判断を下すことがある。この点は、介入の判断基準である「国際の平和と安全の維持を危くする虞」を、「狭義の紛争」と比較して厳密に適用する傾向に現れている（例えば、二〇〇七年一月、安保理はミャンマーに関する決議案を否決（中露が拒否権を行使）。また二〇〇八年七月、ジンバブエに関する決議案を否決（中露が拒否権を行使））[2]。

しかしこのうちテロや大量破壊兵器問題については、国際社会を不安定化させる恐れが甚大であるため、安保理が広汎に取り扱っている。とりわけ、これらの問題について国際社会として一般的にどのように対処すべきかを定めた決議（テロについては決議一三七三、大量破壊兵器については決議一五四〇）を安保理が採択していることが、他に類を見ない特徴である。両決議はともに憲章第七章下の決議として採択され、加盟国に一定の行動を求める主文パラについては法的拘束力を持つことが明確にされている（詳しくは第4章）。安保理の立法機能として、それを歓迎する視点からも批判的に警戒する観点からも、大きく注目された決議である[3]。

本書において「紛争解決」という語については、「狭義の紛争」への対処と「事態」への対処の両者を含む、広義の表現として用いることがある。

3 対立する二つの安保理観

理想主義と幻滅主義

安保理の介入行動に対する期待は国連発足当初から極めて大きかったが、一方で国際連盟の失敗に対する幻滅から懐疑的な見方も強かった。この期待論と懐疑論のそれぞれを代表する二つの安保理観を、やや極端に純化した形で対比して述べることとする。それにより、「強み」と「弱み」を持つ安保理の紛争介入の構造問題を鳥瞰することができるからである。また読者が自らの安保理観を客観化するためにも役に立つと考える。

理想主義的安保理観

安保理について最も広く共有されているイメージはいわば理想主義的安保理観とも言うべきものである。この見方の下では安保理は世界のすべての紛争に常に関与することが望ましいと考えられ特に人道的被害が甚大であれば必ず関与することが求められる。安保理は不偏・中立的な解決策を普遍的な立場卓越的な立場から提示し紛争当事者がこれを受け入れることによって集団的安全保障を実現するとの考えである。

我々日本人の多くが漠然と抱いている安保理観はこの見方と整合するし同様の漠然とした思いは広く国際社会でも共有されている。一種神話化された安保理観である。実際国連とりわけ安保理の権威の一つの大きな源泉は、この理想主義的安保理観が国際世論において確固たる位置を占めている事実にある。国連及び安保理は、国連の理想に対する世界の期待が強かった設立当初から理想主義的安保理観を広め定着させることに歴史的に成功してきた。過去のすべての成功した介入行動の実例は、この見方を強化するために動員された。安保理における現実の意思決定過程においてもこの見方を背景とした主張が一定の力を持っている。

この理想主義的安保理観には堅固な理論的支柱がある。国際紛争の解決を個別の国家による戦争発動に任せず侵略国には国際社会全体が対抗する国際体制を運営することにより対処していくという集団的安全保障の考え方は、従来の勢力均衡にとって代わる新たな安全保障の原理として、第一次世界大戦後の国際連盟で初めて制度的に導入された。また第一次世界大戦が悲惨な戦禍を招いたことに対する反省からすべての戦争を違法化する不戦思想が急速に普及しいくつかの条約と第二次世界大戦の一層悲惨な戦禍を経て国際連合憲章に結実した（第二条三及び四）。国連憲章では不戦思想と集団的安全保障という二つの思想の結合が図られ、紛争解決機能を安保理に集中することによってこの結合が実現した。こうして観念的には、当事者間で平和的に解決できないすべての紛争はすべて安保理にゆだねられることとなったのであり、この制度が平和を願うすべての人々の熱い期待が注がれる対象となったのは自然なことであった。また上記から明らかなとおり、実定法上の裏付けの観点からも、この安保理観は国連憲章中に確固たる裏付けを持っている。

幻滅主義的安保理観

理想主義的安保理観の対極に、仮に名付けるとすれば幻滅主義とでもすべき見方がある。国際政治の分析の基礎に国益を置く現実主義の観点を極端に推し進めるとこの安保理観になる。この見方に従えば安保理とはそれを構成するメンバー国が紛争解決を舞台として、(紛争解決そのものよりも)紛争解決プロセスやその後の状況から得られる軍事的政治的経済的等の国益を伸張するためあるいは国内や国際世論との関係で評価を得られる政治的立場を主張することによって政治的得点を稼ぐために行動する場である。こうして各メンバーから自国の利益の観点から主張された立場が交渉を通じて調整された結果が、安保理の行動ということになる。安保理は国際社会を代表する正統性があると標榜するが、それは安保理メンバー各国が国益増進の立場から、「正統性の外装」を手に入れるべく交渉した結果に過ぎない。この見方もいわば醒めた事情通の見方として、結構流布している。

この見方をさらに展開すると安保理の正統性は所詮「政治的にもぎ取られた外装」に過ぎないのだから国際社会全体を代表する権威を実質的に帯びることはないし実際も往々にして紛争解決に役立っていない、という主張につながっていく。安保理における審議や安保理の行動が国際政治上の現象であることは紛れもない事実であり国益を軸とする現実主義的原理が働くことは避けられない。メディアを通じて報道される、特定決議案を巡っての国益むき出しの交渉や、権力ずくの票数かき集めの模様が、その動かぬ証拠とされる。結果として安保理が有効に機能しなかった事例を挙げることも容易である。近年の安保理の役割拡大は、安保理による介入の成功例を生み出したが、少なくともそれと同数か、あるいはそれ以上の失敗例も生み出した。極めつけは、長きにわたった冷戦期に米ソ両国がおおむね東西陣営対立の文脈で行動したため安保理がほとんど機能しなかった事実だろう。いわばこの見方の経験的支柱ということができる。

二つの安保理観に対する評価

理想主義的安保理観は、この安保理観の存在自体が、安保理の活動において国連の権威や神話性が持つ意義を説き明かしている点に魅力がある。そしてそのことを通じて、安保理の中心的価値は紛争への介入活動に正統性を付与することであることと、この正統性付与が機能する基礎として国際社会の集団的安全保障に対するコミットが必要であることを端的に表明している。

しかし、当然のことながら安保理の活動の実態を無視して安保理を万能視している点については、現実による検証に耐えない。安保理の介入行動の場合、(1)安保理は意思決定機関なので、介入を決定するのが任務であって、介入措置を実施するのが主たる任務ではないこと、(2)実施を担うのは主として国連事務局、国連加盟国、その他の国際機関であるが、加盟国や他の国際機関の場合実施は実質的に自発的発意にゆだねられているし、国連事務局の場合でも外部、とりわけ加盟国の資源に依存して実施せざるを得ない活動が多く、やはり加盟国の自発的発意に頼る必要があること、(3)安保理の決定が国連加盟国に対して持つ法的拘束力については、これを担保する手段が極めて不十分であること、(4)合議体としての安保理はメンバー間の非同質性が著しく、特定の紛争に関する関心の度合いや政策の方向も様々なので、高度の指導力を発揮するには不向きであること、などの制約があるが、これらが捨象されている。

また紛争に由来する制約として、(1)紛争そのものの高度の政治性に由来する介入活動の難しさ、(2)紛争の性質と局面次第では安保理が持つ公的性格はむしろマイナスに働くことがあり、安保理の活動は常にそれ以外の介入、とりわけ公的性格の低い非公式な介入と相互補完関係にあること、(3)紛争介入の困難性ゆえ実際の介入には政治的意志の基礎となる確固たる国益の裏付けが不可欠であることなどが見落とされている。これらの制約は、安保理による紛争介入が選択的にならざるを得ない背景となっている。

幻滅主義は、紛争介入の裏付けとしての国益の重要性と、安保理の非同質性を前提とした政治交渉の重要性に着眼している点が優れている。そして安保理による介入の正統性が持つ虚構性の本質に迫っている。「正統性の外装」と言うと響きが露悪趣味的だが、安保理が意思決定に際してどれほど国際社会の見解の集約に努めたところで、わずか一五のメンバーによる決定では、政治的に入手可能な近似にとどまるという本質は変わらない。また、P5間の分裂・対立が恒常化すれば、安保理が機能不全に陥ることは明らかだが、冷戦時の機能不全を一時的、例外的現象として片付けず、一般性のある、再び起こり得ることとして捉えている点は、今日的意義がある。

しかし幻滅主義の見方はあまりにシニカルである。この見方は、最も公的な介入である安保理による介入の正統性がもたらす、他の介入にない効用（個別の紛争を解決する上での効用と集団的安全保障に対する国際社会のコミットが長期的に増進する効用の双方）を十分説明できない。「正統性の外装」に過ぎないと言うが、「外装」があるが故に紛争当事者の受け入れ、関係国・国際機関の協力、国際世論の支持が得られる事実は否定すべくもなく、だからこそ「外装」を得るために血眼の政治交渉を行うわけである。なぜ説明できないかというと、この見方は、正統性という擬制（虚構）を少しでも実質化するために安保理を含む国際社会が行ってきた積み重ねの意義を軽視しているからである。例えば、自国の個別権益のみを背景に紛争解決を主導する安保理メンバーが、そのことを糊塗して空虚に地域の安全保障や人道的被害の最小化を口先だけで持ち出しても、安保理の場で、また国際世論により、論破されるであろう。幻滅主義の立場からは、この現象を対立する国益の存在のみから説明しなければならない。しかし実際には、安保理の正統性を濫用することに対する安保理自身の自制意識と国際世論の警戒感が強く作用しているであろう。国際社会の集団的安全保障に対するコミットも、その程度の強さは持っていると考えられる。

以上の作業から、安保理の介入活動が持つ正統性は紛争解決に有用だが、擬制の実質化と集団的安全保障に対するコミットにより支えられなければならないことが抽出された。これについては第3章で詳しく取り上げたい。また、紛争介入の困難さと裏付けとしての国益の重要性の問題については第2章で取り上げる。また上の作業では、安保理自身に由来する制約も抽出された。次節では、この安保理自身に由来する制約について検討していこう。

4　安保理の制約

意思決定機関としての安保理

安保理は本質的に意思決定機関であって、実施機関ではない。安保理の介入行動を行為の形式から見るならば、基本的には「会合」または「文書・声明の発出」である。会合においては、情報収集、分析、評価、協議、意思決定が行われる。文書・声明は意思決定の成果物である。したがって、安保理の介入行動とは言っても、具体的措置を伴うものについては安保理外の主体（安保理メンバー国である国連加盟国を含む）によって実施されることが基本である。

国連憲章の規定を見てみると、安保理の権限として、決定（第二五条、第四〇条、第四一条）、要請（第三三条、第四一条）、調査（第三四条）、勧告（第三七条、第三八条、第三九条）等、種々挙げられているが、行為の形式としては、いずれも会合またはその結果としての意思表明である。例外的に第四二条は、軍事的措置に関し、安保理は「必要な空軍、海軍または陸軍の行動をとることができる」と規定しており、決定した介入措置を安保理自体が実施することを定めているが、これは国連発足当初、集団的安全保障を厳格に実現するため、国連加盟国の軍事力を特別協定に基づいて提供させ、それらの軍事力を安保理が集中的に指揮することを想定していたからである。この仕組みを実施するための規定である第四三条から第四九条は一度も実行に移されなかったので、安保理自体による軍事的措置の実施は実現していない。

もっとも、「会合」及び「文書・表明の発出」であっても、それ自体が介入としての効果を持ち得るものもある。例えば、紛争関係者等関係者を招致して行う会合における協議(その中で、状況評価や種々の働きかけ、呼びかけが行われる)や、文書・声明中の紛争当事者、関係国・機関に対する様々なメッセージ発出がこれに当たる。本章冒頭に掲げた安保理の介入行動の類型に従えば、状況評価と紛争解決策の提示・受け入れ要請が該当し得るであろう。ただし紛争解決策の提示・受け入れ要請といっても、安保理が「会合」や「文書・声明の発出」をもって行った提示・受け入れ要請に基づいて、紛争当事者が解決策を受け入れるためには、あらかじめ水面下の交渉を通じて受け入れの見通しがつけられていることが必要であろう。強制措置及び紛争解決の定着確保措置については、「会合」及び「文書・声明の発出」で行い得るのはもっぱら意思決定であり、実施はできない。

一九九〇年代に入って、安保理の全一五カ国またはその一部が、合議体としての安保理の資格で紛争地またはその周辺地域へ赴き、関係者との交渉・協議や外部への声明を行う、安保理ミッションの派遣が行われるようになった。これは安保理がニューヨークにおける会合と文書・声明発出以外の行為の形式をとり得ることを示した点及び幅広い紛争関係者、とりわけＮＧＯ等非政府の関係者と安保理の接触機会を切り開いた点で画期的である。他方、年間二回程度の派遣が限度であり、安保理の意思決定機関として本質を修正するものではない(一一〇頁参照)。

このように安保理による介入行動は、介入措置の実施についてはおおむね外部の実施機関に依存せざるを得ない。この間接性が、安保理にとり主要な制約となっている。

介入措置の実施主体

安保理が主として意思決定機関であっても、その指示に従って与えられた任務を確実に遂行する実施機関があれば、それは安保理の自前の実施能力と言い得るので間接性の制約は緩和されるであろう。

安保理自体が行う限られた側面を除いて、安保理による介入の大部分は、国連事務局（国連憲章第九七条の定める「事務総長及びこの機構（国連）が必要とする職員」）、国連加盟国（個々の安保理メンバー国を含む）またはその他の国際機関が実施主体となる。

これらの実施機関のうち、安保理の指示に従って任務を遂行する、自前の実施能力と考えられているのは、国連事務局である。それは国連憲章第九八条に定められた法的義務（「事務総長は、安保理から委託される任務を遂行する」）が根拠となっている。事務局は、常設の組織により任務を実施する場合もあれば、安保理の決定に従って平和維持活動（PKO）等の国連ミッションを設立する場合もある。また例は少ないが、同じ意味で自前の実施能力と言えるものとして、安保理が自らの下部機関を設立する場合もある。ところが、安保理が事務局に実施を求める活動には、特殊な技能を持つ専門家を必要とするものや、大規模な人員の展開を必要とするものがあり、事務局内の人的資源で対応できない場合が多い。新規に設立される安保理下部機関であればなおさらである。その場合、事務局（または安保理下部機関）は加盟国による組織・人員提供を受ける必要があり、その場合自発的提供とならざるを得ない。このため、事務局（または安保理下部機関）が実施する活動といえども間接性の制約を免れない。

国連加盟国または他の国際機関が実施する活動には、間接性の制約はさらに大きい。これらの活動のうち、安保理が勧告として支持・奨励するものについては、活動の実施は実施主体の自発性にまったくゆだねられており、当然間接性の制約を受ける。

そうではなく憲章第二五条（国連加盟国は安保理の決定を受諾し履行する）を根拠として、安保理が法的拘束力のある決定として国連加盟国に特定の活動の実施を求める場合もある。典型的なのは強制措置（特に制裁）への参加であるが、それに限られるわけではない。いずれにせよ、活動の実施が法的義務であっても、加盟国による実施を担保する力が安保理に十分ないため、自発的実施に頼るのと究極的には変わらないし、実務上も加盟国の自発性に大きく依存しているのが実態である（この点は法的拘束力の担保手段の問題として、次項でより詳しく見る）。

以上のとおり、安保理の平和活動は、実施主体が国連加盟国やその他の国際機関である場合はもとより、国連事務局の場合ですら、制約を大きく受けている。

法的拘束力の担保手段

安保理による介入の正統性を支える法権限上の卓越性の中心的な要素の一つとして、安保理が国連加盟国に対し法的拘束力を持つ決定ができる権能（第二五条）があった。これは、紛争当事国との関係では、安保理が決定する紛争解決策（例えば、停戦要請や兵力撤収要請）を受け入れる法的義務を課す性格のものであり、その他の加盟国との関係では、安保理が決定する強制措置・解決定着確保措置（例えば、禁輸措置）の実施に、それら諸国が参加する法的義務を課す性格のものである。

ところが、現実の安保理は、こうした法的義務を加盟国に守らせるための十分な担保手段を持っていないため、安保理の決定の法的拘束力は大きな制約を被っている。国連憲章そのものは、集団的安全保障を実現するためには独自の強制力保持が必要であることを強く意識し、そのため軍事力の提供とその使用に関する第四三条から第四九条の規定を置いているが、これらの規定が実施されていないため、安保理の担保手段欠如がことさらに明白になっている。

確かに憲章第四三条から第四九条に規定された軍事力整備が実現していれば、安保理の法的拘束力はよりよく担保されるであろう。しかしこれらの規定が実施されていないのは決して偶発的な理由によるものではなく、国際社会の分権的性格が依然として強く、国連憲章の文言が要求するほどの完成度の高い集団的安全保障を受け入れる素地が整っていないことを反映している。したがって、安保理の制約を検討するためには、これらの規定に基づく軍事力整備が実現していない現状を前提として分析する必要がある。

まず、そもそも今日の国際社会の分権的性格から、国際社会における強制力は主権国家に圧倒的に留保されている。このため国際法の法的拘束力は、根本的にはそれにより拘束される主権国家が国際法を規範として受け入れる意志により担保されている。このため国際法における法的拘束力には国内法同等の担保は期待できない。しかしこれは国際法一般に共通の性質であり、安保理の決定に限られることではない。

第二に、安保理の決定の法的拘束力が持つ特殊な性格がある。上に述べた国際法の性質から、一般に国際法における法的拘束力の基礎は、当事者の合意である。安保理の決定の場合も、第二五条を含む国連憲章に加盟する行為により、すべての国連加盟国は、安保理の決定をあらかじめ内容を問うことなく義務として受け入れることにつき「合意」しているのであるから、形式上は一般の国際法の場合と変わらない。しかし紛争という、国家の政治主体としての生死にも関わり得る重大事の帰趨につき、自国が意思決定に参加していない解決策の場合や、さらには自国がその紛争の処理を安保理に付託していない場合であっても、あらかじめ内容を問うことなく義務として受け入れることは、国際法一般における原則である「合意は拘束する」と実質的に同内容であるとは言えない。このため、安保理の決定により拘束される国がその決定を義務として受け入れる意志は、一般の国際法において義務を受け入れる意志よりも弱い可能性がある。安保理の法的権限の卓越性は、決定を受け入れる側の規範意識に関する限り、かえって決定履行の担保を弱めかねない性質があると言える。

次に、法的拘束力は不履行に対して強制措置が現実に発動される期待によっても担保され得る。つまり不履行と強制措置発動の関係が自動的であると認知されればされるほど、法的義務は履行されやすい。仮に憲章第四三条から第四九条に盛り込まれた様々な準備手続き（特別協定の締結、兵力使用計画の作成等）が実施されていれば、強制措置発動の期待はより高まっていたと考えられるが、現実には実施されていないため、その分だけ発動に対する期待値が低い。

さて、憲章第四三条から第四九条が実施されていないことの結果として、軍事的強制措置の際の軍事力は、事前の準備なく、発動の必要が生じたのち、発動の決定に際して加盟国に提供を求めることとなる。このように加盟国から提供された兵力からなるのが多国籍軍であるが、統一的な軍事行動をとるために単一の司令部の指揮下に編成される必要がある。この「編成」を行う必要上、兵力提供を行う国は司令部を務める国との政策の一致や指揮言語上の意思疎通が得られる国に限定せざるを得ない。よって、兵力提供は国連加盟国一般に対する義務ではなく自発的意志がある国に対する勧告として行われるのが通常である。自発的である以上、十分な兵力が集まらない可能性がある。集まった場合であっても、兵力提供国の政治的意志が十分でなければ、措置実施の過程で生ずる困難や国内世論の変化のため、目的実現（紛争当事者による、安保理の決定した紛争解決策の履行）以前に兵力を撤収することもある。よって軍事的強制措置については、発動が決定されても必要な兵力を必要な期間維持することができないことによる担保能力不十分が生じ得る。

次に、軍事力以外の強制措置の総称である制裁（第四一条）についても検討しよう。制裁実施のために必要な強制力は、制裁の内容により異なる（それぞれの強制力を持つ政府機関で言えば、警察、税関、出入国管理当局、金融規制当局等）こともあり、軍事的措置における憲章第四三条から第四九条に当たる事前の準備手続きは規定されていない。憲章第四一条は、安保理が制裁発動の必要が生じるごとに、発動を決定し、かつ実施を加盟国に要請することを明確に定めている。したがって現実の軍事的強制措置の場合と同じ意味において、法的義務を履行しない側の強制措置発動に対する期待値は、(発動準備手続きが整備されており、それに従った準備が、常に、あらかじめ、加盟国によりなされている場合と比較すると)相対的に低い。

制裁の場合、単一指揮下の統一的強制力に編成する必要がないので、加盟国一般に対して実施を要請するのが通常である。制裁の内容次第では自発的発動を求める勧告として決定される可能性もあるだろうが、制裁が普遍的に実施されることにより、安保理が決定した紛争解決策を履行しない紛争当事者を追い詰める効果を発揮しやすいと考えられるので、全加盟国に対して法的義務として実施を要請することが標準的である。

ところが、この制裁実施の法的義務の履行を担保する強制力が安保理に備わっていない。このことが根本的な理由となって、制裁が十分効果を上げない場合がある。以下の三つの場合が典型的である。(1)まず制裁を実施する国にとって、安保理の決定した紛争解決策を履行しない紛争当事国との経済関係が、自国の国民経済を維持するために極めて重要であるので、国民経済に犠牲を強いてでも制裁を実施するのに必要なだけの政治的意志を形成し、維持することが困難な場合がある。また、(2)安保理の決定した紛争解決策に対する政策的反対や、安保理の決定を主導した国に対する外交上の対立から、制裁を意識的にサボタージュする場合がある。第三に、(3)制裁を実施する国の行政能力の不足から、制裁が「尻抜け」になる場合がある。長い陸上国境を有する途上国の場合などである。特に最近の制裁は制裁効果が無辜の市民に及ぶことを最小限にする観点から、ターゲットを絞り込んだものが多く、履行に必要な技術的行政能力が高度化しているため、この問題が生じやすい。以上のとおり、制裁を実施する側に履行意志がある場合とない場合の双方を通じ、究極的には安保理が、強制措置の実施を加盟国に強制する強制力を持たないことが理由となり、強制措置としての制裁が十分な担保能力を持たないことが生じ得る。

拘束を受ける側の規範意識、強制措置発動のための事前準備、十分な強制力が提供される保証の三つの面から、安保理の決定が持つ法的拘束力の限界を検討した。

合議体成員の非同質性

安保理は国連加盟国中一五カ国の合議体である（憲章第二三条）。安保理が国際社会を代表する性格を持つため、合議体であること自体は必要なことである。また合議体において成員間の非同質性があることは避けられない。安保理の場合も、メンバー一五カ国は互いに国力、国益、政策が大きく異なっており、相互の信頼関係にもばらつきがある。こうした安保理内部の非同質性はかなり甚だしいので、そのことが安保理の活動に及ぼしている制約を十分検討する必要がある。

安保理内部の非同質性及びそれに起因する特性のうち、特に注目する必要がある問題は、⑴関心の度合い、⑵政策対立、⑶利害調整の三点と考えられ、結果として表れる主な制約は、⑴機能不全の恐れ、⑵安保理外の重要関心国の意思決定からの疎外、⑶決議内容の曖昧化、⑷決定に対するコミット不足と考えられる。

安保理で取り上げるすべての紛争に、一五メンバーすべてが同じ度合いで関心を持つわけではない。そこで、その紛争の解決にコミットしているメンバーは、議題管理、会合アレンジ、情報提供、決議等の案文起案、交渉主導など意思決定のあらゆる場面を主導する役割を非公式に担うことになる（このような役割を担う国を、リード国、議題リード国と呼んでいる。第7章参照）。それ以外の国は、その紛争自体に対する関心度、リード国の解決戦略に対する賛同・不賛同、介入措置に参加する可能性、国内世論やその国の外交クライアント（例えばその国が支持を受けたいと思っている地域グループ）の関心に応じて、異なった程度で審議に参加する。上記の諸点からその紛争に対する関心が低く、また介入措置に参加する国力もない国は、ほとんど審議に役割を果たさない。まずこの点から検討しよう。

その紛争の解決が国際社会の安全保障にとり重要な問題であればあるほど、解決に関心があり、一定の資源を割いて解決のために介入する意志と能力のある国を意思決定に参加させることが、実効力のある決定を行う上で重要である。また一五メンバーの取り合わせが、その紛争に対する国際社会の見解をバランスよく代表していればなおよい。しかし貴重な一五の議席のうちの一部を、関心のない国が占めるならば、その分だけ重要関心国は意思決定に参加する余地が狭まる。もとよりこれは理論的な機会の得失であり、機会を実現すると言ってもここで言う重要関心国やバランスよく代表する国々が安保理非常任理事国の選挙を経てメンバーにならなければ望むべくもない。しかしこうして逸失した機会を回復するため、安保理、とりわけリード国は、次善の策としてこれらの国々と非公式に協議して、その成果を安保理における審議に反映させるよう努めている。そのための意識的取り組みとして、コア・グループによる協議（第10章参照）がある。

もう一つ関心のばらつきの帰結として生ずるのが、安保理の決定に対する安保理自体のコミット不足である。コミット不足は政策対立の帰結としても生じ得る。安保理が決定する介入措置のうち、国連加盟国による実施が求められているものについては、安保理メンバー国自身が率先して実施することにより、より幅広い加盟国の参加が得られると考えられるが、その紛争の解決に十分な関心を持たないメンバーによる実施を期待することは難しい。紛争解決戦略を巡ってリード国との間に政策対立があるメンバーの場合はどうであろう。安保理内における協議の結果として政策が調整され対立が解消した場合には、決定された措置を実施する可能性があるが、安保理は迅速な合意形成が優先されるので（第10章参照）、政策上の対立が解消しないまま決議案文についてのみ妥協が成立する場合がままある。そのような場合には、対立しているメンバーが決定された措置を実施することを期待するのは難しい。こうしたコミット不足は、加盟国一般による介入措置実施を減退させかねない。国連事務局が実施する介入措置の場合には、実施に必要な加盟国からの資源提供を受けられず、任務を達成できない状況に陥る恐れがある。

同様に、関心のばらつきと政策対立の双方が原因となり得るのが、決議内容の曖昧化である。リード国の提案する介入措置が、実施に当たり強い政治的意志を必要とするものである場合や大規模な資源投入を必要とするものである場合（例えば、兵員を生命の危険に曝す可能性の高い平和維持活動）、無関心メンバーよりもむしろある程度関心のあるメンバーにこそ、これを和らげる方向で交渉する動機が働く。また政策上の対立があるメンバーとの交渉も、当初の紛争解決戦略を曖昧にする妥協を招来しやすい。交渉の結果、リード国としては迅速な合意形成は達成したものの、決定された介入措置は目的、達成手段、そのための投入資源等において、甚だ明確さを欠く結果になることがある。決定内容が十分な明確さを持たない場合、決定された措置を実施に移すことが困難になる。加盟国が実施する活動については、加盟国は参加をためらうであろうし、事務局が実施する活動については任務遂行不能に陥る恐れがある（一一七及び一一八頁参照）。

合意形成の手段として、（その案件と直接関係があるとは限らない）利害調整が行われることは、合議体における通性である。利害調整には二通りあると考えられる。一つは、リード国が決議案への支持を獲得するため、無関心国や政策対立のある国に対して、決議案と直接関係しない事項について譲歩を行う場合である。この場合、利害調整を持ち込むこと自体は決議内容の曖昧化を促す作用を持たない。もう一つは、逆のケースである。政策対立国が議題リード国に対し、決議案と直接関係しない事項について譲歩を行うこととの引き換えに、決議案における譲歩を求める場合である。この場合、決議内容の曖昧化を促す作用を持つ。

最後に、最も深刻な制約として、機能不全の可能性を取り上げる。リード国の紛争解決戦略に対する、他のメンバーの政策上の対立が深刻である場合、安保理が意思決定できないことがある。他メンバーと言っても、非常任理事国の力は弱いので、実質的には一以上のＰ５を含むメンバーとの対立の場合である。あらゆる手を尽くしても合意形成ができなければ、安保理としての介入はできないことになる。その紛争については、当面安保理によらない介入を追求せざるを得ない。このような機能不全が、一つの紛争への介入をめぐる事態に限らず、安保理の意思決定全般を覆う場合がある。これには、偶発的機能不全の場合と確信的機能不全の場合がある。偶発的機能不全の場合とは、個別の紛争をめぐり安保理が機能不全に陥り、その過程で深刻化した分裂が、安保理内の協調や信頼関係を損ない、他の議題に心理的に伝染する結果として、横断的に機能不全に陥る場合である。いわば安保理の自家中毒である。これは安保理の自己努力及び国際社会からの督励により、比較的短期に回復可能である。確信的機能不全とは、Ｐ５の内部、あるいは広く国際政治全般において、横断的な対立・対決関係が成立し、その一断面として安保理においてもＰ５間の協力が成立しない場合である。言うまでもなく冷戦時代がその典型的なケースである。安保理は、Ｐ５間の全面的対立に対して極めて無力である。その観点から、グルジア問題とその影響には十分注意を払う必要がある。

以上、安保理の成立と組織に由来する制約として、意思決定機関であることによる間接性、外部資源、とりわけ国連加盟国からの資源動員への依存、法的拘束力を担保する手段の不十分、合議体としての非同質性の四つの側面を検討した。

注

1 例えば、二〇〇四年に「脅威、挑戦及び変革に関するハイレベル委員会」が国連事務総長に提出した「より安全な世界、我々が共有する責任」(いわゆるハイレベル委員会報告書。国連文書 A/59/565)は、国際社会が直面する脅威として、上述の「狭義の紛争」以外に、(1)貧困・感染症・環境悪化、(2)大量破壊兵器、(3)テロ、(4)国際組織犯罪を挙げている。

2 S/PV.5619 及び S/PV.5933

3 Luck [2006] 第9章。

第2章　紛争の特質と紛争への国際的介入

政治現象としての紛争の性質から、安保理の介入行動を含む国際的介入の可能性と制約を検討する。特に、紛争当事者が介入を受け入れる動機の分析から、紛争介入に当たって、非公式介入と公式介入を組み合わせる必要を論じる。また、紛争介入は、資源動員と失敗リスクの負担を要するので、国益を裏付けとした明確な政治的意志の形成が必要であること、多くの主体が共同で参加する介入を調整し主導する国には特に明確な政治的意志が必要であることを論じる。

1　紛争介入の政治学

政治現象としての紛争

安保理の活動が国際政治の現象である以前に、まず紛争そのものが高度の政治現象である。国家、政府、反政府勢力といった、大規模な資源動員能力を持つ主体が、その成員の利害、憎悪、希望を背景とし、あるいはそれらを煽りつつ、時には存立を賭して、武力の行使も辞せず従事する、決死の営みである。個人と個人の喧嘩ですら、第三者が割って入って丸く収めることがいかに困難であるかは、誰もが経験を通じて知っている。ましてや安保理が相手にする紛争は、国家等の政治主体が持てる力を時に総動員して行う喧嘩であり、第三者の介入により解決に導くことの困難さはけた違いである。部外者の介入が、当事者間に働く力学をかえって複雑にし、解決を遠のかせることもある。

紛争は、紛争当事者である統治者が統治機構内部及び被統治者に対して、それぞれの政治目的を達成するために生命をも提供させることを命ずる最高の政治行為であって、紛争当事者は政治主体（統治者）としての存否を賭して紛争に従事している。そのような紛争当事者にとって外部からの介入は、一義的には問題となっている政治目的の達成を妨げるものであり、「余計なお世話」である。とりわけ、紛争に勝利することにより、その政治目的を達成することが現実の射程内に入っていると認識している紛争当事者から見れば、外部からの介入は、紛争の進展を阻害することを通じて現状を固定するものと見えるであろう。こうして、紛争に対する国際的介入は、一般に紛争当事者から歓迎されにくい。

また、次段で見るとおり紛争当事者が介入受け入れに積極的になる場合はあるが、その場合であっても、(1)介入を受け入れることが統治機構内部及び被統治者に知れることが、それまで統治者自身が掲げ、現に今も統治機構内部及び被統治者を従わせている政治目的に対する「裏切り」と見なされ、統治者としての政治生命を危うくする恐れがある。また、(2)介入を受け入れる用意があることが紛争相手に伝わると、「弱気」のサインであると受け止められる恐れがある。これらの要因も紛争当事者が介入を遠ざける原因となっている。

安保理の平和活動は、紛争への国際的介入のうち、最も公的であり、最も顕在的であるので、国際的介入を歓迎しない紛争当事者にとって、最も招かざる客であるのが安保理の介入である。

紛争介入を受け入れる動機

こうした紛争と外部からの介入の本質的関係にもかかわらず、紛争当事者が国際的介入を受け入れて紛争を解決することに意欲的になる場合はある。この場合国際的介入が有効たり得る。紛争当事者が国際的介入を受け入れる動機は、以下の三つに分類できると考えられる。現実には、中間的なものや、混合したものが紛争当事者を動機づけることもある。

第一に、紛争の局面が理由で紛争当事者の紛争継続意欲が減退する場合である。減退する原因は、紛争の政治的目的を達成できる見込みを失い、国際的介入が現状固定的に作用するとしても、その方が紛争進展よりも利益が大きいと判断する場合もある。逆に紛争の政治的目的を達したが、紛争相手の軍事能力が残存している場合もある。この場合も、国際的介入によって現状を固定することが自らにとり利益となる。この二つを両極端として、紛争当事者は戦局の有利・不利様々の場合において、紛争継続に必要な資源や内部の政治的支持との見合いで、継続意欲を失い得る。

第二に、国際的介入が紛争当事者に対して提供する紛争解決の利益（あるいは紛争継続の不利益）が、十分に大きい場合である。国際的介入により示される紛争解決策には、紛争後の当事者の政治主体としての継続保証、権力分有・選挙等の政治プロセス、兵力配置、境界画定、復興開発のための財政支援等様々なメニューが含まれ得る。そこから得られる利益が、紛争継続の利益を上回っていると判断すれば、介入を受け入れる動機となり得る。逆に、介入を受け入れないことによる、国際社会からの孤立、強制措置（制裁・軍事措置）のもたらすコストが、介入受け入れのコストを上回ると判断される場合もあるであろう。

第三に、国際的介入の受け入れが常態化しているケースがある。国際社会には、国内・域内の政治的対立状態に外部世界から介入があることを当然の前提とし、そのような外部の介入を操作することにより、対立する各政治勢力が勢力の伸張を図ることが政治のあり方の一部になっている国・地域がある。そのような国・地域においては、国際的介入を受け入れることに対する反発が統治機構内部にも被統治者にもないので、紛争当事者は介入受け入れの決断をしやすい。しかし、この場合紛争当事者が介入受け入れの決断をしても、それが紛争解決意欲を伴っている保証がない。紛争解決意欲を伴っていなければ、介入活動が進展しても見せかけの成功を超えた最終的な解決に至ることは難しい。前提となっている政治のあり方が変わらなければ、国際的介入の介入主体は紛争当事者間の永続的な政治ゲームの一参加者としてゲームに引き入れられてしまう恐れがある。

三つのケースいずれにおいても、紛争相手の政治主体としての存在を粉砕することまたは無条件降伏をさせることを政治目的とする紛争の場合と、より限定的な政治目的を持つ紛争を比較すれば、前者において紛争当事者が介入を受け入れる動機が熟するのがより難しいのは言うまでもない。

国際的介入の動機

では、介入する側は何を動機に介入するのであろうか。紛争当事者から見た紛争は、統治者（紛争当事者）が政治主体として行う高度の政治行為であった。しかし国際社会から見ると、紛争は別の姿を持つ。まず、紛争地域のみならず、周辺地域、ひいては国際社会全体を不安定化する。そしてそのことを通じて、政治対立の解決手段として武力を用いることを一般に助長しかねない。これらは、国際社会の公共益を損なうが個別国家の国益も損なうものである。また、紛争は多数の非戦闘員を、殺戮、暴行、難民等の人道的被害にさらす。これも、国際社会の公共益として放置できないのみならず、成熟した国内世論を持つ国においては政府に対して行動をとるよう求めるから個別国家の国益上も放置できない。上に挙げた地域の不安定化及び人道的悲惨という二つの要因は、いったん紛争が起こると短期間に大きな振れ幅で進行するという特徴がある。

紛争が以上のような性質を持つことは、それだけでも国際的介入を動機づけるものと言える。しかしだからといって、国や国際機関がこのような紛争の一般的性質のみから紛争に介入することはない。それは、前段に述べたとおり紛争への介入が一般に困難であるからであり、またそのため相当の資源動員を必要としながら失敗のリスクがあり、よって国内世論を統一して、国として介入を実施する政治的意志を固めるためには、特定の紛争に対する介入を正当化する十分な国益の裏付けが必要だからである（国際機関であれば、介入を行うためのマンデートを執行理事機関から取り付ける必要があるであろう）。

個別の国が個別の紛争に介入する動機は、多様であるとともに常に様々な動機が混合していると考えられるが、ある程度の類型化が可能である。まず多くの介入動機に通底すると考えられる、政治権力の一般的性質がある。それは、政治権力（影響力）は、それを行使して、受け入れさせることに成功すると、さらに増大するという性質である。紛争への介入は、第一義的には紛争当事者に対し影響力を行使する行為であり、また関連して副次的に、協力して介入する他の国・国際機関や国際世論一般に対し、影響力を行使する行為である。これに成功すれば、成功したという事実によって影響力はさらに伸長する。

この動機が、個別紛争に現れると、紛争地域や周辺地域における、その国の軍事的、政治的、経済的権益の伸長・保護・回復となる。より一般的動機として表れると、地域的またはグローバルな安全保障に盟主・大国として責任を持つ場合や、中小国ではあるが（あるいはそうであるが故に）世界の紛争解決に積極的役割を果たすことにより国際社会における存在感と名誉価値を追求する場合などがある。この動機は、個別的であればあるほど国益性が明確であるので国内世論の統一がやさしい。一般的であればあるほど、国際社会の安定、武力行使の一定の規範への服従、人道的悲惨の最小化といった紛争介入の一般目的に従った介入活動に対する国内世論の統一が、個別の介入政策策定に先立って、あらかじめ得られている必要が高まる。

次に、個別の紛争による不安定化が、自国の安全保障に直結する場合がある。この場合、抜き差しならぬ国益上の必要性が明確であるので、国内世論の統一が比較的容易である。

第三に、外交政策上の動機とも言うべき類型がある。典型的なのは、同盟内における役割分担が介入動機となる場合や、外交クライアント（その国が支持を得たいと思っている地域グループなど）に対するサービスが介入動機となる場合である。理論的には、介入国が、介入対象となる紛争やその波及効果に関心を持っていなくても、また紛争一般やその波及効果に関心を持っていなくても、属している同盟の維持・強化に必要であると判断することや、外交クライアントがその紛争と波及効果に関心を持っていることが、動機になり得る。もちろん国内世論を統一するためには、母体となるそれらの外交政策（同盟関係の維持・強化や、外交クライアントからの支持調達）に対する国内世論の統一が、個別の介入政策策定に先立って、あらかじめ得られている必要が高い。

上述のとおり、現実の動機は、複雑で個別的な混合から成っていると考えられる。こうした介入動機の違いは、介入政策についての国内世論の統一が可能かどうかに大きな影響を与える。そして国内世論の統一の強さが、介入実施についての国としての政治的意志の強さを決定するので、介入のために動員可能な資源の量や期間に大きな影響を与える。

また、介入動機の違いは、介入が紛争当事者に受け入れられるかを左右するし、その介入政策に対する他の国や国際機関からの協力（資源動員）を得る必要がある場合、国際世論からの支持を得る必要がある場合、そしてとりわけ安保理により正統性を付与され公的介入として実施する必要がある場合に、それらの支持や協力が得られるかどうかを大きく左右する。

こうした受け入れ、支持や協力が得られるかどうかを左右する要因として、介入国が支持・協力を求める対象に対して持つ影響力としての国力はもちろん重要である。また、その紛争に対する関心や外交政策一般が介入国と元来共通している国の支持・協力を求める場合には、動機も共感をもって理解される可能性が高いので、支持・協力を得ることは容易であろう。

しかしそうした親しい国の範囲を超えてより広い支持・協力を求める場合には、介入動機の内容が、地域や国際社会の安定、武力行使の一定の規範への服従、人道的悲惨の最小化といった国際公益上の必要性と矛盾しないかどうか厳しく問われる。紛争への介入は、主権独立の尊重といった国際社会の原則を例外的に一時的に抑制することが必要な場面があるので、そうした原則の抑制を真に正当化し得るだけの国際公益上の必要性が認められるかどうかが、介入国により声明された公式の立場からのみではなく、介入国の行動自体によって判断される。

なお、国際世論とは何か、という問題をここで取り扱っておきたい。国際世論を明確に実体化することはできないので、国連加盟国政府の立場と有力メディア論調を基礎に、国際機関や市民社会の声明等を加味して、近似値を探る、と捉えておくのが安全であろう。メディアとしては圧倒的に欧米メディア（いわゆる西側メディア）の影響力が大きいこと、加盟国政府の中でも欧米諸国（いわゆる西側諸国）の影響力が大きく、国際機関や市民社会もそれら諸国の立場と近いことが多いこと、ただし非同盟、イスラム諸国、新興国といった結束から非欧米の加盟国の声がそれなりに力を持つこともあること、そうした非欧米の加盟国の声を結集するため、国連総会における途上国の数の力が利用されることが多いこと、また紛争地周辺における世論は高い比重をもって受け止められることなどをさしあたり念頭に置いておこう。

2　国際的介入への資源動員

単独介入の場合

この節では、国際的介入に必要な資源動員を、そのために求められる政治的意志の強さとの関連を念頭に置きながら考察していきたい。はじめに、単一の主体が介入する場合を想定して検討しよう。

紛争介入において資源投入が必要な場面を、情報収集、紛争当事者との交渉チャンネル開設・維持、紛争当事者に対する影響力行使の三つに分けて考えることにしよう。情報収集は常に、紛争介入の出発点である。大量の情報をかき集め、その中から分析により良質の情報をえり分け、紛争介入戦略を組み立てる。本章冒頭で述べたとおり、紛争介入を紛争当事者が受け入れる用意があるかどうかの判断は介入の成否を大きく左右するので、とりわけ重要な情報収集対象である。また、紛争当事者との直接の交渉チャンネルがなければ、受け入れ可能な解決策を案出することもできなければ、それを受け入れさせることもできない。すべての紛争当事者の最高意思決定者に対するアクセスを開設する必要がある。

情報収集と交渉チャンネルの二つについては、投入できる資源が多いに越したことはないが、比較的小規模の資源投入で実現可能である。例えば介入主体が、国連事務局その他の国際機関、NGOなど国家以外の場合でも紛争によっては実現可能であろうし、国家の場合で言えば、行政府限りで動員可能な資源で実現可能と考えられるので、求められる政治的意志の強さの程度は比較的低いと考えられる。

次に紛争当事者に対する影響力の行使であるが、当然のことながらこれに必要な資源は紛争によって、とりわけ紛争当事者が介入を受け入れる用意の程度によって大きく異なる。大まかに言って、⑴介入者が提示する紛争解決策を紛争当事者に受け入れさせるための影響力行使のみで足りる場合、⑵受け入れられた解決策を履行する過程で定着の確保のための影響力行使が必要な場合、⑶紛争解決策受け入れに先立ち、受け入れさせるための強制措置が必要な場合、の順に、必要な資源動員量は飛躍的に大きくなる。単に量が多くなるのみならず、動員し続けなければならない期間も飛躍的に長くなることに留意しなければならない。いずれの場合であっても、行使する影響力の内容に応じて、それを支える政治・軍事・経済的資源投入が必要である。そして必要な資源動員量にもよるが、それだけの動員を正当化する裏付けとして国益上の利害関係がある必要も生ずるであろう。

よって紛争当事者に対する影響力行使の場面においては、必要な資源動員能力が大きくなればなるほど、国家以外の主体が介入効果を上げることは難しいと考えられる。国連事務局を含む国際機関やＮＧＯを主体とする介入が効果を上げるためには、同調する国家から十分な背後の支持を受けている必要があるだろう。また、国家が介入者である場合においても、行政府限りで動員可能な資源のみでは十分効果を上げられないことが考えられ、その場合には議会などのメカニズムを通じて国民世論のより高度な統一を図り、政治的意志を強める必要があるであろう。このことは、紛争解決策の受け入れのみならず定着確保や強制についても影響力行使が必要な場合には、ますます当てはまるであろう。

共同介入の場合

現実の紛争介入は往々にして複数の主体により共同で行われる。その理由として、それぞれの主体が、その主体独自の関心・動機により自発的に介入する場合と、すでに介入のために資源投入を行っている主体からの求めに応じて介入に参加する場合の二つがあり、一つの介入主体の介入理由がその混合である場合もしばしば見られる。

自発的理由に基づく共同介入の場合、情報収集及び交渉チャンネル開設については、それぞれの介入主体が独自に行うことが通常である。しかし、特定の紛争解決の受け入れのため紛争当事者に影響力を行使する場面においては、多数の介入主体が異なる紛争解決策を提示するのでは、混乱を招くか紛争当事者による操縦を招くのみである。効果的に介入するためには、なるべくすべての介入主体が同一の紛争解決策を提示することが望ましい。ここに、介入主体間の調整の必要が発生する。影響力の行使が、解決策の受け入れにとどまらず、定着の確保や強制についても必要な場合には、それらの場面においても、効果を上げるためには調整が必要である。調整者には、介入主体間の調整に最も指導力を発揮できる介入主体を選ぶのが合理的であるが、紛争当事者に対する影響力や情報収集力の違いは、この指導力を判断する重要な指標となるであろう。

次に、すでに資源投入を行っている主体からの求めに応じて共同介入する場合を見てみよう。先行する介入者としては、単独介入では十分な効果を上げられないと判断して、他の主体による共同介入を求めるものと考えられる。したがって、先行する介入者を調整者とする調整が行われるのが標準的である。その場合、影響力行使の困難さに応じて、すなわち必要とされる資源動員の量と期間に応じて、(1)共同介入を実施する主体にのみ協力を求めれば十分な場合もあるだろうが、(2)広く国際世論の支持を背景にして協力を求める必要がある場合、さらに(3)安保理による介入活動の正統性付与を必要とする場合もあるであろう。(1)の場合、先行する介入者の中でも、共同介入の実施を要請する諸主体に対する影響力の大きい介入者を調整者とすることが合理的である。(2)の場合、国際世論に対する影響力が大きいかどうかも調整者の資格として重要になる。そして(3)の場合には、安保理の意思決定過程において指導力を持てる国が調整者として有望になる。当然のことながら(1)～(3)のそれぞれの場合について、必要な影響力・指導力を発揮するためには、調整者による政治的・軍事的・経済的な資源動員が必要になる。

以上を総合すると、共同介入の場合、効果的な介入を行うためには介入主体間でなるべく単一の紛争解決戦略に基づいて、調整された介入を行う必要があるので、介入主体間の調整者が必要である。調整者は、紛争解決のために必要な資源動員量にもよるが、対紛争当事者、対その他の共同介入主体、対国際世論、対安保理のすべてにおいて、十分な影響力と指導力を持つ者であることが望ましい。この条件を満たすのは、国益の裏付けを持つ十分な政治的意志に支えられた資源動員力を持つ介入主体であるので、通常は主権国家に限られるであろう。

対紛争当事者、対その他の共同介入主体、対国際世論、対安保理の四つのレベルすべてにおいて十分な影響力と指導力を持つ調整者がいれば、その国が四つのレベルすべてにおいて調整役を務めることができ理想的である。

現実には、影響力と指導力を行使する対象によって、最も影響力のある介入主体が異なることがある。紛争当事者に対する影響力はしばしば歴史的・地理的関係に左右されるし、一方当事者に対する影響力の強い国と他方当事者に対する影響力の強い国が異なる場合もある。その他の介入主体に対する影響力の場合も、どの国・国際機関に協力を求めるかにより、影響力の強い国は異なる。また対国際世論では欧米諸国(いわゆる西側諸国)が圧倒的に有利である。さらに、安保理における指導力を持つためには、少なくとも安保理メンバーである必要があり、望むらくはP5の一員であることがより適当である。このように、四つのレベルそれぞれにおいて、調整者となるために求められる資質は異なる。四つのレベルで影響力の強い介入主体が異なる場合、それぞれのレベルで最も影響力を持つ介入主体をそのレベルの調整者にし、レベルごとにリーダーシップを分担することが、介入の効果を確保するために可能な解決法である。ただし、各レベルの調整者間の緊密な連携が必要であるし、四つのレベル全体を総合調整する国がいることが望ましい。

3　公的介入と非公式な介入

紛争介入の過程と介入の性格

本節においては、性格の異なる様々な国際的介入が、紛争介入過程の様々な段階において、紛争当事者との関係でどのような有効性を示し得るかを考察する。以下の考察においては、紛争当事者との関係における有効性以外の要素（例えば、介入活動に対する国際社会・国際世論からの支持・協力の調達）は捨象してあることに留意していただきたい。

本章冒頭に記したとおり、紛争当事者は、介入が紛争の政治目的の達成を阻害することから一般的に国際的介入の受け入れに消極的であるが、(1)紛争の局面、(2)解決策の内容、(3)統治機構内部及び被統治者の介入受け入れに対する「慣れ」の程度次第で、介入の受け入れに積極的になる。ただしその場合も、介入を受け入れる用意があることが知られると、統治機構内部・被統治者や紛争相手に「弱気」の徴と受け止められかねないので、それが消極要因として働く。

このため、紛争当事者が国際的介入を最終的に受け入れる一般的条件は、すべての紛争当事者にとり受け入れ可能な解決策が、すべての紛争当事者に対して内々に提示され、その解決策を受け入れることを統治機構内部及び被統治者に示すことから生じる結果を紛争当事者が甘受する覚悟ができること、となる。

ところが、そのような条件が事前に何らの介入行為なく満たされることはないから、この条件が満たされるまでの間、国際的介入は水面下の非公式な仲介・周旋として行われる必要がある。紛争の局面を見ながら紛争当事者に介入受け入れ意欲を打診し、その進展に応じて全紛争当事者が折り合う余地のある紛争解決策に至るべく、解決策の内容を調整する。

解決策を受け入れることを統治機構内部及び被統治者に示すことから生じる結果は、介入主体が紛争当事者に影響力を行使することがどれだけ正当と認識されるか、すなわちどれだけ納得しやすいかによって変わる。したがって紛争当事者の統治機構内部及び被統治者の目から見た介入主体の性格が、紛争当事者にとっての、解決策の受け入れやすさを左右する。

例えば、解決策を正式に提示する介入主体が国際社会全体を代表する安保理であることは、統治機構内部及び被統治者が解決策の受け入れを正当と見なす理由となり得る。これに対し有力関心国が安保理による正統化付与を得ることなく解決策提示を行えば、受け入れることは強国の押し付けに屈したことになるとして正当と見なされない場合があるだろう。これとは逆に、安保理や国連に対する信頼が低かったり、反発が強かったりする紛争地域の場合には、地域に密接な利害を有する有力関心国による介入の方が納得して受け入れられやすい場合もある。その紛争に対する安保理の介入が長引く中で、一方紛争当事者の統治機構内部または被統治者が、安保理は自らに敵対的であるという政治的認識をつくりあげてしまう場合などが当てはまる。さらには、紛争当事者間の自発的合意であると提示した方が、統治機構内部及び被統治者が受け入れやすい場合もあり得る。その場合は、外部から解決策を提示する介入主体がないことを演出すべきことになる（いわゆる「静かな介入」）。このように、解決策の提示・受け入れ要請に当たっては、解決策の受け入れを促進する効果如何が表に立つ介入主体を選択する上での重要な要素となる。表に立つ介入主体の選択も受け入れ条件を整えるための仲介・周旋の一部として事前に水面下で調整される。

こうした水面下の交渉の結果、上記の受け入れ条件が満たされると、表に立つ介入者による解決策の正式な提示、すなわち公的な介入が行われ、当事者により解決策の受け入れが表明される。統治機構内部及び被統治者を納得させることが必要なので、解決策の提示とその受け入れを公式化する行為が行われる（例えば、和平協定への署名）。

解決策の受け入れ表明後も、解決の定着を確保する過程において紛争当事者間の信頼関係は不安定であるから、水面下の介入は継続される必要がある。並行して、統治機構内部及び被統治者との関係で、解決の定着確保のための介入に信認を与える必要に応じて、公式化され、顕在化された介入も行われる。

なお、受け入れ条件が整っていないにもかかわらず紛争解決策を提示しても、紛争当事者の受け入れるところとならない。その場合、国際的介入を行う側が、受け入れ条件が整うことを外的に確保しようとすると、強制措置の発動となる。強制措置の発動に当たっても、紛争当事者及びその被統治者の心理に及ぼす効果にかんがみて、最終的に受け入れ条件を整えるために有利か不利かが、介入主体選択の重要な要素となる。

公的介入と非公式な介入

このように、紛争介入過程の段階に応じて、有効な介入の性格は異なる。より水面下の非公式な介入と、公式化され、顕在化された公的介入の双方を適切に組み合わせなければならない。現実の紛争介入においては、様々な介入主体が、それぞれに状況を判断しながら公的介入と非公式な介入の双方を行うこともあれば、介入主体の適性に応じた分業が図られることもある。

国際的介入を行う主体の適性を思い切って一般化して、非公式な介入に適した主体から公的介入に適した主体へと順に並べるとすれば、⑴個人やＮＧＯによる介入活動、⑵国の事務レベル（外交官）による介入活動や国際機関や地域機関の通常の調査権限内の介入活動、⑶国の政治レベル（閣僚またはそれ以上）による介入活動、⑷国際機関や地域機関が執行理事機関から特別にマンデートを得て行う介入活動、⑸安保理による介入活動（安保理が決定する介入活動）

となろう。数字が小さいほど紛争当事者との交渉を水面下にとどめることが相対的に容易である一方、数字が大きいほど統治機構内部や被統治者との関係で紛争解決過程に政治的信認を与える力が相対的に大きいことが期待される。

紛争当事者が紛争解決策を受け入れる条件が整うまでの水面下の仲介・周旋と、その後継続して行われる水面下の仲介・周旋については、紛争地域の特性によっても異なるが、主として(1)または(2)、せいぜい(3)までのレベルで行われる必要があることが多いだろう。紛争解決策の提示・受け入れ要請やその後解決の定着確保過程で行われる介入活動については、紛争当事者の統治機構内部及び被統治者が外部の正当な介入勢力として信認する主体は何かについての認識次第で、適切な介入主体が異なる。公的介入を行うことが適切な場合と不適切な場合があるし、適切な場合であっても、(3)、(4)または(5)の中で何が適切かは紛争により異なる。なお、外部の正当な介入者として国連及び安保理に対する信認が極めて強い地域の場合や、他に外部の正当な介入者として信認されている勢力がない地域の場合には、水面下の仲介・周旋であっても、(4)または(5)による介入が紛争当事者に求められ、かつ適切であることがあり得る。

受け入れ条件を外から整えるために強制措置を行う場合についても、紛争解決過程への政治的信認の観点から(3)、(4)または(5)から適切なものを選ぶ必要がある[1]。

以上の観点から見ると、安保理による介入が効果を持つことが最も期待されるのは、紛争当事者や被統治者との関係で紛争解決過程に政治的信認を与えることを目指した公的介入である。しかし、期待される効果が発揮されるためには条件があり、(1)事前に十分な非公式介入が行われており、紛争当事者による紛争解決策受け入れ用意が整っている必要がある。また、(2)紛争当事者の統治機構内部及び被統治者によって国連及び安保理が外部の正当な介入勢力として信認されている必要がある。さらに、(3)安保理の公的介入開始後も、非公式介入により適した他の主体が非公式介入を継続し、安保理による介入を支える必要がある。

公的介入を事前にまたは並行して支える非公式介入の担い手は紛争により様々であるが、その性質上安保理により公式に委託された介入主体が担うことは適していないことがある。難しい調整ほど、それを水面下にとどめるのに適した主体により担われる必要性が高い。要するに、公的介入と非公式な介入は相互に補完関係にある。公的介入が有効となる局面を的確に探るためには、十分な非公式介入が行われなければならない。

内戦型紛争と公的性格過剰

本節におけるこれまでの議論は、国家間紛争の場合にも内戦型紛争の場合にも当てはまる（相争う紛争当事者のいない「新たな脅威」でも、部分的には当てはまる）。しかし安保理による公的介入が有効であり得る局面が限定されているという意味においては、内戦型紛争についてよりよく当てはまる。

国家間紛争であっても、紛争の性質と局面によって、公的介入を行う環境が整っていない場合には紛争当事者が立場を硬化させざるを得なくなるので、あからさまに光を当てることを避け、「静かな介入」をした方が有効である。しかし一般的に言って国家間紛争の場合、(1)紛争当事者はいずれも国連加盟国であるから、外部の介入勢力としての安保理をあらかじめ受け入れている。憲章第二五条により、安保理の決定に拘束力すら認めていることはすでに見たとおりである。また(2)介入主体が国または国際機関の場合、紛争当事者にとっては、等しく国際法に服する存在として地位の対等性がある。そして同じ地位の対等性が、紛争当事者間にもある。さらに、(3)紛争当事者は、国際社会の多くの国と外交関係を維持しているのが通常であるから、他国との間で日常的に接触・交渉が日常行われていることを、あらかじめ紛争相手にも被統治者にも知らせているので、何らかの接触が介入受け入れの兆候であると疑われる恐れはより小さい。これらにより、紛争当事者が国際的介入を受け入れることにつき消極的になる要因がやや制限されている。このため、安保理による介入行動を含め、国または国際機関による公的介入が有効となる環境は比較的整いやすい。

これに対し、少なくとも一の紛争当事者が非政府の武装勢力である内戦型紛争の場合、上に挙げた三つの要因が作用しないので、紛争当事者の介入受け入れに対する消極姿勢は制限されにくい。すなわち、まず(1)紛争当事者のうち非政府の武装勢力は、国連憲章により拘束されない。よって、国連・安保理の権威も、安保理決定の法的拘束力も無視できる。国連加盟国政府である紛争当事者があったとしても、紛争を国内問題として扱いたがり、国際化を拒む。次に、(2)紛争当事者のうち非政府の武装勢力は国際法一般に拘束されない。よって同様に、国連加盟国政府である紛争当事者があったとしても、一方的に不利なルールに服することを拒む。そのような状況の下で、紛争当事者間の地位の対等や紛争当事者と介入主体の間の地位の対等を外形的に保証するものがないため、紛争当事者として、介入や解決策の受け入れを統治機構内部及び被統治者に対し正当化することが困難である。(3)非政府の紛争当事者は、国際社会の多数の国・国際機関と接触していることをあらかじめ明らかにしているわけではない。このため、新たな外部との接触は、介入受け入れの兆候、すなわち「弱み」を見せる行為であると紛争相手、統治機構内部及び被統治者に解釈される危険が大きいと紛争当事者が判断しやすい。

こうして内戦型紛争においては、紛争当事者が国際的介入の受け入れを拒絶する傾向が強い。このような傾向にもかかわらず有効な介入を行うためには、非公式な介入の比重が高まらざるを得ない。二〇〇八年七月五日付エコノミスト誌は、特に(3)の要因の重要性に注目している[2]。内戦型紛争に非公式な介入を行う介入主体は、紛争当事者との間で信頼を確立することに加えて、紛争当事者が統治機構内部及び被統治者に対して、その主体と接触していることを否定し切れる存在であること（plausible deniability）が極めて重要であるとしている。そうであれば、介入の主体としてより効果的なのは、非公式介入への適性が最も強いＮＧＯや個人ということになる。

内戦型紛争の性質に照らして、一般に安保理は公的性格が過剰だということになる。安保理による介入が必要とされ、かつ有効になり得る場合は、入念な非公式介入により、上述の不利な要因にもかかわらず紛争当事者が安保理の権威を受け入れることの効用につき十分説得されたのちの場合に限られるであろう。それが実現せず、公的介入としては地域機関や有力関心国の介入が選択される場合もあれば、公的介入の出番のない「静かな介入」が選択される場合もあるであろう。

現代の紛争に占める国家間紛争の比重は下がり、「狭義の紛争」のうちほとんどは内戦型紛争が占めるに至っている。内戦型紛争において、公的介入、とりわけ安保理の介入行動が有効となる局面が一層限られていること、及び非公式な介入の主体としてＮＧＯが果たし得る有効な役割が増大していることに留意する必要がある。

注

1　ただし強制措置の場合には、介入主体や国際社会による正統性付与の要求がより強く作用すると考えられる。

2　"The discreet charms of the international go-between"

第3章　安保理の正統性付与機能

これまで、安保理の中核的機能は正統性の付与であるとしてきたが、正統性付与の実体は何か。どのように正統性は生成し、誰に対し、どのような意味をもって付与されるのか。本章ではこのような問いを検討する。

1　安保理の機能

意思決定機関としての安保理の役割

第1章で見たとおり、安保理の基本的性格は、行為の形式を「会合」と「文書・声明の発出」とする意思決定機関である。意思決定の内容である主たる介入行動は、(1)状況評価、(2)紛争解決策の提示・受け入れ要請、(3)強制措置、(4)解決の定着確保のための措置と分類された。安保理がそれぞれの介入行動を意思決定することを通じて、紛争解決にいかなる機能を果たしているかを検討してみよう。

(1)状況評価（非難、遺憾、歓迎、賞賛等）は、紛争の推移に関わるもの、紛争当事者の行動に関わるもの、非公式介入・

公的介入の双方を含む様々な介入主体の介入行動に関わるものに大別される（もっとも非公式介入は安保理による評価対象となったとたん公的介入に変質するので、評価対象とすることの是非は慎重に判断される）。これらは全般に、安保理のその紛争の解決に対するコミットを表明する機能を担うとともに、国際世論を一定の方向（安保理の提示する紛争解決戦略を支持する方向）に誘導する機能を担う。紛争当事者の行動に関わるものについては、紛争当事者のそれまでの行動に対する評価を通じて、紛争当事者に対しそれらの行動の継続または中止を実質的に勧告する機能、多様な介入主体の介入行動に関わるものについては、これまでのそれら介入主体の行動に対する評価を通じて、介入主体に対しそうした行動の継続または中止を実質的に勧告する機能を、それぞれ担う。

(2)紛争解決策の提示・受け入れ要請については、紛争当事者に対して具体的な解決策を受け入れることの明確な要請が行われ、国際世論や様々な介入主体に対しては、その紛争解決策を支持する方向に誘導する機能を担う。そこに至るまでの仲介・周旋活動については、その活動の実施主体に対し実施の要請・勧告が行われ、紛争当事者、国際世論、仲介・周旋活動実施主体以外の介入主体に対しては、仲介・周旋活動に対する支持が呼びかけられる。

(3)強制措置や、(4)解決の定着を確保する措置についても同様である。それぞれの措置の実施主体に対しては、具体的措置を実施することの明確な要請または勧告が行われるとともに、紛争当事者、国際世論一般、当該措置の実施主体以外の介入主体に対しては、それらの措置を支持するよう誘導する機能を担う。

整理すると、(1)安保理としてのコミット表明、(2)特定の行動（紛争解決策の受け入れや介入措置の実施）の要請・勧告、(3)安保理が示す方向に対する支持の誘導、に大別され、(2)は行動の実施主体に対して向けられ、(3)は紛争当事者、国・国際機関等その紛争への様々な介入主体、国際世論一般に対して向けられる。紛争解決は、紛争当事者及び様々な介入主体の具体的行動によってしか実現しないので、「コミット表明」や「安保理が示す方向に対する支持の誘導」については、結局のところ「安保理が要請・勧告する特定の行動」の実施を促進し、その効果を高めるための環境作りであると位置づけられる。

こうして、安保理の果たす機能は、⑴紛争当事者及び様々な行動主体に対して、特定の行動を、国際社会を代表して要請・勧告することにより実施を促し、また併せて、⑵それらの個別の行動やそれらを包含する全体方針（紛争解決戦略）について、安保理自身の支持表明（「コミット表明」）と、国際世論、紛争当事者、その紛争への様々な介入主体も支持することが期待されていることの表明（「支持の誘導」）を通じて、行動主体による個別の行動実施を促すことであると要約できる。

安保理の要請・勧告が特定の行動の実施を促す機能を果たすことができ、また安保理によるコミットと誘導が安保理の示す方針への支持、あるいは少なくとも支持への期待をもたらす機能を果たすことができるのは、安保理が国際社会を代表するという卓越した地位を持つが故に、それぞれの行動やそれを包含する全体方針（紛争解決戦略）を合理化し、正当化するからである。これが、「安保理の果たす役割の中核は正統性の付与である」ということの意味である。

安保理の果たす役割は多岐にわたるように見えるが、突き詰めると、「意思決定を行うことを通じて、紛争当事者、その紛争への様々な介入主体、国際世論に対して、紛争解決のための具体的な行動を実施することや、実施を支持することを、合理化し、正当化すること」が核心である。ここで、正統性付与といっても、⑴特定の行動の主体に対して、「その行動をとること」を合理化し、正当化する機能と、⑵特定の行動の主体以外に対して、「行動の主体がその行動をとることを支持すること」を合理化し、正当化する機能の二種類があることに注意しておきたい。

正統性の内容

安保理の地位と権限が正統性をもたらす原理について、⑴正統性の内容、⑵正統性の政治的根拠と法的根拠の三つの側面から、少し掘り下げて検討しよう。

安保理が付与する正統性の内容は、互いに関連する三つの要素から成っていると考えられる。安保理は国連憲章第二四条他により信託された権限に基づき国際社会を代表して紛争に介入する。前章で見たとおり、様々な介入の中でも、最も公的性格が強い。その内容を仔細に見てみると、第一に公的権限を根拠とする介入であるため介入の当否が疑問視されにくい（妥当性）。第二に国連が「人民の同権及び自決の原則の尊重」（第一条二）及び「主権平等（第二条一）」を目的と原則として掲げていることから、党派的立場から介入するのでないことがあらかじめ前提とされており、介入が不偏・中立的であることが疑問視されにくい（中立性）。第三に国連が地球上の政治国家をほぼすべて包括する機関であるので、介入は個別利害、部分的利害のために行われるのでなく、国際社会全体の利益の観点から行われることが疑問視されにくい（普遍性）。つまり、権限上の妥当性が、国連の中立性と普遍性により補強されている。

このことの反射効果として、安保理の介入活動があからさまに党派的であったり、個別利害・部分的利害のために実施されたりする場合には、正統性を失うであろう。

正統性の政治的基礎

安保理の公的性格が正統性を持つ政治的基礎は、集団的安全保障の考え方及びこれに対する国際社会のコミットである。第1章で述べたとおり、国連憲章第四三条から第四九条の規定が実施されていない今日の現実の安保理は、憲章起草者が実現しようとしたほど完成度の高い集団的安全保障システムではない。また第2章で述べたように、安保理は、様々な主体による非公式な介入や公的介入と相互補完しない限り効果的な介入ができない。しかしながら、現状の安保理の平和活動であっても、「国際社会における対立について、国際機関を通じた解決に(少なくともある程度は)ゆだねる」制度であることには変わりがない。このような制度が、正統性を持つためには、制度の全般的目的について、幅広い国際社会において少なくとも認識の共有がなされていなければならない。その全般的目的とは、「国際的な対立の解決を、個別の国の戦争発動にゆだねる」ことを制限し、そのため「国々の強制力発動、とりわけ武力行使を一定の国際的規範の下に置く」ことである。この全般目的に対する認識の共有が確保されない限り、安保理の正統性は政治的基礎を欠き、空洞化するであろう。

集団的安全保障の考え方は、権力の私的発動を法制度により制御する伝統の強いヨーロッパできわめて強く、特に強制行動の発動を制限するよりどころとして強い規範力を持っている。しかしヨーロッパのみではなく、国連が国家としての誕生のゆりかごとなった、アジア・アフリカ等の多くの第三世界諸国にとっても、国連の集団的安全保障システムに大きな規範力を持たせることを通じて、旧植民地諸国等大国の恣意的な干渉や横暴の抑制を志向することが外交的伝統の一部となっている(これには、自国の国益を害さない限り、例えば自らが紛争当事者でない限り、という限定がついていると考えるべきであり、その意味では外交上の修辞の伝統であるという面もある)。

このように集団的安全保障の考え方に対する全般的支持はあり、安保理の正統性の政治的基礎として作用していると考えられるが、世界の有力国の実行を観察すると、国によってはコミットが十分強いとは言えない。「武力行使を一定の国際的規範の下に置く」ことにつき、実行を通じてコミットを示すとすれば、それは武力行使を自衛権の行使と安保理が容認した武力行使に限ることに他ならない。有力国がいずれにも当たらない武力行使をしたとしても、単発の例外的な措置であるため波及効果を持たない可能性もあるであろう。また有力国と言ってもグローバルに影響力を及ぼす国でなく、地域有力国であるため波及効果が限定的であることもあるであろう。しかしこうした実行が積み重なる場合、とりわけグローバルな有力国の実行が積み重なる場合、安保理が持つ正統性付与機能は、次第に政治的基礎を掘り崩されることになりかねない。近年の出来事としては、コソボ紛争におけるＮＡＴＯのコソボ及びセルビア空爆（一九九九年）、米英の対イラク武力行使（二〇〇三年）、ロシアのグルジア進出（二〇〇八年）などを、この観点からよく検討する必要があろう。

正統性の政治的根拠と法的根拠

安保理の正統性が由来する根拠には、「安保理の決定を国際社会の大多数の国、あるいは多くの有力な国が支持し、国際世論が支持している」という政治的事実と、「安保理の決定が、安保理の地位と権限を定めた国連憲章に照らし適法である」という法的事実の二つがある。紛争当事者、様々な介入主体及び国際世論が安保理の介入に正統性を認める時、両者は互いに強化し合って作用していると考えられる。しかしこの二つは異なる事実である。

このことから、いくつかの留意すべき点が生ずる。便宜的に政治的事実を根拠とする正統性を政治的正統性、法的事実を根拠とする正統性を法的正統性と呼ぶこととしよう。まず、政治的正統性と法的正統性は相互に強化し合うが、根拠となる事実が異なる以上、一方の根拠となる事実がないにもかかわらず他方の力で正統性を生じさせることはできない。つまり、国際社会からの支持という政治的事実がないにもかかわらず、適法性という法的事実があるからといって、政治的正統性を作り出すことはできない。十分に国益の裏付けをもって介入への政治的意志を結集した国（または国々）が、特定の紛争解決戦略の下に指導力を発揮して関心国と調整し、広く国際社会の支持を動員した時に初めて、その紛争解決戦略を体現する安保理の決定が政治的正統性を持つ。

第二に、安保理の正統性の機能には、「特定の行動を合理化し、正当化する機能」のほかに、「そのような行動を支持することを合理化し、正当化する機能」もあった。つまり、安保理が正統性を持つが故に政治的支持が増すという関係（安保理の正統性の機能）と、政治的支持があるが故に安保理の正統性が増すという関係（政治的正統性の根拠としての政治的事実）の双方が成立している。安保理の政治的正統性と国際社会による政治的支持の間には、再帰的関係が成立しているということである。再帰的関係においては、一方向に動きが発生するとその方向への相乗効果が繰り返し発生する。安保理の決定に対する政治的支持に陰りが生ずると、正統性の減退を通じて、下降螺旋的に政治的支持が低下する恐れがあることが分かる。

第三に、内戦型紛争や「新たな脅威」において、紛争当事者（あるいは脅威の除去を要請される主体）が国連加盟国政府でない場合、安保理決議はそれらの主体に対し法的拘束力を持たないので、正統性の法的起源を欠く。安保理の決定が正統性を持つとしても、それはもっぱら政治的正統性ということになる。すなわちこれらの場合には、国家間紛争の場合以上に、安保理の正統性が事実としての国際社会による政治的支持に依存する度合いが高い。

最後に、法的正統性の比重が比較的高い二つのケースを取り上げる。一つは国連事務局の活動である。国連事務局の活動には、調査、仲介・周旋、ＰＫＯ等国連ミッションの派遣など多様なものが含まれるが、調査を除いていずれも安保理から任務付与される必要がある（調査については、憲章第九九条の安保理に対する注意喚起権限に基づき実施可能）。つまり安保理からの任務付与による適法性という法的事実がない限り、いくら国際社会の支持があっても正統性が発生しない。紛争への介入行動が持つ政治的に重大な性質から、安保理が事務局を厳格に統制する立法意思が表れている。

同様に、国連加盟国による強制措置の場合も、法的正統性の比重が高い。安保理決議上の強制措置は、国連憲章に従って、「国際の平和と安全に対する脅威等」の認定、紛争当事国に対する、認定された脅威等の状況を取り除くべしとの法的拘束力のある決定、それを実現する目的を持つ措置としての強制措置の実施決定といった、一定の手続き要件を満たして導入される。強制措置が要する慎重さに見合った厳格な審査を通過することにより、安保理の強制措置は他の主体による強制措置にはない法的正統性を手に入れる。特に、軍事的措置の場合、国連憲章下では武力行使は自衛権の行使（憲章第五一条）を除いて違法化されており、その違法性を憲章第七章に従って解除する必要があるので一層重要である。制裁の場合には、国連憲章で違法化されているわけではないので、法的正統性の重要性は軍事的措置に比べ相対的に小さい。

ただし、事務局の活動の場合や強制措置の場合であっても、法的正統性は政治的正統性を代替するものではないので、正統性の政治的根拠として国際社会による支持が実在することが重要であることには変わりない。

以上、正統性の内容、政治的基礎、政治的・法的根拠の検討を通じて、安保理の正統性付与機能が有効に発揮するためには、⑴活動の内容が中立的、普遍的であること、⑵国際社会の集団的安全保障に対するコミットがあること、⑶その活動が適法であり、のみならず強い政治的意志でその活動を推進する国による主導の結果としてこれに対する国際社会の政治的支持が得られていること、が重要であると結論付けることができるだろう。

2　正統性の調達と活用

正統性の調達

前節の検討により、安保理の決定は、安保理の決定であるという事実のみから自動的に正統性（特定の行動の実施または実施に対する支持を合理化し、正当化する作用）を得られるのではないことが分かった。やや重複するが、ここでは、安保理の正統性がどのような経路で調達されるかという観点から整理しておきたい。

安保理が自らの決定が正統性を持つことを確保する経路は、主として(1)法的権限、(2)集団的安全保障に対する国際社会のコミット、(3)国連及び安保理の制度としての権威、(4)個々の意思決定に対する国際社会の政治的支持の四つであると考えられる。

法的権限については、国連憲章が安保理に対し、紛争解決の主要機関としての地位、法的拘束力のある決定を行う権限、強制措置の決定権限、介入の是非につき自律的に決定する権限など、卓越的な地位と権限を与えていることと、これが安保理の正統性を強化していることをすでに見た（第1章参照）。しかし、だからといって正統性調達のための努力を要しないことにはならない。前節で見たとおり、個々の意思決定に当たって、それが適法であること、安保理が権限を踰越していないことを確保する必要がある。決定の法的拘束力の問題、強制措置の問題、介入が可能な範囲の基準問題など、この面に関する主要な問題は第４章で扱う。

次の集団的安全保障に対する国際社会のコミットが安保理の正統性の政治的基礎であることについては、前節で詳しく検討した。すべての国連加盟国による自己規律が必要だが、有力国の自己規律、とりわけ安保理の紛争解決機能の維持・増進に重要な責任を有するＰ５諸国の自己規律よる、率先垂範が重要である。この点については、ヨーロッパの集団的安全保障に対する高いコミット度を反映して、英仏による自己規律は比較的強いと考えられるが、米露中は（国際的規範に縛られない）一定の行動の自由を確保することに固執すると考えられる。米露中それぞれが確保しようとする行動の自由の程度が、安保理の正統性を損なわずにすむ程度であるかどうかが、極めて重要である。また安保理を通じた紛争解決の成功例がフィィード・バックされることにより、国際社会全体のコミットが向上すれば、そのことが安保理の正統性付与機能を高めるであろう。

前節で安保理の正統性の政治的根拠（安保理の決定に対する国際社会の支持）を取り扱ったが、制度としての国連・安保理に対する信頼に基づく支持と、個々の決定内容に対する支持を分化せずに扱った。ここでは、この二つを分けて考えよう。第1章でも見たとおり、安保理の正統性は、制度としての国連・安保理に対する信頼に大きく依存している。国連及び安保理の権威が増せば増すほど、安保理の正統性付与機能は高まる。安保理の権威を増進する上で、重要な役割を果たしていると考えられる要素として、(1)加盟国や国連事務局その他の国際機関により行われるものを含めた、広い意味における教育・広報活動、(2)安保理を通じた紛争解決の成功例のフィード・バック、(3)加盟国、とりわけ安保理メンバー国や国連事務局その他の国際機関が、安保理を扱う際の尊厳に満ちた振る舞いと、メディアによるその尊重（いわゆる「神秘化」）、(4)安保理が全会一致により決議を採択したり、拒否権の発動を抑制したりすることによる責任意識の誇示、の四つを挙げておく。

最後に安保理による個々の意思決定の内容に対する国際社会の支持を検討する。制度としての国連・安保理に対する信頼と異なり、個々の決定内容に対する支持を得るためには、意思決定過程において、安保理は広く国際社会と意思疎通し、国際社会の意見を吸い上げて安保理の方針を立案するとともに、安保理の方針を支持させるよう国際社会に働きかけなければならない。言い換えるならば、「安保理一五メンバーの決定が国際社会を代表する」という安保理の正統性の虚構性を、協議により修正し、正統性の実質化を図る努力が不可欠である。このような意思疎通の対象は、紛争当事者、その紛争への様々な介入主体（国・国際機関・NGO等）、国際世論（国連加盟国、とりわけその紛争に対する関心国や周辺国、及びメディア）と考えられる。意思疎通の主体は、個々の安保理メンバーまたは合議体としての安保理である。しかしこのような骨の折れる調整過程が自動的に進むわけはなく、国益を背景に強い政治的意志をもって調整に当たる安保理メンバーの存在が不可欠である。具体的な調整のあり方については、第9章及び第10章で詳しく扱うこととする。

ここで、第2章で検討したように、意思疎通を行う四つのレベル（対紛争当事者、対紛争への介入主体、対国際世論、安保理内部）で、指導力を持つ調整者が異なる可能性があることを思い出していただきたい。安保理内部以外の三つのレベルにおいて、指導力を持つ調整者が安保理メンバー以外の国である場合には、効果的意思疎通のためには、その調整者と安保理内部における指導的調整者（議題リード国）とが密接に連携する必要がある。

紛争当事者に対する正統性

安保理の決定が持つ正統性は、総じて紛争関係者及び国際世論に対して、安保理が決定した行動の実施または実施の支持を合理化し、正当化するが、ここでは、この正統性付与という機能が及ぼす効果を、効果の対象ごとに順に検討していく。

紛争当事者に及ぼす効果については、すでに第2章で検討した。紛争地域において国連及び安保理が、他の勢力と比較して外部の正当な介入勢力として信認されている程度によるが、その程度が高い場合には、紛争当事者が、紛争解決策を受け入れるに当たり、安保理から提示された解決策であることをもって、その妥当性、中立性、普遍性を理由に受け入れを合理化、正当化し、統治機構内部と被統治者を説得できる可能性がある。この可能性があるが故に、紛争当事者に対し紛争解決策受け入れを促進する効果が期待できる。

紛争への介入主体に対する正統性

紛争に介入する様々な介入主体(安保理メンバーを含む国連加盟国、国連事務局その他の国際機関など)に対してはどうか。この点についても第2章の検討結果をもう一度整理してみよう。紛争介入は相当規模の資源動員を必要としながら失敗のリスクがあるので、国益上の利害得失計算が複雑である。このため、介入に必要な資源動員の前提となる政治的意志を形成するためには、高度な国内世論の統一が求められ、その過程で介入活動の十分な合理化、正当化が行われなければならない。つまりどの国も国内世論をまとめるのに苦労する。介入活動が安保理から要請・勧告されることは、国連の権威で活動の妥当性、中立性、普遍性が保証されたことを意味するので、活動を実施することを合理化、正当化して、国論の統一を助ける。我が国でも自衛隊の国際平和協力への参加や制裁措置の発動に当たっては安保理決議の有無が検討の対象となるが、安保理決議があれば支援をしやすいのは我が国ばかりではない。

安保理の正統性は、個別の介入措置を実施する介入主体が国内世論を統一する上で有効でもあるが、さらに複雑かつ大規模な資源動員を行う必要がある、共同介入の調整国の場合にはなおさら有効である。

また、国際機関(例えば人道救援の難民高等弁務官事務所、世界食糧計画、ユニセフや、復興支援の世銀、国連開発計画(UNDP)等)の場合も、介入活動実施に当たり、新規の資源動員(ドナーからの資金拠出・人員派遣)が必要な場合や執行理事機関から新たなマンデートを取得する必要がある場合に、安保理から要請・勧告を受けることで活動実施が合理化、正当化されることは、資源動員やマンデート取得を容易にする。

国際世論に対する正統性

次に、安保理の正統性が国際世論に及ぼす効果を検討しよう。国際世論の場合、安保理が要請・勧告する行動の実施主体ではないので、正統性は、それらの行動に対する「支持」を、合理化し、正当化するのであった。つまり、安保理による決定が行われることは、決定が妥当性、中立性、普遍性を持つことを保証することを通じて、紛争当事者や様々な介入主体が安保理の要請・勧告する行動を実施することを、国際世論が後押しすることを合理化し、正当化する。これは、安保理が正統性を持つことが原因となって、安保理の要請・勧告する活動の実施を促進する効果が、国際世論により増幅されて、紛争当事者や様々な介入主体に及ぼされることを意味する。

安保理が正統性を持つことが、国際世論に対し安保理の決定を支持させる力は極めて大きい。紛争が発生すると国際世論から安保理に対し介入すべしとの大きな圧力がかかる。紛争が大規模な人道的被害を伴う場合は特にそうである。それだけ、正統性を持つ安保理を通じて紛争解決されることに対する国際世論の期待が大きいからである。第2章で検討したとおり、国際世論形成に支配的影響力を持つ勢力は、欧米メディア（いわゆる西側メディア）、欧米諸国（いわゆる西側諸国）、国際機関等を中心とする。これら諸勢力が、特にヨーロッパ諸国、ヨーロッパ・メディアを中心に、おおむね集団的安全保障の考え方にコミットしていることは、安保理の正統性が対国際世論で大きな効果を持つ重要な背景となっている。

安保理の正統性が国際社会による支持と再帰的関係にあることはすでに指摘したが、とりわけ国際世論は増幅効果が大きいので、再帰力学が大きく働く。したがって、安保理の正統性が国際世論の支持を背景にしているときには、国際世論の支持はいよいよ強くなるが、安保理の決定が国際世論の支持を欠いているときには、安保理が正統性を十分発揮できないことを通じて国際世論の支持はますます低下する。

国際世論の大きな増幅効果は、時として政治的正統性と法的正統性の間の通常の比重関係を逆転させる。すでに見たとおり、強制措置、なかんずく軍事的措置の場合、法的正統性が大きな重要性を持つ。つまり、通常の比重関係が維持されているのであれば、安保理決議による容認という法的正統性を獲得していない武力行使は国際世論から支持されにくい。しかし国際世論形成に支配的影響力を持つ勢力が、安保理決議がなくとも自らの国益上、あるいは自ら定義する国際公益上、武力行使が必要であると判断してそのような武力行使を支持することはあり得る。その場合、国際世論が支持していることに基づく政治的正統性が再帰力学によって増幅されて法的正統性の欠如を凌駕し、安保理の容認なき武力行使が非難を受けないことがある。一九九九年の、NATOによる明示の安保理決議なきコソボ・セルビア空爆が国際世論の非難を浴びなかったことは、二〇〇三年の米英による対イラク武力行使の場合と対照的であるが、ヨーロッパ諸国及びヨーロッパ・メディアが国際世論形成に対して持つ影響力の観点からも分析すべきであろう。

安保理自身に対する正統性

安保理の正統性は、実は安保理自らに対しても作用する。安保理は、これまで見たとおり、紛争への介入活動に正統性を付与することを通じて、紛争当事者の行動や様々な介入主体の行動を促す役割を担っている。またそうした行動の実施を、国際世論の動員を通じても促すべく、国際世論がこれらの行動の実施を支持することにも正統性を与える役割も担っている。

安保理がこのような役割を持つことは、安保理自身に対し、可能な限り介入活動を行うべしとの責任意識を課している。また紛争解決が安保理による介入を通じて図られることは、集団的安全保障の強化に資することから、この観点からも介入を行う方向に規範意識が働く。とりわけ強制措置については、その決定権限が安保理の権威の重要な源泉であることからも、安保理を経ない介入として行われるのでなく安保理による介入として決定することが望ましいという規範意識が強く働いている。このような安保理の責任意識は、国際世論からの、安保理が行動すべしとの圧力により増幅しやすい。

安保理は一五メンバーから成る合議体であるので、この責任意識、ないし自己圧力は、実際には一五メンバー国に対して働いている。紛争に対する介入は、迅速な決定を要する（という圧力がかかりやすい）ことがしばしばであるので、意思決定を促す圧力はいよいよ高まる。この圧力は、安保理メンバー諸国が交渉を通じて立場の差を埋める上で大きな作用を及ぼす。それとともに、わずか一五カ国から成る安保理の決定が国際社会全体を代表するという擬制を守るためには、せめて一五カ国の一致を示すことが重要であるという認識をもたらし、全会一致を目指す強い自己圧力を招来する。

このような安保理の正統性が安保理の意思決定過程にもたらす責任意識には、重要な負の側面がある。「責任回避の場としての安保理」あるいは「難問丸投げの場としての安保理」という問題である。第2章で見たとおり、現実の紛争介入においては、紛争当事者との水面下の交渉を含む非公式な介入が紛争の様々な局面で行われている中で、公的介入の要素を導入することが解決を効果的に促す局面に達したと判断された場合に、安保理が介入する。これが効果的介入の秘訣である。しかし世界の紛争の中には、十分な非公式介入が行われない「見捨てられた紛争」もある。このような紛争に安保理が介入しても実効性は期待できず、安保理が取り上げているという形式的事実を作り出す以外の効果をほとんど持たない。にもかかわらず、安保理の正統性に由来する規範意識から、安保理は多くの「見捨てられた紛争」を取り上げている。別の角度から見れば、安保理の責任意識を利用して、本来であれば効果的な非公式介入を行い得る影響力を持った主体が、安保理に押し付けることによりその任から逃れていると見ることもできるだろう。過去二〇年の安保理の議題数増大や決議数増大は、かなりの部分こうした「責任回避の場」としての安保理利用を含んでおり、これらは真の役割拡大とは言えない。

ただし「責任回避の場」としての安保理利用も、影響力のある関心国が非公式介入を行えるだけの政治的意志・能力を結集するまでの時間稼ぎとして積極的意義がないわけではない。なお、責任回避ではないが、似たような時間稼ぎのために安保理が有用である場合もある。十分に非公式介入が行われているが、紛争当事者は安保理による公的介入を受け入れる用意がなく、一方人道状況の急激な悪化などを背景に国際世論が安保理の迅速な行動を強く求めたとしよう。このような場合紛争当事者に受け入れ可能な解決策の模索、交渉といった実質的介入については非公式な介入を継続しつつ、実際に当事者が安保理による介入を受け入れる用意ができるまでの間は、安保理が当事者の反発をなるべく買わない当たり障りのない決定をして時間を稼ぐことがある。

安保理による紛争介入の意義

本章では、安保理平和活動の中核的役割である正統性付与機能を詳細に検討した。紛争当事者、様々な介入主体、国際世論に対して、安保理の正統性は、それぞれ行動の実施やそれに対する支持を合理化し、正当化することによって、実施や支持を促す独特の効果を及ぼすものであり、安保理を経由しない介入方法にはない独自の効用がある。第1章及び第2章で検討した多くの制約にもかかわらず、また過去の幾多の失敗事例にもかかわらず、これらの独自の効用が個々の紛争を解決に導く力の故に安保理は引き続き重要性を失わないであろう。それと同時に、安保理を通じて紛争解決を図ることが、国際社会の集団安全保障に対するコミットを強化するという意義も忘れてはならない。

同時に、多数の性質の異なる主体の政治行動を一つの方向に仕向けるという性質上、安保理の働きは極めて精妙な政治装置のそれにならざるを得ない。安保理の正統性付与が十分に機能するためには、紛争当事者、様々な介入主体、国際世論との間で、見解を吸い上げたり、支持を働きかけたりするなど、安保理が十分に意思疎通する必要があった。
また、安保理の正統性は、紛争当事者、様々な介入主体、国際世論、安保理自身に対し、それぞれ異なる効果を及ぼす。それぞれの効果には紛争解決を進める効用があるとしても、合成の誤謬が生じないことを確保することが重要である。特に重要なのが紛争当事者との関係である。安保理の正統性は、介入主体、国際世論及び安保理自身に対しては、一般に、安保理による介入、しかも迅速な介入を求める方向に働きやすい。しかし第2章で詳しく検討したとおり、紛争当事者との関係で、安保理による介入が効果的かどうかは、紛争の性質と局面により大きく異なる。拙速な介入は逆効果になりかねない。本節で触れた「時間稼ぎ」も含め、様々な工夫により、四つのレベルの間で異なる効果と期待を調整しなければならない。このためにも、安保理と他の三つのレベルとの間の意思疎通が極めて重要である。

こうした意思疎通と調整を緊密に行い、四つのレベルを通じて単一の紛争介入戦略の下に関係者をオーケストレートすることができれば、安保理を通じた紛争介入は、安保理によらない紛争介入にはない強みを発揮することができるだろう。これが実現するためには、四つのレベルすべてにおいて調整に指導力を発揮することができるほど、政治的意志を高度に結集させた国が主導することが望ましい。レベルごとに調整国が異なる場合にも、有効な介入のためには、十分な政治的意志を持つ国が調整国間の総合調整を行うことが重要である。

紛争により、また紛争の局面により、こうした条件が整わないことは珍しくない。その場合、安保理による介入が十分に実効を上げることは難しいであろう。この精妙な政治装置の活用に熟練した国が増えることは、実効的介入のための条件が整う機会を増すであろう。

第4章　安保理の法的制度

本章では、安保理による紛争介入に関連する法的制度のうち、特に重要な、決定の法的拘束力、介入措置の決定、介入の是非についての自律的決定及び拒否権の四つを取り上げる。安保理の法制度が持つ柔軟性・発展性が効率的合意形成に利用されている点に注目していただきたい。

1　決定と勧告

法的拘束力のある決定

安保理が全加盟国を法的に拘束する決定を行う権限の根拠規定は、憲章第二五条（「国際連合加盟国は、安全保障理事会の決定をこの憲章に従って受諾しかつ履行することに同意する」）である。例えば、安保理が紛争当事者に停戦を要請したり、兵力の撤収を要請したり、和平条件の受け入れを要請する場合、それらの決定は紛争当事者を法的に拘束する、ということである。しかし安保理のすべての決定が法的拘束力を持つとは捉えられていない。このことは、単一の条である第三九条の中で、安保理の意思決定として「勧告」と「決定」の二種類が明示的に使い分けられていることからも明らかだと考えられている。

それでは安保理の決定のうち何が法的拘束力を持ち、何が持たないのか。別の言い方をすれば、安保理の決定のうち、第二五条が適用される「決定」は何であり、第二五条が適用されず「勧告」にとどまるものは何なのか。この点についての安保理関係者の考え方は実は一致しておらず、曖昧さがある。

憲章第七章への言及基準説

一般に広く流布している考え方では、安保理決議の一部（典型的には、決議前文の最終パラグラフ）に、「国連憲章第七章に基づき行動する」との規定が設けられている決議（第七章言及決議）は法的拘束力を持つと理解されている。第七章（強制措置）は法的拘束力あり、第六章（平和的解決手段）は法的拘束力なし、というわけである。これは単純明快で分かりやすい。第六章に規定された安保理の行動が、ほとんど「勧告」となっており、「決定」の語が用いられていない事実とも符合する。しかし、このままでは厳密さを欠き、実用できない。まず、前掲した第七章第三九条が「決定」と「勧告」の双方を掲げている事実と整合的でない。また特に最近の安保理決議は、第七章に言及している場合であっても、加盟国の行動を求める以外の内容（状況に対する評価、事務局に対する要請、加盟国や他の国際機関に対する勧告等）を含むことが多いので、より細かく各パラグラフを見なければ、決議全体に法的拘束力があるということにはならない。

三つの基準を重視するアプローチ

実務的に最も主流な考え方は、⑴安保理決議が第七章に言及し、かつ⑵第三九条に従った、「平和に対する脅威、平和の破壊又は侵略行為」の法的認定を行っている場合に、(3)ある主文パラグラフに、使われている動詞や助動詞の種類から、安保理が法的拘束力を持たせようとした意思が表れていれば、そのパラグラフの決定内容に法的拘束力を認めるという考え方であると思われる。P5のうち、米英はこの考え方をとっていると見られる。

具体的には、(1)第四一条の「安保理による決定に効果を持たせるために必要な措置」に言うところの「決定」（主として、紛争当事者に対する紛争解決策の受け入れ要請（脅威、破壊、侵略行為の除去）であるが、これに限られない）、及び(2)上記「決定」に効果を持たせるために必要な措置としてとられる強制措置（制裁・軍事的措置）が、「勧告」としてではなく「決定」として決議された場合の、当該強制措置の履行要請、が主たる内容となる。

安保理決議は前文と主文に分かれるが、前文は宣言的であって、実施の必要を伴うパラグラフはすべて主文に集めることになっている。その主文のパラグラフのうち国連加盟国に何らかの行動を指示するものを一つ一つ検討し、それが「勧告」であるか「決定」であるかを弁別して、「決定」にのみ法的拘束力を持たせる。例えば「decide」、「demand」、「require」といった強い動詞または助動詞「shall」が用いられているパラグラフの決定内容には法的拘束力があり、「encourage」、「invite」等の弱い動詞が用いられているパラグラフの決定内容は勧告にとどまると考える。

この基準に従って法的拘束力のあるパラグラフとないパラグラフを弁別することは、おおよそ可能であると考えられている。ただし「強い動詞」の間でも強さは一通りでないので、自ずと拘束力の程度に違いは出てこよう。さらに注意を要するのが、安保理決議で極めて頻繁に用いられる「call upon（要求する、要請する）」という動詞である。この動詞の語感が軽いため「勧告」を指し示すと考えられがちであるが、法的拘束力を持たせる意思をもって起草されたと考えざるを得ない極めて重要な内容で用いられることも多い。国連憲章上も、制裁措置をとることについての加盟国への要請（第四一条）等、明らかに法的拘束力を持つ必要がある決定内容についてもこの「call upon」が用いられている個所がある。

安保理の意思を重視するアプローチ

この考え方と異なる考え方を採る国もある。上に掲げた三つの条件のうち、第七章への言及と第三九条の法的認定は、強制措置発動を決定するための条件ではあっても、決定が法的拘束力を持つための条件ではないと考える考え方である。この考え方に従えば、安保理決議は、第七章への言及や第三九条の法的認定が行われているかいないかを問わず、各主文パラグラフの決定の性質を使われている動詞や助動詞から判断して、そこに安保理の法的拘束力を持たせたいとの意思が表れている場合は、それらのパラグラフの決定内容は加盟国を法的に拘束する、ということになる。つまり、第六章下で安保理が行動し、もっぱら平和的解決手段を用いている場合であっても、紛争当事者による紛争解決策受け入れ要請等、法的拘束力のある決定を行うことはあり得る、という立場である。P5のうち露のとっている考え方はこの考え方に近いと見られる。また、一九七一年の国際司法裁判所勧告的意見がとっている立場も、この考え方に近い[1]。三つの基準アプローチからの反論としては、法的拘束力のある決定といっても、強制措置の発動（またはその可能性）を伴わない限り担保する実力措置がないので、実効的でないとの主張があるだろう。

以上のように安保理決議の法的拘束力を判断する基準については、これを限定的に捉えて形式要件を厳しく定め、そのことにより法的拘束力の実効性を重視する考え方と、より緩やかに捉えて安保理の意思が表れた決定には広く法的拘束性の網をかけることが安保理の権威を尊重することになるとする考え方があり、見方が一定していない。また、前者が「法的拘束力のある強制措置を決定する際の決議案起草技術」として唱えられているのであるならば、両者は必ずしも相互に排他的ではない。いずれにせよ、結果として、具体的な安保理決議（またはその中の特定パラグラフ）が果たして法的拘束力を持つか持たないかについて、曖昧となる場合があることには注意する必要がある。

曖昧さの原因と意味

国連憲章の安保理関連規定、なかでも安保理の決定の法的拘束力という重要問題について、解釈や適用基準について異なる考え方が並立していることの原因と意味を検討してみよう。

国連憲章の安保理関連規定の解釈権は、論理的には憲章に加入しているすべての国、すなわち全国連加盟国が有している。しかし実際にそれらの規定を使って実行を作り上げていくのは、圧倒的に安保理メンバーであり、しかもそのうち非常任理事国（Elected 10: E10）はメンバーが絶えず流動しているので、実質的にはＰ５が解釈権をほぼもっぱら行使しているといってよい。また、決議の法的拘束力を含め、安保理決議の解釈権は、安保理、すなわち審議と採択に参加した安保理メンバー国が有しているが、これも同じ理由により、実質的にはＰ５がほぼもっぱら解釈権を行使している。Ｐ５以外に一貫性を持って安保理の審議に参加している主体として国連事務局があるが、憲章安保理関連規定及び安保理決議の政治的重要性にかんがみ、事務局はそれらの解釈に関わる発言を行わない慣行になっている。つまり安保理による事務局の政治的統制がここでも徹底している。事務局は、安保理メンバーに求められれば過去の実例、慣行等につき説明を行うが、解釈については発言しない。

Ｐ５諸国の政治的・法的立場は往々にして一枚岩ではないから、その結果として、憲章安保理関連規定及び安保理決議の解釈が確定しない、すなわち曖昧さが残ることがあり、法的拘束力の有無の問題にとどまらない。このこと自体を取り出せば、明確性の欠如が原因となって、実施が困難になったり違反の有無が確定できなくなったりする可能性があるので、望ましくない。しかしながら、メンバー間の完全な一致を要求せず曖昧さの余地を残すことは、安保理が迅速な合意形成を行うことを可能にする効果があり、また安保理が全会一致で採択できる決議の数を増す効果がある。紛争への迅速な対応が求められ、また国際社会代表性を全会一致により表現することが求められる安保理にとっては、積極的な価値があると考えられる。

なお、三つの基準アプローチが唱えるとおり、安保理が決定を行っても、それを担保する措置を併せて決定しない場合、その決定に法的拘束力を持たせたとしても、実施されるかどうかは実施主体の規範意識次第である（本書第1章参照）。安保理として、不履行の責任を実力をもって追及する手段がないという点では、法的拘束力を持たせても持たせなくても変わらない。この観点から見るならば、法的拘束力をめぐる明確さは、迅速さや全会一致の要請のために犠牲にしても実害が少ないと考えることもできるであろう。

2　平和的解決手段と強制措置

平和的解決手段

平和的解決手段と強制措置については、第六章（紛争の平和的解決）及び第七章（平和に対する脅威、平和の破壊及び侵略行為に関する行動）に規定されている。安保理は、第五章（安全保障理事会）の各条及び両章を法的権限の主たる根拠として、紛争解決のための介入行動をとる。

安保理の介入活動というと、どうしても多国籍軍による軍事的措置や制裁措置など、強制措置に注目が集まりがちである。しかし第2章で見たとおり、紛争解決において最も重要なのは、紛争当事者が紛争解決策（停戦、兵力撤収、和平協定等）を受け入れることである。これを達成するのは、第一義的には仲介・周旋、あるいは交渉と言ってもよいが、要するに平和的解決手段である。強制措置で紛争当事者を追い詰めるのは、紛争当事者側に解決策を受け入れる条件が整っていない場合にそれを外から整えるという、限定的局面における限定的な目的で行われることである。

現実の安保理の紛争介入の中でも、安保理の行動の多くは当事者に対する武力行使自制の要求や当事者間対話の勧告、あるいはこれらを促進するための仲介・周旋を事務総長に要請することであって平和的解決手段に属し、強制措置を発動する場面は限定的である。また、安保理が強制措置を決定する場合も、可能な限り交渉を並行して継続するか、紛争当事者に交渉に復帰することを呼びかけることが通常である。

憲章第三三条一は、紛争当事者間の平和的解決との原則に引き続いて、具体的解決法として交渉、審査、仲介、調停、仲裁裁判、司法的解決、地域的機関又は地域的取極の利用を掲げている。安保理が介入する際に安保理が勧告する具体的解決法についても、同様に交渉、審査、仲介、調停、仲裁裁判、司法的解決、地域的機関又は地域的取極の利用その他の平和的解決手段としている（第三三条二）。

国連ＰＫＯ（平和維持活動）ミッションは、今日では安保理の代表的な介入措置の一つであるが、一九五〇年代末になってから発案されたので憲章上の定めがない。展開先国の受け入れ同意を必要とするので平和的解決手段の一つであると考えられる一方、軍事監視要員、停戦維持部隊など軍事部門の派遣を伴うことから第三三条が掲げる諸手段とは若干異質であるという意味を込め「第六章半の措置」と呼ばれたこともあった。しかし、第七章下の強制措置をとる権限を付与されていない限りは、やはり平和的解決手段の一つとして整理すべきである。本書においては、紛争当事者による紛争解決策受け入れ後に行われる、紛争解決の定着を確保するための措置であると位置づけている。

第七章に掲げる強制措置をとるのは、安保理がその紛争を「平和に対する脅威、平和の破壊又は侵略行為」と認定するに至った時に限定している（第三九条）。つまり国連憲章は、紛争当事者間で交渉等の平和的解決手段を通じて解決に至ることを望ましい姿とした上で、平和的解決については安保理に幅広い介入の余地を与える一方、強制措置についてはその発動を例外的な場合に限っている。「平和に対する脅威、平和の破壊又は侵略行為」についての安保理による法的認定は、強制措置の発動決定のために必要な決定根拠である。

第三九条の定める「平和に対する脅威、平和の破壊又は侵略行為」が存在することを安保理が認定した場合、安保理は「第四一条及び四二条に従っていかなる措置をとるべきかにつき勧告又は決定」する。その第四一条を見ると、「安保理による決定に効果を持たせるために必要な武力行使以外の措置につき決定」し、「加盟国にその適用を要請」することができると定められている。そして第四二条は、「第四一条の定める措置では不十分と安保理が判断した場合に武力行使を決定」するとしている。

一般に、強制措置は第四一条の定める制裁と第四二条の定める軍事的措置に大別されると理解されているが、第四一条は兵力の使用を伴わないあらゆる強制措置を含んでおり、その総称として制裁と呼び習わしているものである。制裁措置は、禁輸、金融凍結、渡航禁止、外交関係断絶等が代表的であるが、これにとどまらないと考えるべきである。また第四二条は、軍事的強制措置の発動は制裁の発動に比しさらに限定的であるべきことを定めてはいるが、制裁が武力行使に時間的に先行しなければならないことを定めたものではない。国連憲章は、自衛権の行使（第五一条）を除いては、国連加盟国が武力を行使することを禁じているので（第二条三及び四）、憲章第七章下の決定に基づき軍事的措置をとる権限を付与されない限り、武力行使は違法である。

さて、第四一条の条文に戻るが、制裁にせよ軍事的措置にせよ、発動する目的は「安保理による決定に効果を持たせる」ことである。この「決定」の内容は、「平和に対する脅威、平和の破壊又は侵略行為」を取り除くべしと要請する決定、具体的には停戦、兵力撤収、和平条件受け入れ等、いわゆる紛争解決策の紛争当事者による受け入れを要請する決定を主として意味すると考えられる。要するに強制措置の発動は、紛争当事者による紛争解決策受け入れを促進するという目的を実現するための手段である。解決策の内容によっては、多国籍軍が軍事的措置の実施によりその目的を達成してしまうこともあり得る。例えば解決策の内容が一定地域からの兵力撤収である場合、多国籍軍の展開により紛争当事者の兵力を物理的にその地域から追い払うことは可能である。しかしその場合であっても、その後その地域へと兵力を再展開しないことを紛争当事者が政治的に受け入れる必要がある。そうでない限り、多国籍軍は永久にその地域を占領し続けることになるだろう。

第七章の第四三〜四九条は、軍事的措置実施のあり方として、国連加盟国の提供する部隊を、安保理が安保理軍事参謀委員会の支援・計画・戦略的指示を得て指揮する方式を規定しているが、周知のとおり憲章制定以来まったく機能していないので詳説しない。

平和的解決手段と強制措置の組み合わせ

上述のとおり、紛争解決の最重要ポイントは紛争当事者による紛争解決策受け入れであり、これは第一義的には交渉を通じて達成される。強制措置は、紛争当事者側に解決策受け入れ条件が整っていない場合、それを外から整えることにより、受け入れを促進する目的で行われる。このことから、安保理の決定上、交渉と強制措置が組み合わされることがよくある。

一つの組み合わせ方は、交渉を前面に出し、紛争当事者に解決策受け入れを働きかけることを基本にするが、その効果を高めるために、解決策を受け入れない場合には将来強制措置を発動する可能性について言及する、いわば強制措置を奥に配置するやり方である。もう一つは、逆に強制措置を前面に出し、強制措置の発動を決定するが、その目的として解決策の受け入れを紛争当事者に呼びかけるやり方である。交渉の占める比重が低下しているが、受け入れ条件が整えば再び交渉を前面に戻す意図がにじんでいる。

強制措置の発動決定

強制措置は、「主権平等原則」の明白な抑制を伴う強い手段であり、影響が大きいこと、また動員の必要な資源が大規模になることから、決定過程では賛否両方の立場から、激しく議論される。また、交渉を前面に出し将来の強制措置については仄めかす組み合わせの場合も、強制措置発動の可能性をどの程度明確にするかを巡って、安保理内で厳しく交渉される。

上述のとおり、強制措置を発動するためには第三九条の規定する「平和に対する脅威、平和の破壊又は侵略行為」が存在することを安保理が認定する必要がある。認定したという事実を、安保理決議前文に明記しなければならない。また、その措置を強制措置として決定するという立場を明確にする目的で、前文において「憲章第七章に基づき行動する」ことを明記する必要がある。[2] こうして、第三九条に従った認定と第七章への言及が前文で行われることが、強制措置発動決議の形式的要件となる。紛争当事者のとるべき行動や強制措置実施のために各国がとるべき行動が、必要に応じ法的拘束力を持つ要請として盛り込まれ、それらの規定には、動詞や助動詞によって法的拘束力を持たせる安保理の意思が反映されることは前節で述べたとおりである。

したがって、強制措置の発動には慎重であるべきであるという立場からは、第三九条に従った認定に反対し、第七章への言及に反対し、動詞や助詞の選択に当たりより弱い動詞や助動詞を主張するということになる。とりわけ、将来の強制措置の可能性を仄めかす決定を行う決議の場合、発動決定の場合と比較して交渉の幅が広いので、この点に交渉の焦点が集まりやすい。

こうした交渉の結果として、明確さを欠く決議が採択されることもある。近年の注目すべき例を三つ紹介したい。いずれも二〇〇六年の決議である。

イランにウラン濃縮停止を求めた決議一六九六は、直前に出たＩＡＥＡによる濃縮停止要請決議に法的、政治的重みを付加した決議である。この決議では典型的な第三九条下の認定は行われておらず、憲章第二四条を変形した「国連憲章上の、国際の平和と安全の維持に関する安保理の主要な責任を認識し、また状況の悪化を防止することを決意して」との前文パラが設けられている。また第七章全体に言及するのでなく、「ＩＡＥＡにより要請された停止を義務的なものとする目的で、憲章第七章第四〇条に基づき行動し」との前文パラが設けられている。第四〇条は、第四一条または第四二条の強制措置に入る前段階に当たる暫定措置を定めた規定である。主文を見ると、第二パラでイランに対する濃縮停止に、法的拘束力を推定させる「demands」という強い動詞を用いているが、一方第三パラでは交渉を通じた外交的解決を目指す姿勢を明らかにしている。第五パラにおいて濃縮活動に寄与する物資が国境を越えてイランに持ち込まれないよう加盟国に求めており、これが暫定措置に当たる。第七・第八パラでは、ＩＡＥＡへの報告期限を定め、期限後も濃縮停止が遵守されなければ、第四一条の強制措置に入ることを仄めかしている。当初の起案国であった英仏の意図がどのあたりにあったかは分からないが、全体として安保理の制裁意図を明確にすべしとの立場とこれに反対する立場の間で、激しい交渉と合意形成のための妥協が行われた痕跡が著しい。結論として、主文第五パラの定める措置は、強制措置に当たらない暫定措置であることが明確にされていると言えるであろう。また、暫定措置の決定であれば第三九条下の認定を必ずしも明確に行う必要がないという前例を開いた決議であると言うこともできるだろう。

次は、レバノンの武装勢力ヒズボラとイスラエルの間で行われた砲火交換を収拾するために採択された決議一七〇一を見てみよう。この決議では、主文第一パラ、第二パラ、第八パラ、第一四パラなどで、紛争解決策の提示・受け入れ要請が行われており（動詞は「calls for」及び「calls upon」）、強制措置に当たる可能性のある措置として、国連ＰＫＯミッションであるＵＮＩＦＩＬの任務強化（主文第一一パラ及び第一二パラ）とレバノン内武装勢力に対する武器禁輸・訓練禁止（主文第一五パラ）が規定されている（動詞はいずれも「decides」）。主文第一二パラが規定するＵＮＩＦＩＬの任務は、すでに強制措置の色彩を色濃く持っているが、さらに主文第一六パラにおいて、将来におけるＵＮＩＦＩＬ任務の一層の強化が仄めかされている。この内容から考えて、第三九条下の認定と第七章への言及があれば、れっきとした強制措置発動決定の決議であると考えられる。ところが前文最終パラで第三九条下の認定は明確に行われているものの、第七章（あるいは第四一条等個別の条項）への言及はない。このため、決定された措置の性格が曖昧になった。これは、レバノン政府自体は紛争当事者でないという状況の下、第七章に言及して「主権平等原則」を明白に抑制する強制措置であることを明確にしてしまうことにより、レバノン政府の主権国家としての体面を損なうことは、かえってレバノン政府の決議履行を妨げかねないとの配慮によるものと考えられる。決議案交渉が、イスラエルとの交渉チャンネルが太い米とレバノンとの交渉チャンネルが太い仏との間で、激しく交渉され、妥協に至ったものであることが看取できる。

三つめに、序章でも取り上げた、北朝鮮のミサイル発射を非難し、停止を求めた決議一六九五を取り上げる。北朝鮮に対するミサイル発射停止要請（主文第二パラ）の動詞は「demands」、国連加盟国に対する、ミサイル関連物資・

技術が北朝鮮内外へ流入・流出することに対する防止措置要請（主文パラ第三及び第四）の動詞は「requires」であって、いずれも強い動詞である。しかし、第三九条下の認定がないこと、第七章への言及がないこと（その代わりに、憲章第二四条を変形した「国際の平和と安全の維持に対する安保理の特別の責任のもとに行動し」が前文最終パラに設けられている）、措置の内容が防止にとどまることなどから考えて、曖昧さは依然としてあるものの一六九五は強制措置発動決定ではなかったと考えるべきであろう。この決議についても、強制措置発動を求めるメンバーとこれに反対するメンバーの激しい交渉の跡がそこここに目につく。なお、主文第六パラ及び第七パラは六者会合再開の重要性を強調しており、この決議が強制類似措置を前面に出してはいるものの、交渉との「組み合わせ決議」であることが分かる。

以上三つの例を通して、強制措置発動を巡っていかに激しい交渉が行われるかを見た。その結果、決定に曖昧さが残ることも多い。他方で、これら三決議のうち一六九五及び一七〇一が全会一致で採択され、一六九六についてもカタールの反対を除く賛成一四票で可決された[3]ことから、安保理の法的制度の柔軟性は、曖昧さというコストを負いつつも、迅速な合意形成に寄与していることが分かる。また上記の三例を見ただけでも、上に指摘した第四〇条の暫定措置の活用法や、第七章への言及につき一致できない際の憲章第二四条変形の利用といった、国際社会（あるいは安保理内）における政治状況を克服するための新たな制度的発展が生成していることが看て取れる。

3　介入についての自律的決定

介入する紛争の決定

国連憲章第六章（第三三条〜三八条）は平和的解決措置に関する章であるが、安保理が紛争に介入することを決定する手続きについての規定を詳しく置いている。まず、いかなる紛争についても当事者が平和的解決努力を払うべきであるとの原則（第三三条一）を定めた上、当事者の努力のみにゆだねることなく安保理が介入できるのは、(1)安保理が当事者に平和的解決努力を払うよう要請することが必要と認めたとき（第三三条二）、(2)当事者が当事者間の平和的解決に失敗したとして安保理に付託したとき（第三七条）、(3)当事者の合意により介入が要請されたとき（第三八条）であると定めている。また第一一条二は、総会が安保理に勧告及び付託する権限を定めている。ここのポイントは、(1)安保理は必要性を自ら判断して介入できること、(2)当事者や総会からの付託、要請または勧告があったときも、介入するかどうかを判断する権限は安保理に残されていること、の二点である。

介入決定の基準

そこで自ら必要性を判断する場合だが、さらに関連規定が四条（第一一条三、第三四条、三五条及び九九条）ある。第三四条は、「いかなる紛争についても、国際的摩擦に導き又は紛争を発生させる虞のあるいかなる事態についても、その紛争又は事態の継続が国際の平和及び安全の維持を危くする虞があるかどうかを決定するために調査することができる」と定めている。つまりある状況が、「紛争」であるかまたは「国際的摩擦に導き又は紛争を発生させる虞のある事態」かについて安保理として判断し、そうであれば、安保理はまずは調査の目的で取り上げることができる。そして調査の結果、その紛争又は事態が「国際の平和と安全の維持を危くする虞がある」との判断に至った場合には、第三三条二の規定に戻って、当事者に平和的解決努力を求める形で介入することとなる。安保理は、総会（第一一条三）、国連加盟国（第三五条一）、非加盟国（第三五条二）及び事務総長（第九九条）から、こうした紛争・事態についての注意喚起を受けられる。つまり、安保理は国際社会と国連事務局を情報源として、不安定化の兆候をキャッチし、独自の判断で調査・介入に踏み切ることができる。介入に踏み切る際の基準は、「国際の平和と安全の維持を危くする虞がある」か否かである。

なお、第七章にまで進むと、「国際の平和と安全の維持・回復を目的として」、「平和に対する脅威、平和の破壊又は侵略行為」の存在を認定し、強制措置（制裁又は武力行使）についての勧告又は決定を行うことが、安保理の任意の権限としてではなく、義務として規定されている（第三九条）。しかしこの場合でも、「国際の平和と安全の維持・回復」という目的に照らして、脅威・破壊・侵略認定が必要かどうかを判断する権限は安保理にゆだねられているので、実質的に自由度は減じていない。

これら以外の判断基準として援用される機会が多いのが、「主権平等原則」（第二条一）及び「国内管轄事項不干渉の原則」（第二条七）である。安保理といえども第二条に掲げる原則に従って行動しなければならないのであって、介入することがこれらの原則に背馳する場合には介入すべきでないとの観点から援用される。しかし、そもそも安保理による紛争介入は、いずれにせよこれらの原則の抑制を伴う可能性が高い。とりわけ強制措置を発動する場合には明白な抑制を伴う（このことは、第二条七自体が「強制措置の適用を妨げるものではない」として認めている）。これらの原則といえども一定の抑制が許されると考えるべきである[4]。第二条が掲げる他の原則である「国際紛争の平和的解決原則」（第二条三）及び「武力行使自制原則」（第二条四）との間の調整の問題と考えることもできるだろう。現実には、すでに多くの内戦に安保理が介入していることからも明らかなとおり、近年これらの原則は著しく相対化している。

以上に掲げた基準はいずれも政治・軍事的観点の基準である。しかし紛争の被害に対する国際社会の人道的関心が高まり、かつ人道的被害の悲惨さを生々しく迅速に伝達するマス・メディアが発達した今日においては、紛争（または類似の事態）により人道状況が急速に悪化すると、安保理がこれを取り上げて介入すべしとの国際世論の圧力が一気に高まるのが通常である。そのような場合には、安保理が公的には政治・軍事的観点の基準から取り上げることを決定したとしても、動機においては人道的観点が含まれているであろう[5]。

決定手続き

安保理の表決は九票以上の賛成票で決定される（憲章第二七条二及び三）。ある状況が、明らかに「国際の平和と安全の維持を危うくする虞」のある紛争または類似の事態である場合には、安保理として取り上げるかにつきメンバー間の協議の末、票決を経ることなく全会一致で取り上げることを決定するのが通常である。しかし第1章で見たとおり、「新たな脅威」については、「国際の平和と安全の維持を危うくする虞」があるか否かがそれほど明らかでない場合もある。安保理として取り上げるか否かについて安保理内で見解が分かれ、票決にまで至った最近の例として、ジンバブエにおけるスラム街強制撤去（二〇〇五年七月）やミャンマーにおける政治・人権状況（二〇〇六年九月）がある（ともに僅差で取り上げることが決定された[6]。議題の決定は実質事項ではなく手続事項であるとされており、手続事項には常任理事国の拒否権がない。九六及び九七頁、注7参照）。

自律的決定の意義

これまで見たとおり、安保理はある紛争に介入するかしないか、どのタイミングで介入するかにつき、制度上完全な自由を有している。このことの実際的意義を検討してみよう。

まず、安保理で取り上げることを紛争解決策の受け入れを巡る交渉の材料にすることができる。第2章で見たとおり、紛争当事者は、国際的介入、とりわけ公的介入を忌避する一般的傾向がある。紛争当事者が安保理の介入を忌避している場合、非公式な介入を行う主体が、安保理が介入を開始する、あるいは介入の程度を上げることを紛争当事者に示唆すれば、安保理に持ち込まないこととの引き換えで、その主体の提示する解決策を受け入れさせる等の譲歩を引き出すための圧力になり得る。逆に安保理の介入から利益を得る当事者との関係では、安保理が介入を中止したり、介入の程度を下げたりすることの示唆が、譲歩を引き出すための圧力になり得る。

また、ある紛争当事者が、解決策をめぐる交渉の場を厳格に限定し、その内部の交渉を有利に進めることを通じて（あるいは交渉を止めることを通じて）、自己の地歩を固めようとすることもある。安保理がそのような紛争当事者の意向にかかわらず自律的に介入決定をすることにより、その紛争当事者に一方的な状況を維持することはできないことを悟らせることができる。解決策をめぐる交渉の場が引き続き維持される場合であっても、その場における交渉力学を変化させることができる。

このように、安保理の自律的決定権は実際の介入活動を推進するテコとしての効用がある。しかしこのテコを十分に活用するためには、安保理外で非公式な介入を行っている主体との密接な連携が不可欠である。

4　拒否権

国連憲章上の拒否権と解釈変更

米露中英仏から成るＰ５諸国が安保理の議決において拒否権を持つ。国連憲章第二七条は、一項で「安保理の各メンバーは一票の議決権を持つ」こと、二項で「安保理の手続事項にかかる決定は九カ国の賛成票をもって行われる」ことに引き続いて、三項で「安保理のその他すべての事項（実質事項と呼び習わされている）にかかる決定は、常任理事国の一致した票を含む、九カ国の賛成票をもって行われる」ことを定めている。したがって実質事項についてはＰ５の拒否権があるが、手続事項については拒否権がない[7]。ただし、三項については、「第六章（紛争の平和的解決）および第五二条（地域的取極を通じた平和的解決）に基づく決定に関しては、紛争当事国は棄権しなければならない」ことを併せて定めてある。

第三項の「常任理事国の一致した票を含む、九カ国の賛成票」という規定振りは、そのまま読めば、すべてのＰ５諸国が賛成票を投じない限り決議が成立しないと解釈できる。事実安保理設立のごく初期は字義通りの解釈により議事運営がされたが、その結果厳しさを増す冷戦の中で議事はまったく麻痺した。これを緩和するため、Ｐ５諸国から棄権票が投じられた場合であっても賛成票が九票以上となれば決議は成立するが、Ｐ５諸国のうち一カ国でも「反対票を投ずれば」決議は成立しない、とまもなく解釈変更された。Ｐ５のいずれかが受け入れられない決議は成立させない、という拒否権規定の本来の趣旨は、変更後の解釈で十分達成されると考えられる。今日ではこの解釈が定着している[8]。この解釈が定着したため、Ｐ５諸国の一部が、票決にかけられた決議案に対する異議は持っているものの、安保理に期待されている役割にかんがみて採択を妨げるほどではないと考える場合に、その国が決議の採択を妨げることなく異議を表明することができるようになった。

拒否権の歴史的重要性とその後の実行

拒否権規定の基底にある考え方は、Ｐ５諸国が安保理を中心とする集団的安全保障システムの中核であって、五カ国のいずれかが脱落してもシステムが崩壊するという考え方である。紛争当事国は、安保理が法的拘束力を持つ決定を行った場合にこれを受け入れる義務を持つ。世界の軍事力が圧倒的にＰ５、とりわけ米ソ二カ国に集中しており、かつ冷戦開始の兆しがさし始めていた国連憲章案文交渉当時の国際政治情勢の中で、ソ連のスターリン政権と米上院は拒否権を通じた行動の自由を確保しようとし、また英は米ソが安保理を用いて英植民地帝国を解体するのではないかとの猜疑を抱いていた。拒否権を設けることにより、P5メンバーにとって受け入れがたい決定が行われる余地をあらかじめ取り除くことが、システム成立のための必要条件であり、またシステム保全のための最大の安全弁と考えられたのである。国際連盟の崩壊の記憶がまだ新しい当時において、新たな集団的安全保障システムを構築するに当たっては、第二次世界大戦戦勝国の中核たるP5（ただし、中国は当時中華民国、ロシアは当時ソ連）がこのような主張をすれば、認めざるを得ない現実があった[9]。

P5に与えられた拒否権が現存するため、今日でも安保理がP5諸国のいずれかにとり受け入れられない決定をする可能性はない。ただし、今日の英国は、拒否権を行使しないこと、拒否権行使の仄めかしも行わないことを政策として公言している。実際、フォークランド紛争に際し、英は国連事務総長の仲介を受け入れる用意を表明し、また安保理を通じた解決を受け入れる用意を表明した[10]。フランスは二〇〇三年の米英による対イラク攻撃に先立つ安保理審議の期間中、拒否権の行使を仄めかしたとされているので、英ほどはっきりとした拒否権の自主的停止政策を採っているとは言えないが、事実として近年拒否権をまったく発動しておらず、今後も発動する機会があるか疑わしい。なお、一九五六年のスエズ危機の際、紛争当事国の一部であった英仏は、拒否権を行使して安保理による紛争解決策決定を妨げたが、その後国連総会が「平和のための結集」決議（ある紛争の処理をめぐって安保理が機能麻痺に陥った際、国連総会が緊急に特別会議を開催し、その紛争につき審議し、介入措置を決定できることを定めた決議）[11]に従ってこの案件を審議し、米ソの支持する紛争解決策を支持するに至った際、これは妨げることができず、結局介入を受け入れた[12]。

一九九〇年代になり、冷戦の終了により安保理における米露対決が終結するとともに、急速に安保理の役割が増大した。国際世論の安保理に対する期待が急激に高まる中で、その一環として、安保理が期待される役割を果たすことを妨げる拒否権の発動に対する批判も強くなった。こうして、拒否権発動のコストと利益のバランスが変化し、P5のどの国にとっても拒否権の発動は容易ではなくなった。実際、冷戦終了後激減し拒否権発動件数は、その後も年一〜二件といった低い数字で推移してきた[13]。この間、米は中東和平問題に関する決議案でアラブ・グループにより提案されたものの多くにつき、拒否権を行使してきている。

二〇〇七年一月に中露がミャンマーに関する決議案の採択に当たり拒否権を行使したが、これは中国による八年ぶりの拒否権行使であり、また台湾問題以外を理由とする初の拒否権行使であった。二〇〇八年に入り、ジンバブエ問題でも中露は拒否権を発動している。P5内の政策対立がこれらの問題以上に著しいグルジア問題も進行しており、今後再び拒否権発動が趨勢的に増加することは十分あり得る。安保理内、とりわけP5内の政策対立が、個々の案件を超えて横断的に広がる可能性についても十分念頭に置く必要があろう。

P5の拒否権政策

以上のとおり、ポスト冷戦期における安保理の役割拡大の中で、P5は押し並べて拒否権の発動を自己抑制しているが、その中でも英仏の政策と米露中の政策には相違が見られる。

米露中と英仏の間の違いは、主として二つの要因によっていると考えられる。第一に、英仏はヨーロッパの一員として、集団的安全保障システムの育成に強くコミットしている。両国とも、拒否権行使により個別の国益を守ることより、システムを守ることの方を優先していると考えられる。集団的安全保障と自国の行動の自由の間のバランスという点においては、米露中は英仏に比しより自国の行動の自由に重心をかけている。この差が表れている。ただし、米については集団的安全保障に一定の利益を見出しており、また安保理による紛争解決システムからも大きく利益を引き出しているが、露中が米と同程度に利益を見出しているとは言えないと思われる。このことが両国の今後の行動にどのような影響を与えるか注視する必要がある。

第二に、軍事的・経済的資源動員力の点から見て、英仏には安保理を中心とする集団的安全保障システム（またはそれに代わる何らかの集団的安全保障システム）の中核を担う実力はないが、安保理Ｐ５の一員として世界の紛争処理に主導的な立場を発揮できる現状は、両国にとり極めて好都合である。つまり安保理の現状から極めて大きな利益を得ている。拒否権の発動により安保理の意思決定を妨げ、国際世論の反発を買うことは現状維持に資するものではない。米露中は、この点に関し国際世論の反発に対して比較的免疫があると考えられる。

今日の安保理における拒否権の意義

拒否権発動件数が減少したことは、拒否権の重要性が低下したことを意味しない。Ｐ５にとり受け入れられない決議案は採択されないという事実は、Ｐ５に極めて強力な交渉力を与えるからである。拒否権に裏付けられたＰ５の交渉力が威力を発揮するのは、(1)新たな紛争解決策の提示、強制措置の発動・終了、国連ミッションの設立・撤収など、紛争解決戦略の枠組（及びその下における介入措置の位置づけ）を設定する決議案を巡る審議の場合、(2)急激な紛争状況の変化、紛争当事者による紛争解決策履行状況の変化などに応じ、現行の紛争解決戦略の枠組を維持するか変更するかにつき審議する場合、である。このような審議を行っている際の安保理を「非日常の安保理」、現行の紛争解決戦略の枠組を維持することにつき疑問を突き付けるほどの事態が発生していない中で審議を行っている際の安保理を「日常の安保理」と呼ぶことにしよう。「非日常の安保理」「日常の安保理」において、議題リード国を務める安保理メンバーは、その紛争に対する共同介入の調整者として（あるいは四つのレベルにおける調整者間の総意を代表して）、最善かつ実施可能と考える紛争解決戦略の枠組につき安保理が決定できるよう、安保理内の意思決定を主導しなければならない。

Ｐ５のいずれかにより受け入れられなければ安保理が意思決定をできないのは、「日常の安保理」でも「非日常の安保理」でも変わらない。しかし「日常の安保理」においては、現状の変更を迫るほどの事態が発生していないという客観条件によって、現行の紛争解決戦略の枠組を維持する側（議題リード国）に交渉力が発生する。したがって、Ｐ５が拒否権を持つという特権のみを裏付けにして生ずる交渉力はほとんどない（そのＰ５が、当該紛争の重要関心国や共同介入主体の一つであり、そのことに由来して交渉力を持つことはあるが、その場合は拒否権が裏付けとなっているわけではない）。

これに対し、「非日常の安保理」においては客観条件が異なる。(1)の場合には、議題リード国自身が新たな枠組の設定を求めるのであるから、議題リード国の側にその枠組が最善かつ実施可能であることの立証責任が生ずる。(2)の場合には、情勢の著しい変化があるのであるから、やはり議題リード国の側に、枠組を維持するにせよ変更するにせよ、それが新情勢の下で最善かつ実施可能であることの立証責任が生ずる。このためＰ５の側に、拒否権を裏付けとした交渉力が発生するのである。このことは議題リード国がＰ５であっても変わりない。特に議題リード国とＰ５のいずれかの国との間で、路線対立とも言うべき深刻な政策対立がある場合には、対立側Ｐ５は持てる交渉力を最大限活用することとなる。

Ｐ５が持つ、この拒否権を裏付けとする交渉力があるが故に、「非日常の安保理」においては、決議案の骨格につき議題リード国とＰ５の間でほぼ共通の了解が得られるまでの間、議題リード国とＰ５のみによる密室交渉が繰り広げられることとなる。この密室交渉は、議題リード国がＰ５である場合にはＰ５協議となり、議題リードが複数国による共同リードで、その中にＰ５以外の国が含まれている場合には、Ｐ５＋１協議やＰ５＋２協議になる[14]。このプロセスを了した後の決議案は、その後の安保理全体における交渉において、少なくともその骨格が修正されることはまずない。

「非日常の安保理」とはすなわち重要な審議を行っている安保理である。拒否権発動数が少ない今日においても、P５が持つ拒否権は極めて大きな意味を持っている。ただし、拒否権を持つことがP５に交渉力を与えるといっても、すべての議題においてすべてのP５に等しい交渉力が生ずるわけではないことには留意しておきたい。その紛争や介入活動に対する関心の強さ、紛争地域に対する利害関係、議題リード国との対立・緊張関係の強さ、拒否権行使の現実的可能性などにより、生ずる交渉力の強さは変わる。これらの要因の結果追加的に生ずる交渉力がほとんどないP５メンバーは、P５協議に参加しても形式的に参加するだけで終わることになる。また議題リード国が（自国以外の）すべてのP５メンバーについて追加的交渉力はほとんどないと判断すれば、P５協議を開く必要性を認めないであろう。

注

1 "Legal Consequences for States of the Continued Presence of South Africa in Namibia (South West Africa) notwithstanding Security Council Resolution 276 (1970)" また、藤田［一九九八］pp.203-216 は、詳細な分析の上、この考え方に近い結論をとっている。

2 法的拘束力に関する三つの基準アプローチに従えば、決定が法的拘束力を持つためにも第七章の明記が必要である。

3 国連文書 S/PV.5490、S/PV.5511 及び S/PV.5500

4 Matheson［2004］pp.36-37

5 人道状況そのものが直接介入の基準となるとの議論およびそれへの反論がすでに広汎に展開されているが、ここでは立ち入らない。広島市立大学［二〇〇三］、Luck［2006］第８章及び Malone (ed.)［2004］所収のトマス・ヴァイス論文参照。

6 S/PV.5237及びS/PV.5526
7 実質事項と手続事項の区分及びこの点に関する議論の経緯については、Bailey［1998］pp.225-227及びpp.240-249参照。
8 Bailey同上書、p.251
9 Luck前掲書、第2章参照。
10 明石［一九八五］pp.151-154
11 国連文書A/RES/377 (V)
12 明石 前掲書、pp.82-89
13 拒否権発動のデータについては、Bailey前掲書、pp.231-239及びLuck前掲書、p.8参照。
14 理論的には非常任理事国が単独で議題リード国を務めることもあり得るが、P5中心の安保理の権力構造の中で、P5の少なくとも一国を共同リードとして含まない議題リード国が「非日常の安保理」で十分な指導力を発揮できるか疑問である。

第5章　安保理の紛争介入ツール

様々な介入措置が紛争のどの局面でとられるかについての一般的対応関係を略述するとともに、介入措置の実施手段（介入ツール）として代表的なものを取り上げる。安保理の柔軟性・発展性が表れている様を把握していただきたい。

1　紛争のサイクルと安保理による介入

紛争の進行、介入措置及び介入ツールの対応関係

これまで安保理の介入行動の主な類型を、⑴状況評価（憂慮・非難・歓迎等）、⑵解決策（停戦、和平案等）の提示・受け入れ要請、⑶強制措置（制裁、武力行使）、⑷定着の確保措置（PKO、平和構築ミッション等）と整理してきたが、本章ではこれらの行動が実際の紛争の進行の中でどのように用いられるかと、それらを実施するためにどのような手段（ツール）が用いられているかについて、具体的なイメージを描き出すこととする。

ただし、現実の紛争はそれぞれに個別的であるし、または絶えず予想を裏切りながら進行するので、紛争の進行と

介入措置の機械的対応関係を導くことはできない。また介入ツールも、それぞれに個別的な紛争に対応するため、紛争ごとにテーラーメイドで設計されるものであって、介入措置と介入ツールの機械的対応関係を導くこともできない。よって本章の記述は、これまでの安保理平和活動の積み重ねを通じて紛争解決関係者が理解している、これら対応関係についての一般的輪郭を、本書の他の章の理解に必要な範囲でスケッチしたものにとどまることにあらかじめ留意していただきたい。安保理決議と紛争介入の実績を安保理のアウトプットとして実証的に分析した研究としては、他に優れた研究があるので、必要に応じ参照していただきたい。

まず**図1**を見ていただきたい。国家間紛争または内戦型紛争を念頭に、紛争の発生から激化、国際的介入による沈静、解決までの過程を、強制措置の発動や国連ミッションの設置が必要であるケースを想定して、理念的に描いたものである。これは、紛争がどのような段階にあるときにどのような国際的介入を行うのが標準的であると理解されているかを示す模式図である。あくまで模式図であって、文字通りこの模式図に従って進行す

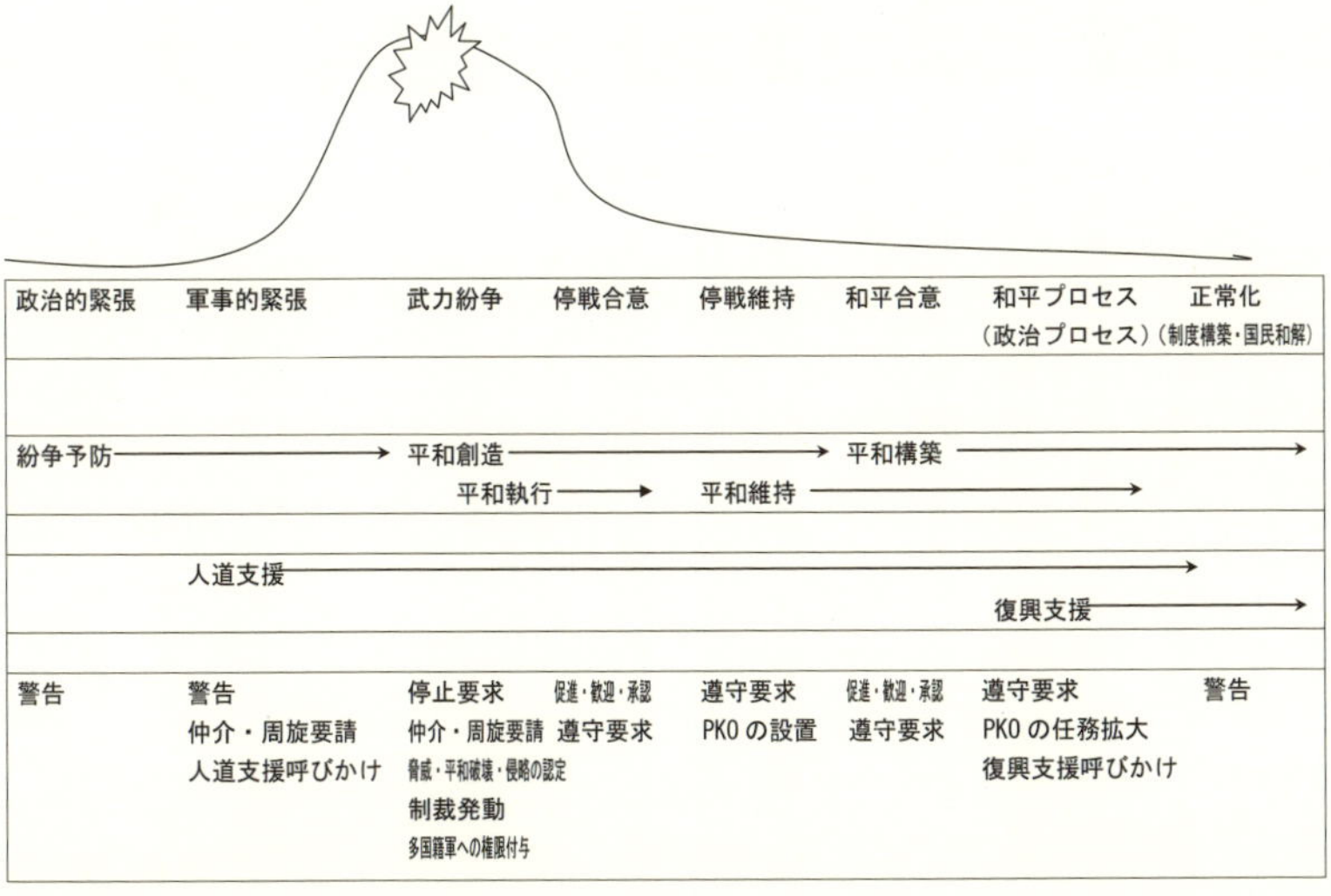

図1　紛争のサイクルと安保理による紛争解決のための介入

る紛争はない。

上段から順に、(1)紛争の段階、(2)各段階に応じて紛争解決のために行われる国際的介入の一般分類、(3)各段階で紛争解決のための介入に並行して行われる他の国際的介入、(4)それぞれの段階において安保理が典型的にとる行動を示している。安保理の行動が効果を上げるためには、事前に及び並行して、十分な非公式な介入が行われている必要があることは、第2章で見たとおりである。

紛争の進行に応じた介入措置

政治的緊張が高まり、武力紛争が勃発するまでの間、これを抑止する目的で行われる国際的介入は紛争予防と呼ばれる。安保理がとる行動としては、当初は紛争当事者に対する警告的声明の発出があるが、緊張が軍事的なものにまで高まると、これに加えて国連事務総長に仲介・周旋を要請することがあり得る。またこの段階で難民流出等の人道被害が発生することが多く、そうなると国際社会による人道支援が始まる。安保理としてはこうした人道支援を行うよう国際機関や加盟国に呼びかけを行う。

紛争予防努力にもかかわらず武力紛争が発生してしまった場合、安保理として標準的にとる行動は、紛争当事者への自制の呼びかけや武力行使停止要求である。事務総長による仲介・周旋をこの段階で要請することもある。紛争解決にとって、最初の目標はこの武力行使停止、すなわち紛争当事者間の停戦合意とその履行である。しかしより重要な目標は、すべての紛争当事者が同意する紛争解決枠組の成立、すなわち和平合意である。停戦合意は、和平協定を交渉するための環境を整えるものであって、それだけでは永続性がないからである。これに対し、和平が成立すれば紛争解決は大きな山を越えたことになる。和平成立まで、水面下の非公式介入と安保理による公的介入が相互補完的な役割を果たしながら、紛争者による紛争解決策受け入れを促していく。武力紛争の発生から、その停止を経て和平合意に至るまでの段階の介入行動を平和創造と呼んでいる。

停戦、和平合意等、安保理による紛争解決策受け入れ要請が行われたにもかかわらず、紛争当事者がこれを拒んだり、いったん受け入れておきながら履行をしなかったりする場合には、紛争当事者に受け入れ及び実施を強制するための強制措置（制裁または軍事的措置）を決定することがある。平和執行と呼ばれるのは、強制措置を通じた紛争当事者への紛争解決策の受け入れ・実施の強制のことである。

和平合意は通常、平和を定着させるための何段階かの移行措置（兵員の武装解除、国境問題処理のための共同委員会の設置、補償措置の実施等）を実施することを紛争当事者に義務付ける。この移行措置実施期間を和平プロセスと呼ぶ。内戦の場合には、移行措置の内容は兵員の武装解除、選挙関連法規の整備、憲法制定、選挙実施、新政府樹立等となり、実施期間は政治プロセスと呼ばれる。和平合意成立から移行措置の実施完了によって状況が正常化する（紛争解決）までの段階の介入行動は、平和構築と呼ばれる。

停戦合意後、紛争当事者による武力紛争の停止を、国際社会からの軍事プレゼンスによる監視や抑止を通じて保障することがあるが、これが平和維持である。平和維持は停戦合意成立を受けて開始し、和平成立後旧紛争当事者間の信頼が醸成され軍事上の緊張が十分低くなるまで続けられることが多いので、その場合平和創造と平和構築の両者と並行して、相互に補完し合う形で行われることとなる。

この各段階において、安保理は事態が解決の方向に前進すればこれを歓迎する声明を発出し、停戦合意、和平合意等紛争当事者間の合意が達成するたびにこれを遵守するよう当事者に要求をする。後退すれば、非難・遺憾を表明する。同時に、紛争への様々な介入主体に対して、紛争当事者による紛争解決策受け入・実施を促進するための介入措置を実施要請・勧告するとともに、その成果に対する歓迎を表明する。国連が平和維持を行う際には、ＰＫＯ（平和維持活動）を国連ミッションとして設置する決定を行う。最近は和平合意後の和平プロセス（政治プロセス）において、国連ミッションが行政支援等の役割を担う形で平和構築に関与することが多く、その場合にはＰＫＯの任務と構成をその目的に資するよう拡大する決定を安保理が行う。平和構築の段階では、和平後の生活水準向上に対する紛争地域住民の期待が極めて大きい一方、兵員の動員解除等によって大量失業が発生しやすい。これを放置すると、和平プロセスに対する不満から紛争が再発する事態にもなりかねないので、和平プロセスを下支えするために復興支援が行われることが重要である。安保理は国際機関、国連加盟国等に対し、復興支援への呼びかけも行う。紛争が順調に解決する場合には、前進の程度に応じて多国籍軍やＰＫＯを縮小・廃止し、制裁措置も解除するが、これも安保理が決定する。そして正常化が達成されれば、再発することのないよう改めて警告が行われることとなろう。

以上から改めて確認されるとおり、安保理による状況評価は、紛争解決進行のあらゆる段階で行われ、その中には紛争当事者、国連事務局、それ以外の様々な介入主体に対して向けられるものも含まれる。また、紛争当事者に対する解決策の提示・受け入れ要請（平和創造）、強制措置（平和執行）、解決の定着確保措置（平和維持・平和構築）は、安保理の行為としては、紛争当事者、国連事務局、それ以外の様々な介入主体に対して、それぞれが実施主体として特定の行動をとるよう要請し、勧告する意思決定行為である。

現実の紛争

すでに述べたとおり、現実の紛争は模式図に従って生成消滅したりはしない。国際社会の解決努力にかかわらず長期間紛争が継続することもあるし、一旦解決に向けて前進しかけたものが逆行して再度紛争が激化するケース、沈静と激化の循環を何度も繰り返すケースなど、各紛争が独自のダイナミズムを持っている。一九四〇年代から六〇年にわたり継続している中東和平問題、九〇年代に三度にわたり停戦合意、和平合意に達し、そのたびにその実施を保障するための国連ＰＫＯが派遣されながら和平が崩壊するパターンを繰り返し、一方当事者（ＵＮＩＴＡ）の指導者の死去によってようやく紛争が解決したアンゴラ内戦等の例を頭に置いていただきたい。したがって、紛争の段階と介入措置の間の機械的対応関係を想定した工学的アプローチは通用せず、手作りで紛争解決戦略を立てていくしかない。

紛争解決のプロセスが逆行や繰り返しに直面すれば、新しい状況に即して紛争解決戦略を見直し、必要に応じて柔軟に介入措置を変更しなければならない（「非日常の安保理」）。また、これとは逆に、紛争解決戦略の枠組の変更や介入措置の変更が当面必要なく、現行の枠組みに従った介入が効果を上げるのをも待つ期間がある。長い紛争解決プロセスの大部分を占めるのは実はこのような期間である（「日常の安保理」）。この間、紛争を巡る日々の状況をモニターし、解決に向けた前進が生ずれば歓迎メッセージ、後退が生ずれば非難メッセージを発出することの繰り返しである。「日常の安保理」により発出される安保理のメッセージの一つ一つが大きな効果を持つことはめったにないが、紛争の進行の一コマ、一コマを安保理が注意深く看視していることを紛争当事者、様々な介入主体及び国際世論に表明することは安保理の重要な任務の一つである。なぜなら、それはその紛争の解決に対する安保理のコミットの表明であり、その紛争に対する安保理の介入行動全体を紛争当事者、様々な介入主体及び国際世論が信認をもって受け入れるための素地となるものだからである。

安保理を実施主体とする介入行動

第1章で見たとおり、安保理の基本的性格は意思決定機関であって実施機関ではない。安保理自体が実施主体となる場合、主なツールは、(1)安保理会合に紛争当事者等関係者を招致した協議・交渉と(2)発出する文書・声明の中で行う関係者及び国際世論に対するメッセージ伝達である。さらに九〇年代前半になり、(3)安保理ミッション（安保理メンバー国の国連大使から成るチームが紛争地に赴き紛争当事者等に働きかけを行う）が導入された。

いずれも公式性が高いので、これを支える水面下の非公式な交渉が十分に行われていない限り、成果のあまりない形式的行為に終わる。安保理ミッションについては、安保理がニューヨークにおける会議以外の行動様式をとり得ることを実証した点が大きな革新であったし、幅広い紛争関係者、とりわけNGO等非政府の関係者との接触機会を広げた意義は大きい[1]。他方、これまでのところ直接の介入効果として大きな成果を上げたミッションは限られている。安保理ミッションが真に効果を発揮するためには、派遣のタイミングや帯びさせる使命を相当によく練り、非公式な介入を通じた下準備を十分に行う必要がある。

文書・声明の発出を通じたメッセージ伝達の中でひときわ重要性が高いのが、紛争当事者に対する解決策の提示・受け入れ要請である。特に、紛争当事者が、統治機構内部及び被統治者に対して紛争解決策の受け入れを合理化、正当化するために、安保理の権威を必要としているときに、大きな効果を発揮する。

国連事務局による仲介・周旋

安保理が国連事務局に対して紛争当事者間の仲介・周旋を要請する場合、通常事務総長に対する要請として行われるが、さらに事務総長の代理としてもっぱらその紛争における交渉を担当する事務総長特別代表や事務総長特使が任命され、普段の交渉はこの者が行うことが多い。

水面下の非公式交渉と互いに補完しながら、国連の権威を背景とする中立性・普遍性を帯びた仲介者として、紛争当事者と交渉を行う。紛争当事者による紛争解決策受け入れ準備が整うまでの間は、非公式交渉の役割の方が大きいことが多いが、紛争地域における国連に対する信認如何では、交渉の初期から大きな役割を果たせることもある。また、多くの紛争は幾多の逆行や繰り返しを経験するので、非公式交渉と国連事務局の仲介・周旋の役割分担は固定的でなく、紛争の局面によって秘密度の効用と公的性格の効用のバランスに応じて変動する。

仲介・周旋は紛争介入の基本である。強制措置や平和維持・平和構築活動のような大規模なものではない地味な活動であるため、見過ごされやすいが、すでに論じたとおり、強制措置は紛争解決策の受け入れ促進が目的であり、平和維持・平和構築活動は受け入れられた紛争解決策の定着確保が目的である。紛争受け入れ策を、交渉を通じて作る活動である仲介・周旋が効果的に行われて初めて意味を持つ。国連事務局によるものも含め、仲介・周旋機能は時代の移り変わりによらず極めて重要である。

強制措置：制裁

強制措置は制裁と軍事的措置に大別される。停戦や和平条件といった紛争解決策を受け入れるよう紛争当事者に迫るための手段として発動される。前章で述べたとおり、代表的な制裁は、禁輸、金融凍結、渡航禁止、外交関係断絶である。いずれも制裁としての効果を上げるためには世界中で実施されることが不可欠なので、国連加盟国に対し法的拘束力のある決定として決議されるのが普通である。いかに法的拘束力のある決定として決議されようとも、各加盟国自身（とりわけ紛争当事者の周辺国）がその紛争の解決に十分関心を抱いていない限り実効的に制裁が履行されるのが困難であることについても前章のとおり。また周辺国の税関・金融規制当局・出入国管理機関が実効的な規制を実施できる技術を持つかどうかも制裁の効果を左右する。一九九〇年代の旧ユーゴ制裁は効果が高かったとされているが、主要周辺国の政治的コミット・行政技術がともに高かったことに支えられたと考えられる。

かつては制裁対象国との間の交易を一切禁ずる一般制裁が発動されてきたが、紛争当事者の指導者以上に一般住民に惨禍をもたらし、紛争の人道的被害を拡大する恐れがあることが広く認識された。この認識に基づいて、近年は制裁対象を紛争継続の要となる戦略物資（ダイヤモンド等）の禁輸に限ったり、紛争指導を行う指導者への渡航禁止や金融資産凍結に限ったりして、目的達成に直結する制裁に絞り込むようになってきている。この手法をターゲット制裁と呼び、精緻化されてきている[2]。

こうしたターゲット制裁の導入により、制裁の実施を保証する上で関係国による込み入った技術的対応が重要になった。これを支援し促進するために、国連事務局の指揮下に少人数の専門家チームを設置することを安保理決議で決定することになったのも、最近の革新である。周辺国の行政技術が低い場合特に重要である（専門家チームそのものは強制措置ではなく、制裁実施国の受け入れ同意を得て派遣される）。

強制措置：軍事的措置

朝鮮戦争当時の国連軍（米軍が指揮権限を付与された）が軍事的措置の第一号である[3]。その後長く実例がなかったが、一九九〇年のイラクによるクウェート侵攻への対応として設立された多国籍軍がその後のモデルとなった[4]。このモデルでは、安保理決議は、例えば「クウェート領からのイラク軍の撤収」といった限定された目的を掲げ、その目的を達成するために「必要なあらゆる手段をとる」権限を、国連加盟国が自発的に形成する多国籍軍に付与する。[5] これが武力行使権限の付与となる。そして各加盟国は多国籍軍に参加・協力することが求められる。参加・協力の要請が「勧告」として決定されるか法的拘束力を持つ義務として決定されるかは一様でないが、実際には自発的参加・協力にゆだねられざるを得ない。

一九九三年には、当時ソマリアに派遣されていた多国籍軍であるＵＮＩＴＡＦ（人道救援のための安全な環境を確立するという目的のために、「必要なあらゆる手段をとる」権限を安保理が加盟国に付与[6]）を引き継ぐ形で、国連事務総長指揮下の国連ミッションであるＵＮＯＳＯＭⅡに、同じ目的のために軍事的措置をとる権限を付与した。[7] 初の平和執行型国連ミッションであったが、現地の武装勢力の激しい抵抗に遭い失敗した。共同介入の調整者として主導的地位にあった米国の政治的意思が、九三年一〇月の米兵死亡事件を契機に急速に弱化したことに留意する必要がある。

紛争解決定着のための措置：平和維持・平和構築のための国連ミッション

停戦の維持・監視を主目的とする平和維持国連ミッション（ＰＫＯ）は、目的、展開期間（延長可）、兵力規模等を定めた安保理決議により設立される。国連ミッションは国連事務局により立案され、安保理の設立決定を受けて、国連事務局の一部門として設立されて任務が実施される。停戦合意の遵守を監視する軍事監視要員や部隊のプレゼンスそのものにより停戦違反を抑止する歩兵部隊など、主として軍事部門から成り、軍人の司令官が国連事務総長を代行してミッション長となる。監視要員や部隊は国連加盟国からの自発的参加により提供される。紛争当事者の受け入れを前提とした平和的解決手段であり、要員・部隊の派遣国や司令官の出身国についても、紛争当事者の同意が確認される。

ＰＫＯのモデルとなったのは、一九五六年にシナイ半島に派遣された国連緊急軍（ＵＮＥＦ）である。ＵＮＥＦはスエズ危機後の停戦を監視するものであり、英仏の拒否権行使で安保理が麻痺していたことから、「平和のための結集」決議に基づいて、総会決議で設立された[8]が、その後のＰＫＯは安保理決議で設立されている。

九〇年代に入ってからは、停戦の維持・監視にとどまらない目的を持つ多機能化や大規模化が進んだ。カンボディアにおける国連ミッションであるＵＮＴＡＣが代表的である[9]。これらの国連ミッションでは従来の軍事部門による停戦維持機能に加えて、文民警察（部隊編成されない個人派遣）による現地警察支援、暫定行政機構による現地行政支援の機能が付加され、複合型平和維持活動と呼ばれるに至った。こうした多機能化に伴って、大規模化も進行した。従来の軍事部門のみの平和維持活動ではミッション長は軍人であったが、複合型平和維持活動においては事務総長の代理として紛争当事者の仲介・周旋に当たる文民の事務総長特別代表が、現地における国連事務局の総代表としてミッション長を兼ねるようになった。また、軍事部門及び文民警察部門については、引き続き加盟国からの自発的な部隊・要員提供に依存したが、暫定行政機構等の文民部門については、事務局が独自に国連システム内外から要員を募集し、充員することも行われるようになった。

これらの経験を経て、平和構築プロセスにおいては、紛争解決を目的とする介入活動である和平プロセス推進や平和維持が、復興開発支援等並行して行われる他の目的の国際的介入と密接な関係があり、両者が相互に強化し合うやり方で進めることが、それぞれが目的を達成するために重要であることが認識されてきた。これを受けて、平和構築活動のために設置された国連ミッションの中に、人道支援活動、復興支援活動等多岐にわたる活動の調整・統合機能をも含めるようになってきた。さらに最近では、国連開発計画（ＵＮＤＰ）等の国連機関が行う人道支援・復興開発支援活動を平和構築活動のために設置された国連ミッションの一部として指揮系統下に取り込む例も表れてきた。こうした人道支援・復興開発支援の機能をも併せ持つ国連ミッションを平和構築ミッションと呼ぶとすれば、東チモールにおける国連ミッション（UNTAET[10]。その後マンデート変更により、数度にわたり名称変更）は平和構築ミッションの嚆矢である。二〇〇五年に安保理及び総会の下部機関として平和構築委員会が設立されたのも、同じ問題意識を背景としている。

紛争解決定着のための措置：安保理下部機関

安保理が介入措置の実施を国連事務総長（国連事務局）に指示せず、自らの下部機関を設立して実施させることがある。代表的なのは、イラクにおける大量破壊兵器査察委員会（UNSCOM[11]。その後マンデートが変更されてUNMOVICとなった[12]）、旧ユーゴスラビア国際刑事裁判所（ICTY）[13]、ルワンダ国際刑事裁判所（ICTR）[14]である。いずれも、安保理決議により設立され、各機関の長は国連事務総長を通じてではなく、直接安保理に対して責任を負う。

まったくの新規組織として設立されるので、人的資源はその機関自身による募集と国連加盟国からの自発的要員提供によらなければならない。大量破壊兵器査察分野、国際司法分野それぞれが必要とする、高度の技術的専門知識を持つ専門家を集める必要があった。

これらの下部機関は、国連憲章第七章に言及した安保理決議で採択され、一定の強制権限を持っている。また安保理がそれぞれの紛争の当事者に対して構築した一連の制裁レジームの一部をなすと位置づけることもできる。しかし、紛争当事者に紛争解決策を受け入れさせるための強制措置と言うよりは、むしろ紛争解決策に従った紛争解決を定着させるための措置としての色彩が強い。その意味で、後述する平和維持のための多国籍軍と共通する性格を持つ。

イラクにおける大量破壊兵器査察委員会は大きな成果を上げたが、二〇〇三年の対イラク武力行使を巡る安保理審議の対決的状況に揉まれる中で、政治生命を失っていった。化学兵器禁止条約など、参加国による明示の管轄権受諾に基づく軍備管理システムが整ってきた影響もあって、その後類例はない。ＩＣＴＹ及びＩＣＴＲも初期には多くの成果を上げたが、活動を終了するに足る実績を上げるに至らないまま一〇年以上の期間が経ち、成果とコストのバランスが疑問視されてきている。その中で二〇〇八年にカラジッチ元ボスニア・セルビア人共和国軍司令官が逮捕されたことは朗報であった。両裁判所の活動開始後、設立協定締約国による管轄権受け入れに基づく国際刑事裁判所が設立されたこともあって、同様にその後の類例はない。

公的介入の有用性

本節の記述から明らかなとおり、現地での行動を伴う安保理の平和活動の大きな部分を、強制措置と解決定着のための措置が占めている。このうち強制措置は基本的に国連加盟国が実施主体であるから、国連事務局が実施する活動は、解決定着のための措置が主体である。このことは、安保理の平和活動が公的介入であり、紛争当事者による紛争解決策の受け入れ意欲を模索しながら、具体的な解決策を水面下で交渉する段階では有効な役割を果たしにくく、紛争当事者による解決策受け入れが明確になった後の段階で有効な役割を果たせる余地がより大きいことと対応している。

3　ブラヒミ報告と二〇〇〇年代の新展開

ブラヒミ報告

九〇年代中盤、安保理の紛争介入はボスニア・ヘルツェゴビナ、ルワンダ、ソマリアにおいて、国連の平和維持活動が現地に展開していながら、人道的危機に有効に対処できず悲惨な被害が発生するとともに紛争そのものも激化することを座視せざるを得ないという、深刻な失敗を経験した。安保理は、この教訓を今後の活動に生かすため、国連平和活動改善のための報告書提出を事務局に要請した。二〇〇〇年八月、事務局は「国連平和活動に関する独立パネル報告書」（パネルの座長であったブラヒミ事務次長の名をとって、ブラヒミ報告と通称される）[15]をまとめ、安保理に提出した。

同報告のポイントは多岐にわたるが(1)ＰＫＯ等国連ミッションは任務を果たすために必要な十分な資源（兵力・予算等）を与えられなければならない、(2)紛争状況は往々にして極めて荒れており、その中で国連ミッションが任務を果たすためには、状況に応じたローバストな（強力な）交戦規定、装備・部隊編成を持たなければならない、(3)国連ミッションの設立決定後、ミッションが迅速に派遣されることは極めて重要であり、待機部隊制度等の導入を図るべきである、(4)安保理が国連ミッションに任務を課すに当たっては、十分に明確な任務を設定しなければならない、の四点が重要である。

(1)〜(3)に対する安保理の対応が、介入ツールの多様化にどのように表れたかについては、本節後半で略述することとし、ここでは(4)に注目したい。任務内容の不明確は、クロアチア及びボスニアに展開したＰＫＯであるＵＮＰＲＯＦＯＲ[16]の際に典型的に生じた。ボスニアについては、英仏の二国が安保理の議論を主導する中、ＵＮＰＲＯＦＯＲの任務内容をめぐる米と英仏との間の政策対立が著しかった。ボスニア人勢力への加担を明確にしたい米と、要員派遣国として、ＵＮＰＲＯＦＯＲが中立的な立場から紛争当事者間の合意事項履行を確保することにとどめたい英仏の間の妥協の産物として、ＵＮＰＲＯＦＯＲに「安全地帯に対する攻撃の抑止」任務を追加する決議八三六が成立した[17]。決議は成立したものの、この任務内容について安保理内に明確な理解の一致がなく、任務実施に必要な資源も明確化できないまま、平和維持要員の犠牲が増大した[18]。任務内容の不明確さは、多くのＰＫＯミッションにとり失敗の要因となっていた。

「任務内容の不明確さ」の直接の原因は、安保理内に紛争解決戦略についての十分な一致がないまま受け身の対応をしたことである。すなわち、安保理の非同質性が安保理平和活動の効果を制約したと考えられる。また別の面から考えると、紛争解決戦略について十分な一致がないにもかかわらず、安保理決議案について合意を形成し得たのは、安保理の柔軟性や、安保理が役割を果たすことに対する安保理の責任意識が要因になっていることも指摘できる。しかしより根本的には、共同介入の調整者として、介入行動と安保理における意思決定を主導する有力国が、責任をもって実施可能な解決策を決定することを目指して、譲れるところでは譲るが、譲れないところでは絶対譲らない巧みな交渉をする必要があるという点に行き着く。こうして「任務の不明確さ」の問題は、紛争に利害と影響力を持つ有力国が、紛争解決のために結集する「政治的意志」の問題に帰着する。

二〇〇〇年代の平和活動

二〇〇〇年代に入ってから二〇〇八年までの間に、ブラヒミ報告をはじめとするこれまでの反省・教訓からの収穫を一気に刈り入れ、国連ミッションの機能は一層多様化した。多様化の意味するところは選択肢の豊富化であり、元来多様である様々な紛争状況への対応能力の向上である。また同様に重視されてきた要素として、ＰＫＯ等国連ミッションの派遣までにかかる時間の迅速化も挙げられる。

緊急展開部隊、多国籍軍による平和維持活動、ミッション間協力

国連ＰＫＯミッションの軍事部門における革新である、緊急展開部隊、多国籍軍（地域機構による活動を含む）によ

る平和維持活動、ミッション間協力は、いずれも派遣にかかる時間の迅速化の観点から効果を上げてきた。国連ＰＫＯミッションの軍事部門は、ミッションの設置が決まった後あるいは決定過程と並行して、そのミッションに兵力を送る可能性があると事務局が判断する加盟国に事務局が打診をし、兵力編成のための詳細な調整を経た後派遣が実現するので、計画通りの派遣が実現するまで数カ月以上を要する。

緊急展開部隊は、事務総長の要請があれば一定時間内に一定規模以内の兵力（特にミッション設置計画に必要な先遣隊、司令部中核要員等）を派遣することをあらかじめ約束した諸国の部隊のことである。ブラヒミ報告により提案されていた課題である。緊急展開部隊を事前登録することによって、軍事部門の本格展開に先立つ準備活動にとりかかるための時間を短縮することが可能になった。

多国籍軍による平和維持活動は、地域機構がこの多国籍軍を編成する場合、地域内の紛争を国際社会全体に頼らず地域内の力により解決する努力としてそれ自体大きな意味がある[19]。しかもそれに加えて、国連平和維持活動派遣に生ずるタイム・ギャップをさらに埋める効果もある。一般に地域機構は安保理に比し同質性が高いので、機動性が高い。紛争地周辺の地域機構がより簡素な手順で、またより短期間で地域諸国からの兵力提供を得て平和維持活動を開始できる場合に、まずはこの地域機構による活動を多国籍軍として安保理で権限付与し、迅速に平和維持活動を開始する。

前節でも触れたが、多国籍軍が平和維持活動を実施するということは、紛争解決策受け入れ後の、定着確保の局面であるにもかかわらず、定着確保措置を、強制権限をもって実施するということである。解決策受け入れ直後の時期における、和平の脆弱さに対処することを念頭に置いた方式であるという側面もある（一九九〇年代の例だが、ボスニア・ヘルツェゴビナにおけるＮＡＴＯによるボスニア和平実施部隊（ＩＦＯＲ）[20]がこの面における典型例）。

本来、国連の平和維持活動とする方が紛争解決をより効果的に促進できると判断されるケースの場合、国連平和維持活動派遣までのタイム・ギャップを埋める役割を果たした後は、多国籍軍による平和維持活動を国連によるものへと切り替えていくことが合理的である（こうしたケースの中には、時間の経過とともにその地域機構が財政的に平和維持活動を継続できなくなる場合も含まれ得る）。切り替えは、継ぎ目なくスムーズに行うことが重要である。

東チモールでＵＮＴＡＥＴに先立って派遣された豪州を中心とする多国籍軍[21]、シエラレオネにおけるナイジェリアを中心とするＥＣＯＷＡＳ軍[22]、ブルンジにおける南アを中心とするＡＵ軍[23]などが登場して、最近の一つの主流となっている。またダルフール（スーダン）では、国連ミッションとＡＵ軍のハイブリッドである、国連・ＡＵ合同ミッション（ＵＮＡＭＩＤ）という最新の新機軸も登場した[24]。

ミッション間協力は、日本が提案した新たなアイディア[25]で、二〇〇五年から実施例が登場した。停戦維持、警護等国連ミッションの軍事部門による活動がある紛争において必要となった場合に、その近隣における紛争にすでに派遣されている国連ミッション軍事部門に余力が生じることが見込まれる際には、その余力を直ちに削減するのでなく、新たなニーズに基づく軍事部門を立ち上げるのに必要な期間、新ニーズの発生した紛争地に余力を貸し出すことによりタイム・ギャップを埋めるのがその中心的内容である（そのニーズが一時的なものであれば、新たな軍事部門を立ち上げずに済ませることも可能である）。軍事部門撤収後のシエラレオネのニーズに対応するためリベリアに展開中のＵＮＭＩＬの兵力を活用することとしたのが最初の適応例となった[26]。

ローバストな交戦規定、攻撃型装備、武装警察部隊

この三つも国連ＰＫＯ軍事部門における革新である。いずれもブラヒミ報告が指摘した、紛争の状況に応じた交戦規定及び装備・編成の必要性に対応している。紛争によって、紛争当事者の和平枠組みへの政治的コミットの程度、内部の統制度、所有する火力の程度、国連に対する姿勢等様々であるので、これらに柔軟に対応して、国連ミッション側も任務履行に必要な手段を整えることを目指している。

攻撃型装備の例としては、コンゴ（民）に展開するＰＫＯミッションＭＯＮＵＣへの攻撃型ヘリコプター部隊の配備が挙げられる[27]。武装警察部隊は、ＰＫＯ展開地域においてギャングの活動が蔓延する場合など、非武装でかつ部隊編成されずに個人配置される文民警察では対応できない一方、軍部隊による制圧には不向きである場合に、中間的措置として導入される、武装し部隊編成された警察力である。代表例はハイチに展開するＰＫＯミッションＭＩＮＵＳＴＡＨの武装警察部隊である[28]。いずれの場合も、攻撃任務を行う場合には発砲前に必要とされる予備的威嚇等の手順を軽くした、よりローバストな交戦規定が採用されている。

刑事捜査支援ミッション

二〇〇五年、国連事務局が実施する介入措置としては前例のない、加盟国の刑事捜査手続きを支援する任務を持つ国連ミッションが設立された[29]。刑事司法分野の活動としてはＩＣＴＹ・ＩＣＴＲに次ぐものである。レバノンで発生したハリーリ元首相殺害事件の捜査及び訴追準備につき、レバノン当局を支援することを目的とするが、対シリア政府関係者捜査を含め、自ら捜査活動を行う権限も有した。

安保理の発展性の発露としての新機軸導入

以上考察した様々な新機軸の中には、ブラヒミ報告の中で提案されたものもあるし、必ずしも安保理メンバー国でない諸国からの知的貢献としての提言から具体化されたもの（欧州諸国によるターゲット制裁精緻化、日本によるミッション間協力提案等）、周辺諸国の軍事的イニシアティブに基づくもの（東チモール多国籍軍における豪州、ブルンジAU軍における南ア、シエラレオネECOWAS軍におけるナイジェリア）もある。しかしいずれの場合にも、また紹介し切れなかった他の新機軸の場合も、これらの措置の妥当性を紛争の具体的な状況に即して判断し、安保理決議に盛り込むべしとして安保理内の議論を主導したメンバーがいたからこそ、実際の導入が実現したのである。安保理の発展性、すなわち紛争の実態に対応して、柔軟に対応できる能力の証であり、高く評価すべきである。また周辺諸国の軍事的イニシアティブを安保理決議に反映させた例は、介入主体間の介入行動調整に主導性を持つ国と、安保理内の意思決定に主導性を持つ国が異なって、リーダーシップ分担が行われても、それら調整国の間で円滑な連携ができた成功事例であるという面からも評価できる。

注

1　第9章で見るとおり、安保理が非政府の関係者と公式に接触する機会は比較的限定されている。また、Luck［2006］pp.122-124 参照。

2　Malone (ed.)［2004］所収の、デビッド・コートライト及びジョージ・ロペス論文、Luck 同上書、第6章参照。ターゲット制裁の代わりに「スマート制裁」の語も広く使われている。両概念の間で大きな差違はないものと見られる。

3　決議八二～八五、特に決議八四

4　決議六七八

5　決議六七八の場合、目的は「決議六六〇及びその後のすべての関連する決議を支持し、履行すること及びこの地域における国際の平和と安全を回復すること」とされた（主文第二パラ）が、決議六六〇により、イラクのクウェートからの即時・無条件撤退が要求されている（主文第二パラ）。

6　決議七九四（主文第六～一五パラ、特に第一〇パラ）

7　決議八一四（主文第五及び六パラ）
8　国連文書 A/RES/997 (ES-1) ～ 1001 (ES-1)、特に 1000 (ES-1)
9　決議七四五
10　決議一二七二
11　決議六八七及び六九九
12　決議一二八四
13　決議八二七
14　決議九五五
15　A/55/305-S/2000/809
16　決議七四三
17　一九九三年六月四日。安全地帯については決議八二四参照。
18　Malone (ed.) 前掲書所収の、マッツ・バーダル論文参照。
19　安保理と地域機構の関係については、憲章第八章に規定が置かれている。特に、第五三条一項前段は、「安全保障理事会は、その権威の下における強制行動のために、適当な場合には、前記の地域的取極又は地域的機関を利用する。但し、いかなる強制行動も、安全保障理事会の許可がなければ、地域的取極に基づいて又は地域的機関によってとられてはならない」と定め、また、第五四条は、「安全保障理事会は、国際の平和と安全の維持のために地域的取極に基づいて又は地域的機関によって開始され又は企図されている活動について、常に十分に通報されていなければならない」と定めている。Luck 前掲書、pp.72-78 参照。
20　決議一〇三一
21　決議一二六四
22　決議一一三二
23　議長声明 S/PRST/2002/40 及び S/PRST/2003/30。また、決議一五四五、前文第一六パラ参照。
24　決議一七八四

25 安保理第四九三三回会合（二〇〇四年三月二五日）における原口幸一大使発言（S/PV.4933）及び第五一三一回会合（二〇〇五年二月二五日）における大島賢三大使発言（S/PV.5131）
26 決議一六〇七、主文第一二パラ
27 二〇〇四年九月三日付事務総長発安保理議長宛書簡（S/2004/715）及び決議一五六五
28 決議一五四二、主文第四パラ
29 決議一五九五

第6章　安保理による紛争介入の歴史的推移

冷戦終了後、米露両国が世界の紛争管理者の立場を退いたことが、今日の安保理で生じている多くのことの主因となっている。また、安保理の役割拡大は露中による対西側協調路線に依存しており、脆弱さを持っている点に注意する必要がある。

1　冷戦の終了と安保理の役割拡大

冷戦期の介入活動

八〇年代末まで、すなわち冷戦期における安保理の活動は、ともに常任理事国であって拒否権を有する米ソが東西それぞれの陣営を率いて対立していたことを背景に、停滞していた。その一方で、世界のほとんどの紛争において、紛争の一方当事者は米国、もう一方の当事者はソ連の支援を受けていたため、事実上紛争は米ソ両国のコントロール化に置かれていた。冷戦期においても安保理は、すでに言及したスエズ危機などいくつかの重要な紛争において、紛争当事者に紛争解決策を受け入れさせたり、制裁措置の発動や停戦維持型平和維持活動の設置を決定したりし、一定の役割を果たしてきた。しかし世界の紛争管理の主役は米ソの対立構造と米ソ間の駆け引きであって、安保理における集団的決定ではなかった。

冷戦後に安保理の活動余地が飛躍的に増大してすでに約二〇年を経た現在、冷戦期に安保理がいかに停滞していたかを思い起こすことはもはや困難な感があるが、示唆的な数字を一つ挙げておきたい。安保理における冷戦の終了を象徴する事件は、一九九〇年八月二日イラクによるクウェート侵攻を国際の平和と安全に対する侵害であると決定した安保理決議六六〇号の採択である。つまり安保理は誕生から一九九〇年までの四五年間に七〇〇本弱、一年当たり約一五本の決議を採択した。それからほぼ一五年半経った二〇〇六年二月二八日に、安保理は決議一六六〇号を採択した。冷戦期四五年間の三分の一の期間である一五年間で一〇〇〇本である。一年当たり平均採択本数は約六七本で、以前とは四倍以上の開きがある。一〇〇〇本の中には、「責任回避の場」としての安保理利用の例や安保理の「公的性格過剰」を見誤った失敗例が含まれているので、数字の比較が純粋に安保理の役割拡大の実像を示すとは言えないが、示唆的であることは間違いない。

九〇年代初頭の介入活動

冷戦終了を機に、露は世界各国への戦略的関与から退却し、戦略的関心を自国周辺に集中させるようになった。これとともに安保理における対米対決姿勢を終了し、より狭く定義し直された自国の戦略的関心に抵触しない範囲で、安保理における協力・協調を進めるようになった。中国も安保理の戦略的活用に関心を示さず、自国の安全保障、とりわけ台湾問題や北朝鮮問題に影響を及ぼさない範囲において、安保理における協力・協調を進めるようになった。

かつてのように、途上国の非常任メンバーとともにＮＡＭ（非同盟運動）コーカスを名乗り、多くの途上国を院外勢力として動員して、「主権平等原則」、「国内管轄事項不干渉原則」を旗印に西側主導の安保理運営の妨害に努めるような行動様式も、次第に鳴りをひそめた。こうして、Ｐ５の協力・協調の下に安保理の役割拡大を図ることが、安保理運営の基調となった。露中とも、アラブ・グループやＮＡＭなどの外交クライアントがあるので、西側にまったく同調するわけではないが、外交クライアントへのサービスが外交上の修辞を超えて安保理分裂（Ｐ５分裂）にまで至るケースは稀になった。

このことが安保理の活動範囲を拡大し、九〇年代の初頭、安保理の紛争介入活動に短い黄金期が訪れる。イラクへの制裁・多国籍軍派遣を皮切りに、モザンビーク、エルサルバドル、カンボディアなど、多くの平和維持活動（国連ＰＫＯミッション）を設置し、成功を収めた。第５章で見たとおり、文民警察部門や文民行政部門を併せ持つ複合型国連平和維持活動が登場し、国連ミッション設計における現在まで続くモデルが形作られた。

振り返ってみれば、この時期に安保理の活動がおおむね成功したことには理由がある。成功した平和活動のほとんどは冷戦時代に米ソの代理戦争化し、泥沼のまま冷戦終了に至った地域紛争の解決であった。すなわち、紛争当事者に対する米露両国のコントロールが残存する中、米露両国とも紛争の継続に対する戦略的利害を失い、両者の協力の下当事者に対して解決が働きかけられ、国連の看板をかぶせることで不名誉な敗者が出ることを回避したのであった。つまり米露両国が安保理を通じて地域紛争を解決することに共通の利益を見出したことが、成功の鍵となった。前段で挙げた平和維持活動の例はすべてこの類型に該当する。しかも例外なく、マルクス＝レーニン主義を掲げる政党が政権につくことを米が容認する形で解決していることに注目する必要がある。ロシアがイデオロギー輸出に関心を失った途端に、米国もイデオロギー輸出の防止に関心を失ったことがよく分かる。

2　九〇年代中盤の失敗と経験知の適用

九〇年代中盤の介入活動

続く九〇年代中盤は一転して、安保理にとり失敗・反省期であった。とりわけボスニア及びルワンダの経験が最も痛切に語られる。また、平和執行型国連ミッションという野心的試みが功を奏さず、安保理による介入を放擲せざるを得なかったソマリアの挫折も大きい。

この時期になると、それまで地域紛争の当事者を押さえてきた米露による統制もゆるんだこと、当事者が当初から米露の関与を受けずに開始された紛争が登場したことが、前の時代からの大きな変化である。「負の遺産」がすでに明白な泥沼化した代理戦争については、「敗者なき解決」のため米露も十分に強い政治的意志を持って臨んだが、新たな紛争にはそのような背景がなかった。露が戦略的に世界各地の紛争から手を引く中で、米も露に対抗するという理由を失って紛争介入に十分な政治的意志を結集できなくなっていった。米露は政治的意志の点でも、紛争当事者に対する影響力の点でも、共同介入の調整者として不十分であった。また新たな紛争において、米露に代わる強力な調整者も登場しなかった。紛争当事者のむき出しの憎悪のエネルギーの激しさもさることながら、介入する側の政治的意志の問題が重要である。ボスニアについては、最終的には米が政治的意志を結集して、ＮＡＴＯの力を背景にデイトン合意をまとめることで解決に至ったが、そこに至るまでに安保理の役割は傷つき、効果を失っていた。ルワンダやソマリアについては、事実上「見捨てられた紛争」へと落ち込んでいった。

こうして、この時期の介入活動は安保理に大きな挫折感をもたらし、国連ミッションの多機能化・大規模化も一頓挫を迎えた。冷戦の終結が安保理の役割拡大の機会を提供したことは紛れもない事実であるが、黄金期の成功がユーフォリアを生み出し、その結果安保理の平和活動、とりわけ国連ミッションの実効性につき、過信と野心過剰が生じたと見るべきである。また国際世論の期待過剰があったことも確かであろう[1]。整理すると、以下の三点が重要と考えられる。(1)国家型紛争から内戦型紛争への紛争の変質が進む中で、冷戦期の代理戦争の場合には、内戦型紛争と言えども紛争当事者との交渉チャンネルが十分確立していたため、安保理の「公的性格過剰」が本来持つ落とし穴が顕在化しなかった。これに対し、その条件を欠いた内戦型紛争において、安保理の「公的性格過剰」の落とし穴が顕在化した。(2)明白な「見捨てられた紛争」ではなくとも、介入する側の政治的意志が不十分（政策協調不十分を含む）であれば、安保理が有効な介入をできないことには変わりない。この時期の失敗例も、広い意味において、安保理を「責任回避の場」として用いた例と考えることができる。米露に対し自動的に共同介入の調整者の役割を期待できない以上、紛争ごとに個別にリーダーシップの所在を明らかにしなければならないことが明白になった。(3)冷戦の終了によって、安保理における米露間の協調が実現したといっても、露が密接に戦略的利害を有する地域においては政策対立を克服することが困難であり、そのことが安保理の有効性を大きく損なうことが明白になった。安保理の挫折感そのものは、ブラヒミ報告を踏まえた改善策の実施やその後のいくつかの活動の成功により、癒されたように見えるが、この三点は現在に至るも重要性を失っていない。

経験からの学習

ブラヒミ報告後の改善策については介入ツール多様化の観点から第5章で取り扱った。ここでは二〇〇〇年代に入ってからの安保理の活動を、上記の三点に即した動きに着目して鳥瞰したい。

リベリア問題、シエラレオネ問題、レバノン／シリア問題などは、安保理が介入して成功を収めた例であるが、成功の理由の一つは、それぞれ旧植民地宗主国である米、英、仏が、その影響力を用いて、十分な非公式介入を行い、安保理の活動の有効性を準備したことであった。紛争介入をもっぱら非公式介入により行うことにより、安保理の「公的性格過剰」が紛争解決に逆効果となることを避けた例として、アチェの例が挙げられる。アチェ問題の解決は、NGOであるアンリ・デュナン・センターが仲介・周旋し、これを日米やアセアン諸国、フィンランド等がこれを静かな外交で支援することにより二〇〇五年和平協定締結に至った。

安保理の役割に対する期待が高く、またそこで案件を取り上げること自体で安保理が責任意識を自己満足させることがまかり通っている現状において、「責任回避の場」としての安保理活用は依然として後を絶たない。代表例をごく少数に絞り込んで挙げるとしても、西サハラ、エチオピア／エリトリア、ギニア・ビサウなどの名が挙がる。今後もこの傾向がなくなることはないであろう。しかし現在では、これらの紛争に対しては安保理に結集された政治的意志の弱さに応じて、限られた介入活動しか行っていない。少なくとも、九〇年代中盤のように、結集された政治的意志の程度に見合わない過大な任務を負う活動を決定したり、任務の実施不能を見て取るやあわてて活動を中止したりするようなことはなくなった[2]。

九〇年代初頭まで暗黙の前提であった、米露が紛争管理の中心であるという想定は、九〇年代中盤以降の国際社会にはもはや当てはまらなかった。米露が介入戦略の調整を主導しないどころか、関与すらしない紛争があるという事態に直面し、そのような紛争においては、紛争解決に向けた強い政治的意志を持つ国が、調整役を買って出る必要が明らかになった。調整国が指導力を発揮しなければならない場は、対紛争当事者、対他の介入主体、対国際世論、安保理内部と、四つのレベルがあり、四つのレベルにおける調整者適格は同じなわけではなかったが、少なくとも安保理内においては、その紛争の解決に最もコミットしているメンバーが審議を非公式に主導する議題リード国の仕組みが形を整えていった。

先出のリベリア、シエラレオネ、シリア／レバノンの例では、それぞれの議題リード国となった米、英、仏は、P5であり、かつ他の三つのレベルでも主導的影響力があった。しかしそうとは言えない紛争では、リーダーシップの分担が図られた。例えば、東チモール問題では、対紛争当事者では、ポルトガル、豪、日などが中心となり、介入主体間の調整ではポルトガル、豪、日、世銀、国連事務局が中心となり、対国際世論ではEU（特にカトリック諸国）が主導力を発揮した。これを踏まえ、安保理では米英がリード国を務め、これら調整者の間で連携をとりながら、紛争解決戦略を進めていった。第5章で述べたとおり、アフリカにおいても南アやナイジェリアにより、紛争当事者との交渉や域内介入主体の調整が主導される例が出ている。

露が引き続き戦略的関与を行っている地域について、米露間、あるいは米欧と露の間の政策対立が先鋭化しないための仕組みが必要であることもはっきりした。このため、ボスニア、コソボ、グルジア、キプロス等の問題については、米欧と露の双方を含む非公式な集まりとしてコンタクト・グループあるいはフレンズ・グループを形成し、日常的に政策調整を行う試みが開始された。

九〇年代中盤の失敗の後遺症から脱却するために安保理は介入活動の成功例を必要としていたと言える。以上に述べた安保理の努力はその必要をある程度満たしたと考えられるだろう。

3　ポスト冷戦コンセンサスとP5の政策

ポスト冷戦コンセンサス

冷戦終了後二〇〇八年までの期間において、P5間の協力・協調は、ボスニア、コソボ、イラクなどをめぐる対立により時折寸断されたが、安保理、とりわけP5の自律的な努力によりそのたびに修復され、協力・協調の基調はおおむね維持されてきた。安保理におけるP5間の協力・協調をポスト冷戦コンセンサスと呼ぶことができるだろう。

露の政策

ポスト冷戦コンセンサスの下でP5諸国の間には協力・協調を維持することについて一致があるといっても、P5各国の安保理への関心の内容には相当の違いがある。露は、世界各地への戦略的関与から退却することを決意し、当初期においては、円滑な退却を実現する観点から安保理を通じた「敗者なき解決」を積極的に活用したが、その後は自国周辺のみに戦略的関心を集中させている。このことは、露がリード国グループ（コンタクト・グループあるいはフレンズ・グループ）に参加しているのが、キプロス、バルカン半島（ボスニア及びコソボ）及びコーカサス（グルジア）という自国近隣地域の四つの紛争のみ（いずれも米欧諸国とともに参加）であることに端的に表れている。自国の安全保障の延長でもあり、米欧に権益が流出することへの抵抗でもあると考えられる。グルジアにおける二〇〇八年夏の事態は、露がこの地域に持つ戦略的関心の強さを見せつけた。

このような露の行動を見る限り、露が防衛的動機を超えて安保理に利用価値を見出しているとは考えにくい。露の場合、集団的安全保障に対する英仏ほどの明確な強いコミットがない。また、安保理の正統性を活用すると言っても、現状においては、紛争への様々な介入主体（国、国際機関など）に対する影響力、国際世論に対する影響力において、西側である米英仏に劣後する上、P5内でも西側三国をしのぐ多数派形成できないため、活用できる程度にも限度がある。

こうしたことから、露の安保理に対する関心は、⑴対西側協調が国益である範囲内における、西側協調実践の場としての活用、⑵西側が露周辺地域の権益を侵すこと、とりわけ安保理を利用して侵すことを防ぐための防衛的活用、⑶反米、反西側外交クライアントに対するサービスとして、対西側嫌がらせを実践する場としての活用、と要約できると考えられる。

中国の政策

現時点において、安保理を活用することに対する関心が限定的であるという点においては、中国もほぼ同様であろう。中国に至っては、リード国を務めている議題がない（引き取り手のない「見捨てられた紛争」の議題リード国を、持ち回りで務めることはある）。

近年中国はPKO等国連ミッションに対する要員派遣数を急激に伸ばしており、紛争解決分野における実績作り、プレゼンス確保や能力向上を重視していることが窺えるが、マルチの国際機関における意思決定権力を国益実現のために積極的に活用することへの関心はいまだ高くないように見える。とりわけ国連安保理については、露の場合と同様、西側三カ国が見出しているほどの利用価値を現時点で見出すことは難しいだろう。

こうして、中国の場合にも対安保理関心も、⑴国益の範囲内における対西側協調実践の場、⑵国益が侵されないための防衛の場、⑶反西側外交クライアントに対するサービスの場と要約されるだろう。中国の場合、防衛すべき国益の主要な内容の一部として、内政不干渉原則の適用を自国においても国際社会全体についても確保することを非常に重視している。二〇〇七年に入って以来の二件の拒否権行使例（ミャンマー及びジンバブエ）は、両国における中国の権益を反映している面と、内政不干渉原則についての中国の姿勢を反映している面の双方があると見られる。

英仏の政策

これと対照的なのが英仏である。英は、イラク、スーダン、シエラレオネなど、旧英領植民地や英語圏地域の紛争で広く議題リード国を務め、仏も、シリア／レバノン、コートジボワール、コンゴ（民）など、旧仏領植民地や仏語圏地域の紛争で広く議題リード国を務めている。これらの紛争地は、英仏の長期にわたるその地域へのコミットメント、経験、人脈、情報の集積等から、紛争解決の戦略作りをし、また紛争当事者へ影響力を行使することに、それぞれの国が比較優位を持つ地域である。

このことに、東西両陣営対立という旧来の紛争管理システム崩壊後の真空（つまり米露の退却後の真空）を、自国の比較優位を活用して埋めることに両国が関心を見出したことが表れている。これは、一面においては、英仏がP5の地位を通じて安保理を活用することで自国の影響力の増進を図るという国益を意味する。もう一面において、米露退却後の真空を両国が可能な限り埋めないことには、集団的安全保障システムとしての安保理が有効性を失うとの危機感の表れでもあろう。すなわち、集団的安全保障に対するコミットの強いヨーロッパ諸国として、英仏が他のP5以上に安保理の有効性に強い関心を有していることが、行動に表れていると考えられる。

露中と大きく異なるのは、英仏から見た安保理の利用価値であろう。繰り返し述べたとおり、国際世論や様々な紛争介入主体に対しては、西側諸国の持つ影響力が大きい。そのように、国際世論や様々な介入主体の支持や協力を動員する上で有利な位置にいる西側諸国にとっては、正統性付与の原理をテコとしてこれらの支持や協力の動員力を増すことのできる安保理の利用価値は高い。また、西側三カ国（米英仏）で結束できればＰ５中の多数派を形成できる点でも、使い勝手がよい。

米の政策

安保理の利用価値の観点から見て、最も大きな価値を見出しているのは米国であると考えられる。それは、米国のグローバルな戦略的関心から見て重要な紛争の解決のために、国際世論や様々な介入主体を動員することが必要な機会が多いからである。それとともに、安保理の正統性付与の原理が十分な効果を持つほど、国際世論や様々な紛争介入主体に対して、西側の盟主としてあらかじめ大きな影響力を持っているからでもある。さらに、米として重要な戦略的関心を持たない紛争に対しては、うまくすれば同じ西側である英仏等が議題リード国として国際的介入を主導してくれるという利益もある。これらに加えて、安保理で取り上げておけば、介入すべしとの国際世論からの圧力を少なくとも短期的にはかわすこと（「責任回避の場」としての安保理利用）ができるという利益もある。

しかし米国は単独行動によって問題に対処するオプションを常に有しており、しかも自らの決定を国際機関にゆだねることへの抵抗も強い。このことから見て、集団的安全保障システムとしての安保理の有効性を高めるという観点を重視する程度は英仏に比して低く、真に必要な際には国際的規範に縛られずに動く行動の自由を留保することにも利益を見出しているであろう。

ポスト冷戦コンセンサスの基礎

このようなＰ５各国の政策を総合して見てみると、これまでポスト冷戦コンセンサスに従ってＰ５による協力・協調が曲折を経ながらも維持され、安保理の役割拡大が実現したことの基礎として、(1)いくつかの例外はあるが、英仏のみならず、英仏に比し行動の自由の留保を重視していると見られる米露中も含め、P5全体として自衛権の行使または安保理決議による明示の容認・授権が行われた武力行使以外の武力行使を、おおむね慎んだこと、(2)露中が対西側協調に国益を見出し、安保理をその実践の機会として捉えたこと、(3)英仏を中心とする諸国が、米露の戦略的退却の後を埋める紛争解決のリーダーシップの提供に努力したこと、の三点が重要であったと考えられる。

コソボ、アフガニスタン、イラクとグルジア

次に、ポスト冷戦コンセンサスの三つの基礎のうち、(1)及び(2)との関わりにおいて、安保理におけるコソボ問題、アフガニスタン問題及びイラク問題の取り扱いを検討してみよう。また、本書執筆の段階（二〇〇八年九月）ではグルジア問題の今後の展開は不透明だが、現時点で分かっている範囲において、同様の位置づけを試みることにしよう。

コソボ問題においては、露の強い反対があったため、安保理ではNATOによるセルビア空爆を容認できなかった。このため一九九九年、NATOは安保理による明示の授権なしに武力行使に踏み切った。つまり、P5内の政策対立は解消できなかった。コソボに関するロシア政府内部の考え方には相当の分裂があったと見られ、コソボが明確に露の戦略的関心地域であったとは言い切れないが、結果的には露は行動の上では戦略的関心地域であるように振る舞った。西側三カ国は、NATOによる空爆の合法性は既存の決議から説明できるとの立場をとった。また、露が提案したNATOによる空爆の停止を要請する決議案が大差で否決されたことも合法性の追加的材料とされた[3]。

アフガニスタンは、露が戦略的退却をした地域である。しかし七〇年代末の侵攻以来、長期にわたる関与の末の退却であったため、ロシア国内には依然として強い関心を持つ勢力があると考えられる。現在アフガニスタンにおいて

は、9・11テロ事件を受け自衛権行使を安保理に登録した米による作戦と、安保理により付与された武力行使権限に基づいてNATO諸国が派遣するISAFの活動が、協力しながら併存している。変則的ではあるものの、ともに国連憲章上の武力行使規範にのっとっている。米は、アフガニスタン問題について露と緊密に意思疎通を行い、P5内の政策対立はほぼ解消している。

イラク問題では、P5が米英と仏露中の間で対立した。政策対立が解消しないまま、二〇〇三年米英は武力行使に踏み切り、米英は一九九〇年の決議六七八による武力行使権限が有効であったとの立場をとりつつも、武力行使後の決議一四八三で米英軍が国際法上の占領軍である（つまり、少なくとも武力行使終了後決議一四八三採択までの期間の活動は国連決議に基づく強制措置ではない）ことを受け入れた。安保理を中心とする集団安全保障システムの外か内かの明確な結論は出ていないが、露の視点から見ればシステム外であり、西側内部にすら異論のある逸脱が西側諸国によって行われたことになろう。もともと露はサダム・フセイン政権と密接な関係を有しており、米英の武力行使によって戦略的退却を強いられたが、やはりロシア国内には強い関心を持つ勢力があると考えられる。

これらに対し、グルジア問題は、米露双方が明確に戦略的関心を有しており、しかも露と米英仏の間には、アブハジアと南オセチアを含むグルジアの領土的一体性を巡り、路線対立が長期にわたり継続していた。二〇〇八年八月の露によるグルジア進出は、グルジアの南オセチアにおける軍事行動がきっかけではあったが、ロシア軍が南オセチアを越えて、グルジア本土にまで軍を進めたことは、安保理を中心とする集団的安全保障システムを露骨に逸脱するものであった。露は、軍事行動の背景を説明するに当たり、西側諸国によるコソボ空爆や対イラク武力行使を引用して正当化に努めた。

まず、P5の実行は十分自制的であっただろうか。四つの事例は数として十分少なく、安保理を中心とする集団的安全保障システムの規範力が失われるには至っていない。しかし中にはシステムからの逸脱が深刻と見られる例が含まれており、システムの規範力を趨勢的に強化するやり方でＰ５の自制が行われているとは言えない。今後をことさらに悲観すべきではないが、楽観できる材料ばかりでもない。

次に露の対西側協調意欲の観点から見てみよう。これら四地域は、いずれも露の周辺地域である。グルジアの場合、旧ソ連邦共和国であり、露の戦略的関心が明白である。他の三地域の場合、露が依然として戦略的関心を有しているか必ずしも明白でないものの、ロシア国内の強い関心勢力の存在により、ロシア政府として明確に西側協調路線をとることが容易でない問題であるという点で共通している。このような地域において、西側諸国がとった武力行使を含む行動が、露が安保理における西側協調路線が国益に整合すると引き続き観念することを、事実として次第に難しいものにしていった可能性はあり得る。他方、これらを理由として露が決定的に西側協調路線を放棄することもなかった。

明白に露の戦略的関心対象であるグルジア問題における露の行動を見ると、西側協調路線と国益の衝突がかなり明らかである。これをもって、冷戦直後の混乱から立ち直り秩序と国力を回復した露が、安保理における西側協調路線を決定的に放棄するという見方もあるが、現時点ではこの点を明確に見通すだけの材料が揃っているとは言えない。どちらの可能性もあると言うところである。仮に決定的放棄がなされるとすれば、安保理の機能不全をもたらすであろう。

中国についてはどうであろうか。中国もこの一〇年で国力を大幅に増大し、また経済規模の拡大と対外経済活動の拡大に伴って、海外における戦略的利益も増大している。すでに、スーダン、ミャンマー、ジンバブエ等に関し、安保理における西側の政策が自国の政策と対立する経験を味わった。また、コソボ及びイラクで起きたことに関して、安保理における西側協調路線と国益の整合性について露と同様の視点で見ている可能性はあるであろう。他方、グルジアにおける露の行動（特に、アブハジア及び南オセチアの国家承認）については、自国内に多くの少数民族問題を抱える中国として支持することはできないであろう。中国については、安保理における西側協調を中断する兆候が、グルジア問題における露ほど明確に出ているわけではないが、将来については未知の部分が相当ある。

ポスト冷戦コンセンサスの行方

このように、冷戦後二〇年間余りおおむね継続し、安保理の役割拡大の基礎となったP５の協力・協調を基礎とした安保理運営をさらに継続できるかどうかは、決して当然視できることではない。短期的には、露中両国の今後の動向、とりわけ両国が西側との全般的協調に国益を見出すかによるところが大きい。

また、ポスト冷戦コンセンサスの基礎を維持するためには、⑴すべてのP５諸国が安保理を中心とする集団的安全保障システムからの逸脱した武力行使を自制すること、⑵英仏に限らず、一定の国力があり、紛争解決のための国際介入の重要性につき国内世論の支持のある幅広い諸国が、国際的な共同介入の調整者として必要なリーダーシップを提供すること、⑶こうした広範なリーダーシップ提供が可能になる環境として、世界各地の有力国が西側諸国や西側的価値観と融和的関係を築くことの三点も併せて必要となる。

これらが確保されて初めて、安保理は引き続き世界の紛争解決に有効に役割を果たしていけるであろう。

注

1　ブトロス＝ガリ事務総長が一九九二年及び一九九五年に総会及び安保理に提出した、「平和のための課題」及び「平和のための課題：補遺」（それぞれ国連文書 A/47277-S/24111 及び A/50/60-S/1995/1）参照。事務局の、挫折前の意欲に満ちた姿勢と挫折後の意気消沈した姿勢を対比できる。

2 エチオピア／エリトリアについては限定的任務を持つ平和維持ミッション（UNMEE）を長期間派遣していたが、紛争当事者の紛争解決意欲が見られないことから慎重な検討の末二〇〇八年撤収を決定した（決議一八二七）。

3 星野［二〇〇〇］及び Malone (ed.)［2004］所収のポール・ハインベッカー論文参照。

第7章　安保理の組織と権力構造

本章では、組織面から見た安保理の際立った特徴として、P5への権力集中、審議における議題リード国の主導、安保理と事務局の共生関係に焦点を当てる。また手続きの柔軟性・発展性についても取り扱う。

1　安保理の構成国

常任理事国（P5）と非常任理事国（E10）

周知のとおり、米露中英仏は常任理事国（Permanent 5: P5）であり、この五カ国が安保理の議席を常に占める（憲章第二三条一）。また一〇カ国の非常任理事国（Elected 10: E10）が任期二年で総会から選出される（同第二三条一及び二）。P5もE10もともに議決権は一票である。拒否権はP5のみが持つが、一票の重みに関する限り一五カ国は対等、平等である（第二七条一）。しかし現実には安保理におけるP5の存在感は圧倒的であり、議事を支配している感がある。

E10は五つの地域グループから、アジア二、アフリカ三、ラ米・カリブ二、東欧一、西欧その他二の割り振りで、総会における選挙（投票）で選出される（選出は一年ごとに半数改選で行われるので、毎年古顔五カ国と新顔五カ国が議席に着いていることになる）。それぞれの地域グループがあらかじめ統一候補を絞ることが認められているから、その場合には総会における投票は信任投票ということになる。また、アジアとアフリカは、それぞれ二年ごとに一席をアラブ・グループのメンバーに振り向けることを約束し合っており、これにより、一五議席中必ず一席はアラブの国に回ることが決まっている。

最近六年間（二〇〇三年〜二〇〇八年）の安保理構成国は**表1**のとおりである。国力、国益、政策ともに多様であり、相互の信頼関係についても相当の濃淡があることが見て取れる。

構成国の配分

先に述べたとおり、E10は地域グループの代表である。これは憲章第二三条一が、E10は「第一に各加盟国の国際の平和と安全の維持その他の国連の目的への貢献、そしてまた衡平な地理的配分を考慮して」選出されると定めていることから、その後半部分を制度的に手当てするため、各地域グループへの議席配分が定められてきたものである。結果として、世界のどの地域も、自地域が代表されていないとの異議申し立て

表1　安保理メンバー国の推移

	地域グループ	2003	2004	2005	2006	2007	2008
常任理事国		米 英 仏 露 中	米 英 仏 露 中	米 英 仏 露 中	米 英 仏 露 中	米 英 仏 露 中	米 英 仏 露 中
非常任理事国	アジア	パキスタン シリア	パキスタン フィリピン	日本 フィリピン	日本 カタール	インドネシア カタール	インドネシア ベトナム
	アフリカ	カメルーン ギニア アンゴラ	アルジェリア ベナン アンゴラ	アルジェリア ベナン タンザニア	ガーナ コンゴ（共） タンザニア	ガーナ コンゴ（共） 南アフリカ	ブルキナファソ リビア 南アフリカ
	西欧その他	ドイツ スペイン	ドイツ スペイン	デンマーク ギリシア	デンマーク ギリシア	ベルギー 伊	ベルギー 伊
	東欧	ブルガリア	ルーマニア	ルーマニア	スロヴァキア	スロヴァキア	クロアチア
	ラテンアメリカ	メキシコ チリ	ブラジル チリ	ブラジル アルゼンチン	ペルー アルゼンチン	ペルー パナマ	コスタリカ パナマ

ができない程度には代表議席を持ち、またすべての国連加盟国は平等な投票権を持っている。その意味で、安保理が国際社会を代表する普遍性を主張するための最低線は確保されている。

もっとも、欧米、特に西欧が過代表でないか、という見方はあるであろう。P5を含めた一五カ国が、欧米七（露を含む。うち米を含む西欧は五）、アジア三、アフリカ三、ラ米・カリブ二で分配されている現状は、人口比バランスから見れば不均衡である。人口比バランスだけを考えれば、欧米とアジアを取り替えて、アジア七、欧米三、アフリカ三、ラ米・カリブ二くらいが適正となろう。

しかし人口比だけが唯一の指標ではない。第二三条一は、第一の考慮要因を「国際の平和と安全の維持その他の国連の目的への貢献」であるとしている。現在の配分は、国連における欧州優位という政治的経緯の所産だが、結果として第一の要因を織り込む効果を持っている。ヨーロッパ諸国の集団的安全保障への強いコミットは、安保理を中心とする集団的安全保障システムにとっても、要石のような役回りを担っているからであるし、またこれら諸国は一般に国際世論や様々な紛争介入主体に対する影響力が強いので、安保理の持つ正統性付与機能を補強する働きを行うことができる。さらにこの構成は、安保理が、自由の保障と民主主義の増進、すなわちいわゆる西側の価値観に立脚した紛争解決戦略を採用する上で有利であることも、見落とすべきではない。欧米の過代表の是非を評価するに当たっては、これらの点も斟酌すべきであろう。

安保理の機能から見た選出方法

各地域グループはそれぞれ独自のルールでグループ・メンバーの立候補順を決め、まんべんなく安保理議席が回ってくるよう工夫している（アジア・グループについては、立候補順に関わるルールなし。ただしグループ内の調整による絞り込みはあり得る)。こうして、紛争解決への貢献実績や能力に関わりなく、地域グループからローテーションにより立候補国が示され、総会は選出することを余儀なくされる。

この選出方法の結果として、安保理メンバー間の紛争への対応能力には極めて大きなばらつきが生じる。つまり地理的配分の考慮にあまりに傾斜し、紛争解決等への貢献を軽視する結果、後者の実績・能力の点から見て不十分な加盟国が、多くE10として選出されてきている。これらのメンバーは安保理の審議において往々にして不活発で受動的であり、紛争への介入に関する他のメンバーとの信頼関係も希薄で、その分安保理の紛争解決機能を制約しているということが言える。安保理の非同質性の一つの重要な負の側面である。

仮に各地域グループが、紛争解決に十分な意志と能力を持つ国を内部で選んだ上で立候補国として提示すれば、この問題は解消するが、その場合地域グループ内部における対等性が失われる。このような選出方法改革については、実現可能かどうかという問題もあるが、それとともに、そうした改革が安保理の普遍性を損なう効果と、機能を向上させる効果のどちらが大きいかは評価が難しいという問題もあるだろう。

2 P5への権力集中

安保理の権力構造

安保理内における最も顕著な権力関係が、P5のE10に対する優越である。P5が安保理のオーナーと呼ばれ、E10が安保理における彼我の力の差から、時に自らを「二級市民」、「通りすがりの旅人」と自嘲するゆえんである。この権力関係の実態と構造はどうなっているのだろうか。

一言で言うと、Ｐ５は、安保理において彼らによる議事の支配を可能にしている現在の権力構造の維持に集団的利益を見出しており、維持に腐心している。他方、強大な特権である拒否権をあからさまに振りかざすことは国際世論の反発を招き、かえって維持を難しくしかねないことからこれをなるべく自己抑制し、より微妙なやり方により権力構造の維持を達成しようとしている。

Ｐ５への権力集中は、拒否権の観点から説明されることが多いが、現実には、Ｐ５の権力の源泉は拒否権のみにとどまらない。本章では、Ｐ５が持つ権力の発生を、⑴拒否権、⑵作業方法及び介入ツールに関する知識、⑶事務局への影響力、⑷メンバー間の結束や外交当局における人材の厚みという、四つの角度から説明することとしたい。このうち⑴はＰ５が完全に独占しており、それ以外についてはＰ５が完全に独占しているわけではないもののＰ５の構造的優越が際立っている。以下では、四つの「独占」と見出しを付けているが⑵から⑷については、Ｐ５の構造的優越を比喩的に「独占」と呼んでいることになる。

拒否権の独占

拒否権については第４章ですでに検討したので、以下に要約しておく。Ｐ５の優越を最も端的に示すのは、Ｐ５にのみに独占的に与えられた特権である拒否権である。またＰ５の力の源泉は拒否権であると通常考えられている。確かに、拒否権の行使は、他の一四カ国が骨の折れる交渉と集票活動により、苦労の末合意に達した決議案であっても、一メンバーによるたった一瞬の投票行動により葬り去る行為であり、その破壊力と衝撃度はいまだに強いものがある。しかし第４章で述べたとおり、Ｐ５による拒否権の行使に対しては、近年国際世論による抑制圧力が強く、それとともに行使の頻度も低下している。

むしろ今日においては、重要決議案の審議（紛争解決枠組の新設・変更・維持に関わる審議＝「非日常の安保理」）における交渉力の源泉として機能している。その現れが、P5による決議案の骨格作りのための協議である。

しかしP5協議の開催自体、P5の特権性を誇示する性格を持つ。現行の紛争解決枠組の見直しを迫る事態に直面していない審議（「日常の安保理」）において決議案作りのP5協議が行われることはまずない。これは、一面において単に必要がないので行わないということであるが、同時に必要以上に特権性を見せつけることを避ける、P5による自己抑制の性格も持っている。

知識の「独占」

拒否権の独占を除く三つの優越は、P5が持つ法的権限に直接由来しているのではない。そうではなくて、常任であるが故に議席を失うことなく常に安保理にいるという事実に由来している。

「常に安保理にいる」という事実がどのようにして力の源泉になるのか。いくつかの重要なルートがある。まず、絶えず更新される安保理の議事運営に関するルールや手続き、また安保理の紛争介入ツールについて、更新の現場に居合わせ続けることは、P5にはできるがE10にはできない。安保理の議事運営に関するルールや手続きは作業方法と総称されているが、明文の規定は極めてわずかである。憲章第五章第三〇～三二条には、安保理が手続規則を自ら制定すること（第三〇条）と、安保理審議への紛争当事者・関心国の参加が定められている（関心国は第三一条、紛争当事者は第三二条）。また、まさに第三〇条に従って、一九四六年に制定された安保理仮手続規則がある（その後一九四六及び四七年に議事運営の実行をもとに数次にわたり改訂。また国連公用語の増加とともにこれを反映させる改訂を実施）。この仮手続規則は、公式会合の開催手続、議題設定手続、出席者の資格、議長の選任及び役割、事務局の役割、議事進行（発言機会、議案の提案、動議の提案、紛争当事国・関心国の参加等）、投票、言語、会合記録等について基本事項を定めている[1]。しかし、仮手続規則制定後六〇年以上に及ぶ慣行の蓄積の結果、同手続規則には定められていない非公式なルールが膨大に集積している。また手続規則の一部はそのような実行によって乗り越えられてしまい、実質的に変更されているか、あるいは意義を失っている。さらに、仮手続規則は公式会合に関わる限りの議事運営についてのみ定めている。ところが、第9章で詳しく見るとおり、安保理の意思決定過程における非公式な協議プロセスの重要性は年を追うとともに高まっており、実質的交渉はほとんど非公式な協議プロセスの中で行われるといってよい。こうした公式会合以外のプロセスについての作業方法については文書化された規定がない状況が続いていた。

この状況には実際的なメリットがある。時代とともに変化する紛争・国際関係のあり方やそれぞれが特殊である紛争の実態に合わせて、安保理が柔軟に作業方法を変えていけるからである。またあまりに細密な明文化した作業方法があれば、安保理の介入により不利益を受ける紛争当事者がそれを逆手にとって議事を妨害する恐れもあるだろう。仮手続規則の「仮」の字をいまだにはずさない点に、安保理が柔軟性の確保にかけた思いが看て取れる。

柔軟性は安保理全体にとってそのようなメリットがある一方、E10にとっては大変不利な状況である。刻々変化する慣行の集積がルールである以上、ある時点において有効な、通用するルールが何であるかについて、権威をもって確言することは、継続的に安保理にいるP5にはできるが、E10にはできない。E10は安保理任期が始まると、日々の議事への参加を通じて最新の作業方法を習得する。とりわけ安保理議長を経験したり、重要決議案の交渉を経験したりすることは、効率的な習得のまたとない機会である。こうしてE10も、次第に最新の作業方法の全体系をマスターしてゆく。しかし作業方法についての知識をフルに動員して、時には他の安保理メンバーのルール違反や手続きミスをやりこめるなどしながら、自国に有利に議事を運ぶところまで至るのは容易なことではない。そこまで至った頃には二年間の安保理任期が終了に近づいていることがしばしばである。その国の交替として新たに任期を開始するE10メンバーは一から作業方法の習得を開始することになる。また、二年間でせっかく習得した作業方法も、その国が再びE10に選出されるころにはすっかり変容し使い物にならなくなっているので、やはり一から学び直しである。こうしてP5は作業方法の操作権を長期的に独占し、それぞれに議事進行を有利に進めるための道具とする傍ら、この独占状況をP5の共同利益として維持している。

膨大な慣行の積み重ねである作業方法を、E10が典拠とできる文書に編纂することは、透明性を高め、P5による知識の操作権独占を緩和することが期待できる。この面において二〇〇六年に日本が行った試みの経緯については、本書付録1の拙稿、その際の成果物である「安保理作業方法ハンドブック」については、付録2の仮訳を参照願いたい。

作業方法について述べたこととまったく同じことが安保理の介入ツール（安保理が決定した介入措置を実施する手段・手法）についても当てはまる。第5章で述べたとおり、近年安保理の介入ツールは著しく多様化し、精緻化している。これも紛争を巡る状況の変化に対応した革新の結果であり、現在も絶えず変化を繰り返している。常に安保理にいるP5はいずれの介入ツールについても、自ら吟味し、時には提案し、反論・修正し、決定に導き、実施に携わってきているので、経緯と詳細を知悉している。二年の任期以外は安保理の外部にいるE10が、これに匹敵する知識を習得することは容易でない。さらにこれらの介入措置の運用の詳細については、安保理内部にいてもなかなか分かるものではなく、措置の実施主体（事務局、加盟国等）や紛争当事者から絶えず情報提供を受ける必要がある。こうした制約を乗り越えてE10がそれぞれの介入措置をマスターし、自ら提案し、交渉をまとめていけるところまで到達したとしても、やがて任期満了となる。

現実の交渉を有利に進める上では、作業方法と介入ツールの知識があってもそれだけではまだ不十分である。安保理における交渉に特有な展開パターンがあるからである。例えば、各メンバーが紛争当事者や外野席の非メンバーの声を代弁して動く際に、どの程度その立場を貫くか、P5メンバーがどの程度決議案に強く反発していれば拒否権発動の真剣な仄めかしと受け取るべきか、賛成票が九票に到達するかぎりぎりと見られるときに最後の票固めとしてどのような働きかけや妥協が効果的か、といった点について見通しが利くことが重要である。安保理における交渉といえども、作用している力学は一般の外交交渉と変わらないので、その延長・類推を応用できる面もあるが、やはり安保理での交渉をいくつかくぐり抜け、展開パターンについて皮膚感覚を身につけなければ、見通しが利くというところまでは行かない。E10も任期の進行とともにこれを身につけることとなるが、任期開始時点ではP5に及ばない。

事務局への影響力の「独占」

次に、国連事務局との関係を見てみよう。安保理と事務局の関係については本章後半で詳細に検討するが、簡単に言うと、事務局は安保理が必要とする情報を提供し、安保理の要請に従って介入措置を実施、また安保理の議事を支援する。これらの機能について、安保理は事務局に依存しているが、これらは憲章に基づく事務局の法的義務であって、事務局の裁量に依存しているわけではない。他方同じことを別の角度から見ると、安保理の指示・要請があるからこそ、国連の機能のうち最重要視される紛争解決機能に事務局は権威をもって携わることができる。その意味で実は事務局が安保理に依存している。そして安保理理事国のうち、常に安保理にいるのはP5のみである。かくして事務局の安保理依存は、恒常的なP5依存に転化する。

こうした事務局のP5依存の結果として、P5は事務局に対し広範な影響力を行使している。一見この影響力は、狭い意味で安保理に対する上述の義務を直接履行する部局、とりわけ事務総長室、政務局、PKO局に対してのみ発生するかのようである。実際これらの部局に対するP５の影響力は大きい。しかしこれらが国連事務局の中でも主要部局であることから、P５の影響力はこれら部局を超えて事務局全体へと広がっている。また、影響力行使の一つのあり方は人事への影響である。P５は自らの影響力を行使して、主要部局の主要ポストへ自国人材を送り込んでいる。このこと自体が、P５の事務局に対する影響力をさらに増大している。さらに、主要ポストにはより下位のポストに対する人事権があるから、P５は自国人材が持つ人事権を通じて、影響力が及ぶ範囲を一層拡大している。

P５が「常に安保理にいる」という事実が、事務局に対する影響力を生み、それがさらにより大きな影響力を生むという積み重ねの結果、巨大な影響力の城が築かれるに至っている。これは、小さな滝頭から発した小滝（カスケード）がいくつかの小滝に分かれ、これを繰り返すうちに、何段にも重なる屛風のような大滝になる姿になぞらえて、「カスケード効果」と呼ばれている。[2] カスケード効果の結果として、安保理に対する情報提供、介入措置の計画・実施、議事における会議サービスのいずれの点においても、P５こそが事務局の「真の主人」となり、事務局は陰に陽にP５の意向を計算に入れながら行動する。E10が同等の影響力を築くことは容易でない。この結果として、安保理における議事において、P５は圧倒的に有利である。

結束強化と人材育成の「独占」

次に、P５としての結束強化努力や、「常に安保理にいる」結果として生ずる外交当局における潤沢な人材の配置の問題についても見ておく。P５は毎月当番を決めて、定例の情報交換を行い、仲間意識を培っている。個別の問題における対立、対決のあるなしにかかわらず連絡だけは欠かさないことが長く続く伝統となっている。どうということのない事柄ではあるが、何十年も続けば、他の国には割って入る隙のない結束が出来上がる。

E10も同様の連絡会を開くことはできるはずである。実際二〇〇三年に米の対イラク武力行使を巡って安保理が激しく分裂した際、当時E10であった独の主導により、E10会合が数回開かれたことがあった。その際はアナン事務総長も招待するなど、かなり政治的効果をねらったものであった。しかしこのE10会合も、安保理が対決の季節から対決修復の季節へと移るにつれ、下火になった。E10の顔ぶれが多様で、一〇カ国全体に通じる利益はかなり希薄であるため継続的連絡会を開催する意義に乏しいことに加え、究極的には、E10の構成が毎年変わるので、仮に継続的連絡会を開催したとしても、P5に匹敵する結束力につなげることは困難であろう。

どこの国の政府にも人事異動がある。仮に一ポストの任期が三〜五年だとして、安保理メンバーであれば国連代表部に一〇名、外務省本省に一〇名、合わせて二〇名の安保理チームを擁すると仮定すれば、P5の場合一年当たり四〜七名の安保理チーム卒業生が、定期的かつ継続的に誕生することになる。卒業生は、その時点における最新の介入ツール、作業方法、交渉パターンを熟知している。つまり安保理を活用した紛争解決の即戦力である。外務省で紛争地域への政策を扱う地域局、国防省の平和協力部局、紛争地での大使館勤務、国連事務局や国連ミッションへの出向など、どこでも第一級の働きができる。そしてこれら卒業生が現役の安保理チームと相互に連絡を取り合いながら、紛争への介入戦略を練り、安保理の活用の仕方につき議論を戦わす。こういう人材が毎年数名ずつ、何十年にもわたって輩出され続けるのである。これを「還流効果」と呼ぶこともできるだろう。少なくとも外交当局の人的資源に関する限り、紛争解決に向けた国力が絶えず養われていると言えるだろう。

E10の場合そうはいかない。E10の安保理任期中及び任期終了直後には一時的に人材の層が出来るが、すぐさま層が枯れる。「還流効果」のあるなしは、単に安保理における議事支配力にとどまらず、紛争に対する介入を行うための国力を左右する。

議題リード国に現れた権力集中

四つの「独占」を起源として、P５は安保理内で圧倒的存在感を持つ。この点が典型的に表れるのが、議題リード国の担当である。特定の紛争への国際的介入に関し、安保理内の意思決定を非公式に主導するのが、議題リード国である（詳細は後節参照）。すでに見たとおり、紛争当事者との関係、その紛争への様々な介入主体との関係、国際世論との関係及び安保理内部における関係の四つのレベルすべてにおいて指導力の強い国がリード国を務めるのが理想的であるが、少なくとも安保理内部については、P５以外が指導力を発揮することは相当に難しいことが、上記の分析から明らかであろう。その紛争議題への長期的コミットという点からも、任期二年のE10には限界がある。安保理内部を除く他の三つのレベルの一部またはすべてにおいて指導力のあるE10が議題リード国を務める場合も、安保理内においてはその紛争に対する主要関心国であるP５国との共同リードとするか、実質的な共同リードに近い密接な連携の下で務めるか、どちらかにすることが安全である。

実際、E10が議題リード国を務めることは稀である。近年の例を見ると、さしずめ⑴日、独、ブラジルなど、常任理事国候補を自任する国が務める場合、⑵紛争地が属する地域出身のE10が務める場合、⑶真に紛争解決戦略作りを主導する介入国がいない「見捨てられた紛争」のリード国を引き受ける場合、の三つのケースにほぼ絞られるように見える。すでに見たとおり、露中が議題リード国を務めるケースは限定されているので、紛争議題の多くは、米英仏のいずれかがリード国を務めている（このことから、米英仏はP３と呼ばれることもある）。

P５権力行使の自己抑制

以上見てきたとおり、Ｐ５が「常に安保理にいる」という事実は、様々なルートで安保理における彼らの力の源泉となっている。しかしＰ５が構造的に享受しているこれらの利益は外部の目にはそれほど明らかなものでない。また拒否権と異なり、それ以外の三つの「独占」はＥ10にまったく閉ざされている利益ではなく、Ｅ10も努力次第である程度享受可能な利益である。ただ、Ｅ10の任期が短いために利益を永続化できないだけである。Ｐ５は、こうしたより目立たない力を駆使することによって、一五メンバー対等という建て前を崩さずに安保理における議事運営における優越を確保し、拒否権の行使やＰ５協議を通じた実質的交渉決着といったあからさまなやり方をなるべく抑制していると考えられる。

なお、Ｐ５への権力集中に対する批判をかわし、権力集中が解体するのを防ぐことは、彼らの共同利益であると考えられるが、実践においては五カ国間の相違が認められる。米露中に比して、英仏はＰ５権力の自己抑制をより重視している。それは拒否権発動の抑制に表れているのみならず、安保理審議におけるＰ５とＥ10の間の融和努力や、安保理の国連総会やプレスに対する透明性向上努力にも表れている。例えば、上述した安保理作業方法明確化のための合意文書作成作業は、安保理内の融和と総会・外部に対する透明性向上の双方に資するが、日本の議事主導に対し、英仏から支持があった。こうした違いは、五カ国間における、⑴Ｐ５への権力集中から得ている利益の大きさに対する認識の違い、⑵権力集中の解体に直面する蓋然性についての判断の違い、⑶安保理の機能を低下させないことの重要性についての意識の違いなどに起因していると考えられる。

月回りの当番議長

仮手続規則一八に従い、安保理の議長は一五メンバーが毎月英語のアルファベット順に交替して務める。毎年一月にE10のうち五カ国が入れ替わるので、その年の議長就任順は新たなアルファベット順に従って組み直される。E10の場合、二年間の任期中に議長月が一回しか回ってこない場合と二回回ってくる場合がある。

P5とE10の区別もなく、大国も小国も関係なく、また個別のどの紛争で有力な介入国となっているかということも関係なく、機械的にアルファベット順に就任する。極めて対等、平等である。安保理の普遍性を支える一つの装置であると見ることができる。

議長の役割

議長の役割を順に見ていこう。第一に議事進行役としての役割である。公式会合（大使級。主として公開。非公開会合もあり）と非公式協議（大使級。非公開）については、議長が進行役を務める。それ以外の会合については必ずしも議長の役割ではない[3]。公式会合は、ほとんどの場合事前の非公式協議（または電話・ファックス・電子メール等を通じた協議）での打ち合わせ結果に沿って議事が行われるので、事務局（政務局安保理部）が発言シナリオを用意する。議長はこれに沿って議事を進めることができる。非公式協議の場合には事前の打ち合わせはないので、議長国はその日の議題の議題リード国と適宜相談しながら、自ら議事進行シナリオを用意する。特定議題に関する主要な提案はその議題のリード国からなされるのが通常であるが、他のメンバーが提案を行うこともあり得る。非公式協議では、議論が論戦や平行線になることもままあるので、それを収拾しながら議論を進行させる腕前が要求される。この役割に準ずるものとして、毎月一回、一五メンバー及び事務総長、政務局長、ＰＫＯ局長等事務局幹部を招いて開催される、昼食会の主催がある。

第二に、安保理議事の全体調整者としての役割である。議長国は、議長月が始まる二カ月くらい前から、事務局（政務局安保理部、政務局・ＰＫＯ局等の主要議題担当部局）及び主要議題の議題リード国との打ち合わせを始め、前月の月末までに、議長月における安保理議事日程の月間計画案（作業計画案と呼ばれる）の調整を終える。この案をベースに月初の非公式会合で最終調整を行い、安保理としてその月の暫定作業計画を決定する。

紛争の展開は月初の予想に従うわけではないから、新たな展開が生ずるたびに作業プログラムは修正を余儀なくされる。議長は、その議題の議題リード国及び事務局と協議をして新たな日程を計画し、必要に応じて他の議題の日程をずらす等の調整を行う。また、新たな展開と言っても会合を開催するまでもなく、安保理としての状況評価や当事者に対するメッセージをプレス・ステートメントの形で表明しておけば十分なときには、議題リード国が文言調整をしたプレス・ステートメント案につき、安保理として異存がないことを最終的に確認した上発出する（プレス・ステートメントは、議長がイニシアティブをとって、安保理内で内容を調整することもある）。既存の議題にない新たな紛争や事態が発生した場合、プレス・ステートメント案をとりまとめたり、最初の会合をアレンジしたりといった、初動の対応を議長国がとる必要がある。また、紛争当事者や国際社会との関係で、安保理として何らかの対応をとる必要があるが、安保理内の有力関心国間で利害が対立してにらみ合いのような状況になった場合、議長が主導して議事を動かさなければならない。この辺りの役割になると、どこまで動かすかは議長国のやる気と力量次第になってくる。

第三に、安保理の対外的な顔としての役割がある。安保理が月初めに暫定作業計画を決定し次第、議長はそれを対外公表し、その月の安保理の予定を解説する記者会見を行う。また毎日公式会合や非公式会合があるたびに安保理議場前のプレスのたまり場に現れ、プレス・ステートメントがあれば発出するとともに、審議の状況について差し支えない範囲での説明を行う（「ぶら下がり」と呼ばれている）。また、紛争当事者の代表や他の国際機関の長を安保理の代表として接受し、その結果を安保理メンバーに報告する。

議長任務の位置づけ

以上のとおり、安保理議長には公式の出番が多く、国際社会の注目を浴びる機会が多い。また外交官としての技量の見せ場もある。議長月は、安保理メンバーにとって、国際平和への貢献を印象づけ、存在感を増す好機会である。

もっとも安保理としての機能を確保する観点から見れば、経験や技量の不足するメンバーが議長となっても、安保理の意思決定や対外発信が滞らない必要がある。この点は事務局の支援とメンバー国全体の協力により、円滑な機能を維持してきている。事務局の政務局安保理部は、安保理に対する会議サービスを行う部局である。文書の作成・配布にとどまらず、上述した公式会合における議長の発言シナリオの用意や作業計画案作り支援、さらには公式会合・非公式会合における議長隣席からの助言（例えば過去の経緯や手続きについての助言）等議長を支える各種のサービスを提供している。各メンバーも、情報提供や助言を行うとともに、議長の議事進行に可能な限り協力している。しかし何といっても、議題リード国が決まっている議題については、リード国が決議等の案文起案から、交渉の進め方の計画、実質的な交渉とりまとめまで、すべて行う点が大きい。これにより議長の負担は大幅に軽減されている。紛争の進行との関係で、安保理の審議や決定が必ずしも急を要しない場合、議題リード国が、議長国の技量を見ながら議案を提出するタイミングを見計らう（当月の議長国の技量が不十分と見れば、審議のヤマ場を翌月にずらす）ことも行われている。

こうした工夫により、平等な議長就任を通じた安保理の普遍性の確保が維持されている。

これとは逆に、技量・やる気とも十分な議長の場合、議長の役割を拡大していく余地も大きい。それぞれの議題に密接な関心を持つ安保理メンバーや紛争当事者・関心国等にとって、上に挙げた三つの役割において議長がふるう采配は、それぞれに重要である。その意味で議長は大いに頼りにされているし、よい采配をふるうことによってこうした関係者の議長に対する信頼は増大する。この信頼を資産として、議長は議事をとりまとめたりメンバー間の調整を行ったりする力をさらに伸張させることができる。

議長任務のいま一つの重要な側面は学習の機会であるということである。P5と異なり安保理メンバーとしての制度的記憶を保持することのできないE10にとっては、安保理メンバーや様々な紛争関係者に頼られながら議長月の重責をこなすことは、それを通じて、安保理で決定が行われるに際して作用する力学やルール・手続きの細部を身につけ、「一人前の安保理メンバー」に育つための貴重なチャンスである。

4　議題リード国

各議題の主導者

すでに何度か言及したとおり、安保理における各議題には、通常その議題に関する安保理の議事を主導する役割を担うメンバーが非公式に割り振られている。「割り振られている」と言うのはやや大げさで、意欲のある国が自ら名乗り出て他のメンバーから反対されなければその国がその役割を担うだけのことではある。議長などと異なり、国連憲章上や仮手続規則はもとより、安保理決議等安保理の正式な決定には一切現れない、まったく非公式な役割である。

しかし以下に詳細に見るとおり、その議題の運営について実に大きな役割を果たすので、一旦ある国がある議題のリード国になるとその国の「株」になるようなところもあり、根回しも吟味もなかなか慎重に行われている。議題によっては、手を挙げる国がいない、あるいはメンバー国間の利害の不一致が深刻で特定メンバーに主導役を任せることに合意ができない、といった事情で、議題リード国がない場合もある。

長く安保理の議題になっている事項の場合、年末から年始にかけての時期に、翌年一年間の議題リード国について安保理内で調整が行われる。新たな紛争の発生により議題に加えられた事項がある場合など、年の途中で議題リード国が調整される場合ももちろんある。

議題リード国の役割

議題リード国は、安保理におけるその議題の審議を管理する役割を担う。審議手続の流れは第9章と第10章で改めて詳しく見るが、ざっと一瞥すると以下のとおりである。

最も基本的なケースの場合、ある紛争について、紛争の激化や和平の進展など、情勢の変化があると、安保理は情報提供を事務局から受け、内部で分析する。これは非公式協議で行われることが多い。この分析を踏まえ、紛争当事者と協議する必要があると判断された場合や広く関心国と協議する必要があると判断された場合、公式会合を開催し、当事者や関心国を招致して議論する。こうした分析や協議を経て、安保理は情勢の変化に応じた次の介入措置を決議案や議長声明案の形で検討し、内部の交渉を経て採択されれば、介入措置として実施に移される。新たな介入措置を実施した結果については、再び事務局による情報提供に基づく分析を通じてレビューされる。

議題リード国は、いち早く情勢の変化をキャッチし、議長及び事務局と協議して、一連の分析のための会合や、当事者・関心国との協議のための会合をアレンジする。また並行して、決議案や議長声明案を起草する。決議案や議長声明案は、交渉の難易度の判断にもよるが、通常は担当官級の非公式な協議である「専門家会合」で交渉される。担当官級ではデッドロックに陥り交渉が前進しなくなった場合には、大使級の非公式な協議である「非公式・非公式」で交渉される（極秘裏に行われる水面下の交渉であり、日程・議題が公表されて開催される前述の非公式協議とは異なる）。これらの案文交渉のための協議は、日程設定も議事進行も議題リード国が行う。つまり、交渉のとりまとめ役を提案国自らが行う。交渉がある程度進んだところで、非公式協議を開催することにより、残った論点の洗い出しをしたり、交渉のペースを速めたりすることが試みられるが、こうした判断を行うのもとりまとめ役としての議題リード国の役割である。議題リード国は、専門家会合と非公式協議を相互に繰り返し、また個別のメンバーとの二国間の水面下の協議も織り交ぜながら合意形成に努める。そして、交渉をさらに継続して賛成票を上積みできる可能性と票決が遅れることのマイナスの双方を衡量して、ある時点で交渉打ち切りの判断をする。交渉打ち切り後は議長及び事務局と協議して、票決のための公式会合をセットする。なお、決議や議長声明に至らない暫定的なメッセージを迅速に対外発信するためのプレス・ステートメントの起案・調整も議題リード国が行うことが多いのはすでに見たとおりである。

議題リード国はあくまで非公式な役割であるので、他のメンバーが、リード国の主導の仕方に異議を唱えたりリード国の動きが遅い際に主導役を奪ったりすることは可能であるし、そういうことは時折起きている。しかし後段で見るとおり、各議題の議事を一定の国が非公式に責任をもって管理する仕組みそのものの合理性は安保理内で広く認められているので、議題リード国の管理の仕方によほどの落ち度がない限り、メンバーはリード国の主導を尊重し、受け入れている。

議題リード国は、これらの役割を果たすため、広汎に現地の情報を収集し、紛争当事者やその紛争への様々な介入主体（関心国・機関）と緊密に連絡をとっている。また事務局の関係部局は、政務局、ＰＫＯ局の地域担当課等であることが多いが、それらの部局とも頻繁な接触を欠かさない。これは、これら部局に十分な情報を流すことにより、事務局から安保理への情報提供が不足なく行われることを確保する意味もあるし、新たな介入措置の実施主体が事務局である場合に安保理側の期待と事務局側の実施可能性にギャップができないよう確保する意味もある。介入措置には紛争当事者の受け入れが必要な場合や他の介入主体（関心国・機関）による参加が必要な場合が多いので、紛争当事者や他の介入主体とも十分調整しなければならない。決定しようとする介入措置を国際世論がどう評価するかについても、様々な接触を通じ敏感に把握する必要がある。さらに、安保理における交渉を円滑に進めるため、各メンバーのその紛争に対する利害・関心を正確に把握するよう務めている。要するに、紛争当事者、紛争への介入主体、国際世論及び安保理内部の四つのレベルにおいて、入念な調整作業を行うことが求められる。

しかしさらに重要な点がある。介入措置の受け入れや実施につき、安保理メンバー、紛争当事者、関心国・機関、事務局、国際世論等との調整を図るといっても、政策対立や利害の不一致が著しく大きい場合など、直ちに協力を引き出せない場合には、首脳・外相レベルの交渉まで頻繁に必要となる。また、議題リード国自身が人員や資金を投入して介入措置実施の主力とならない限り、紛争当事者による受け入れや他の国・機関の協力がおぼつかない場合もある。

つまり理想的には、議題リード国は、四つのレベルすべてにおける調整者として、その紛争に対する国際社会の共同介入を単一の紛争解決戦略の下に指導していく強固な政治的意志が結集されている国によって務められることにより、最も効果的となる。安保理メンバー国は一五に限られており、しかも議題リード国を務める能力はほぼＰ５のみに集中されているので、この条件が満たされるとは限らない。現実には他の三つのレベルにおける調整者を他の国・

機関にゆだね、リーダーシップの役割分担を行う場合もあるであろうが、その場合であっても、調整者間の密接な連携が極めて重要であることは何度か指摘したとおりである。

紛争議題によっては、十分なコミットを持つ安保理メンバーがいないことがある。こうした場合安保理は責任回避の場（あるいは時間稼ぎの場）として使われやすい。その際、議題リード国の必要性は低いので、「リード国なし」で済ませるのが一つの選択肢である（決議案は、事務局の支援で議長が起案することが多い）。逆に、あまりコミットがなくとも務まるので、安保理内の役割分担やそれによって得られる名誉の観点から適当メンバーが議題リード国となり、やや形式的に議事を主導することも多い。

議題リード国の意義

以上見たとおり、議題リード国は、安保理が取り扱うそれぞれの紛争に関する限り、安保理の意思決定の事実上のエンジンである。その紛争の解決に対する相当のコミットがない限り務まらない。議題リード国という仕組みが誕生し、次第に明確な形をとるようになったのは、一九九〇年代後半からだと言われている。第7章で見たとおり、九〇年代初めまでとは異なり、米露が紛争管理の総責任者であることを前提にできなくなったことに対応したものと考えられる。同時に、紛争の複雑化と安保理による介入活動の多様化・大規模化が進行したため、その紛争の解決に相応のコミットを持つ国が専門的かつ継続的に携わることが、安保理の効果的介入にとり不可欠になった。これへの対応として議題リード国の仕組みが整えられてきた面もあるだろう。

さて、特定の紛争議題についての、安保理メンバー国間の関心やコミットの違いは、合議体としての安保理が非同質である以上避けられない。このことは、政策対立が生じる、決定内容の実施に対するコミットに濃淡ができるなどの様々な制約をもたらしている。その一方で、関心やコミットのとりわけ高いメンバーに、その紛争議題に関する限り安保理審議の進行上の大幅な主導権限を非公式ながら与えたことは、いわば安保理の非同質性を逆手にとって、効率的意思決定を目指したものと言える。特に、決議案起草権、会合開催提案権及び専門家会合・「非公式・非公式」における議事進行権の三つが、実質的にもっぱら議題リード国に与えられていること（他のメンバーがそのような状況を尊重していること）が、議題リード国の審議指導力の主要な源泉となっている。

しかしながら、議題リード国の審議指導力をあまりに大きく認めることは、一五メンバーの対等、平等な地位を通じた普遍性の演出と逆行する。この点について、安保理は、この仕組みを極めて非公式な仕組みにとどめ、矛盾が顕在化しないようにしている。また、議題リード国の審議指導力はかなり強いので、その権限を濫用した、国際公益と国益の癒着が起こりやすいことも否めない。Ｐ５、なかんずく米英仏は、議題リード国を内部で「持ち合い」しているので、癒着の構造に対する矯正力は働きにくい。このことが、露中、Ｅ10、非安保理メンバーからどのように評価されるかは、議題リード国の仕組みに依存した今日の安保理のアキレス腱になりかねない。

また、議題リード国の仕組みが効率的意思決定を可能にしたことの副産物として、リード国以外の安保理メンバー、とりわけＰ５でもなく、その紛争議題に対する関心国でもないメンバーの、受動的な審議姿勢を助長した側面もあると考えられる。

なお、議題リード国を務めることにより、安保理における力学、ルール・手続き等を集中的に学習できることは議長任務と同様である。

5　下部委員会

安保理下部機関の三類型

安保理は、自らの機能の実行に必要であれば、下部機関を設立することができる（憲章第二九条）。下部機関は安保理決議により設立される。これまで多くの下部機関が設立されてきたが、三つの類型に大別できる。第一は、特別な専門的技能を有するスタッフによって実施される必要がある介入活動について、その活動を実施するために設けるもの。第5章で見たとおり、旧ユーゴスラビア国際刑事裁判所（ＩＣＴＹ）、ルワンダ国際刑事裁判所（ＩＣＴＲ）、イラク大量破壊兵器問題に関する国連監視・検証・査察委員会（ＵＮＭＯＶＩＣ）などが代表的な例である。

第二に、安保理決議により導入された制裁は、その実施手続き、適用ガイドラインなど、実施に当たって決定しなければならない技術的細目があることが多い。その場合には、これを安保理本体で検討することは議事負担を過重にするので、別途の委員会を設け、そこで検討する（以下、下部委員会と呼ぶ）。コートジボワール制裁委員会、タリバーン・アルカイーダ制裁委員会等紛争ごとに導入される制裁についての委員会が代表的である。また、特定の紛争分野について横断的に審議を行う委員会もある。テロ対策委員会、大量破壊兵器不拡散分野の一五四〇委員会、ＰＫＯ作業部会、文書手続作業部会などが代表的である[4]。

第三は、安保理と総会の双方の下部機関として設立されたものであり、二〇〇五年に設立された平和構築委員会がこれに該当する。平和構築委員会は極めて特殊な例であり、本書のスコープを超える分析を必要とするので、今回は検討を割愛することにする。

下部委員会の組織と機能

本節において特に検討を行っておきたいのは、第二の類型である。第一の類型の場合には、安保理が持たない専門技能を必要とする活動の実施を下部機関に託すものであるので、安保理としては、活動実施の政策や方針についてはコントロールするものの、実施については専門技能に任せる建前である（例えばICTYであれば、検事団の訴追や判事団の判示の内容に立ち入って安保理がコントロールすることはない）。第二の類型はこれと異なり、安保理の意思決定機能そのものの延長である。

通常これらの委員会は、安保理の全一五メンバーにより構成される。安保理内の調整を経て議長が任命される（通常これに加え副議長一～二も併せ任命される）。安保理本体の議事負担を軽減することが目的なので、出席者は取り扱う事項についての技術的知識を持つ担当官級であることが多い（ただし議長は大使が務めることもある）。

委員会の役割は、個々の委員会により異なり、委員会を設立する決議に規定される。制裁委員会における標準的な例を想定すれば、⑴制裁実施のガイドライン制定や状況の変化を踏まえた改訂、⑵制裁の実施状況についての加盟国からの聞き取り、⑶ガイドラインに従って提出された、人道的例外扱い申請や制裁対象リストからの除外申請の審査、⑷その他制裁実施にかかる異議申し立て等の受理・審査、⑸加盟国による制裁実施を支援する専門家チームの設置が安保理により決定されている場合には、専門家の任命や専門家チームによる報告書の受領・審議等が主な役割である。

委員会の活動は技術的詳細を伴うものであるとはいえ、時に制裁等の介入措置の効果を左右する重要性を持つことがある。議題リード国にとっては、委員会の活動にもリード国としての議事主導が及ぶことを確保する必要がある。このためのカギとなっているのが、議長人事である。上述のとおり、議長は安保理内の調整を経て任命されるが、この調整プロセスにおいて、議題リード国が主導権をとる。リード国は、自国との間で一定の信頼関係のあるメンバーに対し、議長職を引き受けるよう働きかけるとともに、その他のメンバーが本件人事を了承するよう根回しを行う。議長任命後は、議題リード国が緊密に議長と調整し、場合により影響力を行使し、委員会の議事が議題リード国にとり納得のいく結果をもたらすことを確保するよう努める。

議長人事は、P5による抑制された、微妙なやり方による安保理支配の一局面ともなっている。議題リード国は、制裁委員会の運営が紛争解決戦略の進展にとり極めて重要な影響を持つ際や他に引き受け手がない際など、自ら議長を務める場合も稀にあるが、原則的には制裁措置の公平な運用を演出する目的もあって、上述のとおり他メンバーに引き受けてもらう。議題リード国はP5であることが多いから、議長の引き受け手は基本的にE10である。リード国はP5、下部委員会議長はE10という役割分担は、E10に安保理運営の中心機能の一部を担わせることによりP5・E10間の融和に資する一方で、上述のとおり議長は議題リード国による実質的な制裁委員会主導のコマとなるわけであるから、実質的なP5による安保理支配を補助する役割をE10に担わせる仕組みである。

6　国連事務局

国連事務局の役割と関連部局

安保理との関連において国連事務局が担う役割は、主として、⑴安保理の議事運営を支援する会議サービスを提供する、⑵独自の調査権限に基づき、または安保理からの要請に基づき、紛争につき情報収集し、結果を安保理へ報告する⑶安保理からの要請に基づき、紛争への介入措置のうち事務局が実施するものにつき、提案または計画し、安保理に報告する、⑷安保理からの要請に基づき、介入措置を実施し、結果を安保理に報告する、の四つである。

会議サービスを提供するのは、国連事務局政務局内にある、安保理部である。議長による日程作成・議事進行の支援、日程・議事進行に関する国連内各部局への連絡、通訳の手配、記録作成部門の手配、文書の配布等、毎日の安保理の審議を事務的に支えている。

情報提供、介入措置の提案・計画、介入措置の実施については、紛争案件ごとに、あるいは一つの紛争に対し多岐にわたる介入措置が実施される場合には介入措置ごとに、担当部局が異なる。いくつかの例外はあるものの、原則としては、安保理による介入措置の要請がいまだ行われていない段階や、介入措置が仲介・周旋活動(少人数の交渉グループによる交渉活動＝政治ミッション)のみである場合(またはそれを中心とする場合)には、政務局が担当する。PKO等国連ミッション[5]を設置して、それを中心として介入が実施される場合には、PKO局が担当する。つまり主要な関連部局は政務局及びPKO局である。また、法的側面の助言・審査については法務局、人道支援活動関連作業については人道調整局、事務局が実施する活動の安全面の作業については安全局など、作業分野ごとに一部分を担当する局がある場合もある。関連部局が複数にまたがる場合には、政務局またはPKO局がリード局として関連部局間の調整を行う。そして、事務局としての全体調整と最終意思決定は事務総長室が行う。

リード局または担当局は、紛争の状況について調査し、安保理に報告する。現地に国連のプレゼンスがない場合には、必要に応じ出張して調査する。報告は事務総長報告として文書で提出される場合もあれば、担当の事務次長または事務次長補から口頭でなされる場合もある。事務局から提供された情報は、安保理により分析され、介入行動立案の基礎とされる。安保理メンバーは自前の情報源を持っているが、事務局からの報告は、中立性があるものとして取り扱えること、全メンバーに共有されていることの二点から、立案の基礎としての重要性を持っている。

安保理が特定の介入措置を決定するのに先立ち、とるべき措置の大枠のみを決定し、具体的実施方法、動員すべき資源量等については、事務局に提案または計画を要請することがある。仲介・周旋活動の場合には、そのような詳細計画が必要でないことが多いが、ＰＫＯ等国連ミッションの場合には、事前の提案・計画を求めるのが通常である。リード局は、提案・計画内容を事務総長報告や事務総長発安保理議長宛書簡の形で安保理に提出する。

安保理が具体的介入措置の実施を決定した後は、リード局または担当局が実施に責任を持つ。仲介・周旋活動の場合には、紛争当事者を中心とする関係者と交渉を行い、その結果を安保理に報告する。この報告は、安保理によるさらなる措置立案のための基礎として用いられる。ＰＫＯ等国連ミッションの場合には、ミッションの設立のための現地調査をしたり、施設や法的枠組を整えたり、必要な人員を募集したりといった作業がある。これらの作業をいくつかの局にまたがって行う場合はリード局が取りまとめを行う。ミッションの設立後の運営に責任を持ち、現地のミッションに必要な指示を与えるとともに、報告を受け取る。定期的に行う安保理への報告もリード局が中心となって取りまとめる。安保理への報告は事務総長報告として文書で提出されるのが基本だが、担当の事務次長または事務次長補から口頭でなされる場合もある点については、紛争状況についての報告と同様である。

九〇年代前半の複合型ＰＫＯミッション登場以降、リード局の行う調整機能はますます重要になっている。それ以前は、政務局がリード局となる政治ミッションは、仲介・周旋機能を現地に駐在して継続的に行うことが必要と判断される際に、ほぼもっぱらその機能のために派遣されていた。また、ＰＫＯ局がリード局となるＰＫＯミッションは、停戦監視等の軍事任務を遂行するためほぼもっぱら軍事監視要員や平和維持部隊とこれらを支援する要員が派遣されていた。ＰＫＯ局は、これらＰＫＯミッションの設立・運営業務ができるように、軍事顧問、調達部局、リクルート・編成部局等を備えるようになった。第5章で詳しく見たＰＫＯミッションの機能の多様化に伴って、行政支援、人権促進、選挙支援、人道復興支援の調整等新たな分野の機能に関わる作業については、国連本部内でそれらの分野の専門的知見と協力を得て進める必要が生じ、ＰＫＯ局は局を超えた調整をリードするようになっていった。二〇〇〇年代のさらに新しい動きとして、アフガニスタンにおけるＵＮＡＭＡ[6]のように、国連軍事監視要員及び軍事部隊の配置を伴わないミッションだが、大規模であるので、ＰＫＯ局の持つ調達機能、リクルート・編成機能を活用するためＰＫＯ局がリード局となる例が現れた（逆にＵＮＡＭＩ[7]の設置されているイラクのように、大規模かつ多機能の非軍事ミッションが設置されていながら政務局がリード局を務める例もある）。また、軍事部門を持つＰＫＯミッションとして発足したが、平和構築の順調な進捗の結果として軍事部門の廃止が可能になりより小規模なミッションに切り替えられた後も、それまでの経緯からＰＫＯ局でリード局を務め続ける事例も出てきた（東チモール、シエラレオネ等）。したがって、今日では、軍事部門を持たない政治ミッションだから政務局リード、軍事部門を持つＰＫＯミッションだからＰＫＯ局リードという単純な分類はできなくなっている。

安保理との共生関係

安保理と事務局の関係は、事務局の行う介入措置に関しては、意思決定機関と実施機関の関係であるが、紛争への介入活動は政治的性格が強いので、通常の組織における意思決定機関と執行機関の関係に比し、安保理による事務局のコントロールは頻繁かつ詳細である。全般方針の指示のみにとどまらず、個別的であることも多い。決議等の公式決定を通じた指示のレベルにおいても、このことは当てはまるが、リード国その他の関心安保理メンバーと事務局との間の非公式な接触においては、往々にして相当詳細な打ち合わせが行われる。特に同じく国際機関である、世銀、ＵＮＤＰといった開発支援のための国際機関やＵＮＩＣＥＦ、ＵＮＨＣＲといった人道支援のための国際機関と比較した際、際立った違いが見られる。

事務局の観点からは、介入措置の内容や規模の決定が安保理に依存している以上、自ら望ましいと考える規模・内容、また実施可能な範囲と考える規模・内容を実現するためには、安保理との密接な意思疎通が欠かせない。安保理、特にリード国の観点からは、自らが推進する紛争解決戦略に沿って介入措置が実施されることを確保するため、事務局との密接な意思疎通が欠かせない。このように事務局と安保理は共生的関係にある。このことは、情報提供、提案・計画、実施の三局面すべてに当てはまる。事務局から安保理に提供される情報が介入措置立案の基礎とされるので、事務局がいかなる情報を提供するかについても、安保理、特にリード国として事務局と綿密に打ち合わせる必要があるのである。こうした意思疎通を行う上でＰ５が圧倒的に有利な立場にあることはすでに記した。

議題リード国は、以上のような事務局との共生関係を活用して、事務局から可能な限り望む内容の情報提供、提案・計画、活動実施を引き出し、それによって、安保理内の意思決定における主導力や対紛争当事者、対他の介入主体、対国際世論の影響力をさらに強化するよう努める。

他方、事務局へのアクセスは議題リード国が独占しているわけではないから、リード国と政策上対立しているメンバー国、とりわけＰ５の対立国も、事務局に影響力を及ぼそうとする。事務局としては、実務上リード国との意思疎通をメインにしつつも、安保理の審議及び決議に現れた政治的バランスの範囲内で対立国の立場にも配慮するのが通常である。しかし、これに当てはまらない事例もある。例えば二〇〇三年の米英による対イラク武力行使後の復興活動の初期には、リード国である米英の方針と事務局の立場との間には大きな乖離があった。この乖離を解消するのには多くの時間を要し、その間の事務局との意思疎通は、米英と政策を異にした仏露独の方が密であると見られた。

注

1 付録2別添資料として私訳を二七九－二八九頁に収録。

2 カスケード効果の詳細については、「安保理拡大とカスケード効果：常任理事国カテゴリーの拡大とその国連システムへの影響」（"Security Council enlargement and the cascade effect: enlargement of the permanent member category and its effect on the United Nations system" (Annex to the note verbale dated 24 June 2005 from the Permanent Mission of Costa Rica to the United Nations addressed to the Secretary-General (A/59/856)。コスタリカ提出）参照。

3 例えば制裁対象国に対する制裁の運用につき議論する制裁委員会等の下部委員会（後節参照）については、委員会ごとに委員長が任命される。また、紛争議題ごとに開かれる担当官級会合である「専門家会合」（二〇四～二〇五頁参照）、大使級会合である「非公式・非公式会合」（二〇五～二〇六頁参照）等については、その議題の議題リード国（後節参照）が議事進行する。

4 テロ対策委員会及び一五四〇委員会についてはLuck［2006］第9章参照。ＰＫＯ作業部会については川上［2007］、文書手続作業部会については本書付録1参照。

5 この表現の通常の含意は、軍事部門を持つ国連ミッションということであるが、政治ミッションの枠にとどまらない大規模な実働部門を持つ国連ミッションという意味にも使われる。

6 決議一四〇一

7 決議一五〇〇

第8章　安保理の手続き（文書）

安保理の主要な行為形式である「会合」と「文書・声明の発出」のうち、後者を本章で、前者を次章で扱う。決議、議長声明、プレス・ステートメントの三形式の特徴、目的に加え、相互の間の区別の柔軟性にも着目する。

1　安保理決議

発出文書の種類

安保理の発出する主な文書には、決議、議長声明、プレス・ステートメント、議長ノート、安保理議長発書簡、その他の安保理決定がある。安保理が作成する文書ではないが配布を行う、安保理配布文書（安保理下部機関、事務局、その他の国際機関、メンバー国、非メンバーの国連加盟国、紛争当事者等が作成し、安保理に提出した文書で、主として作成者の依頼により配布するもの）もある。このうち、安保理による紛争介入に用いられるのは、主として決議、議長声明、プレス・ステートメントなので、本章ではこの三つを中心に検討する。またこれを補足する観点から、議長ノート、安保理議長発書簡についても取り上げる。

三つの文書形式の詳細な検討に入る前に、それぞれの基本的な性格と採択手続きの相違を一瞥しておきたい。このうち最も基本的でかつ重要なのは言うまでもなく決議である。紛争への介入行為としての安保理の決定は基本的には決議をもって行われる。議長声明は、決議に次ぐ重要性を持つと位置づけられており、紛争状況の評価を行うが、新たな介入措置の決定は行わない。また、プレス・ステートメントは、紛争状況の急激な変化に対し、安保理としてのとりあえずの評価を迅速に対外発信するために発出される。

決議は必ず公式会合で、票決により採択される。議長声明は、事前の非公式協議でコンセンサスの成立が確認されているテキストを、公式会合において議長が読み上げる。これが採択行為に相当する。プレス・ステートメントについては、コンセンサスの成立が確認されているテキストを、議長がプレスの前で読み上げる。[1]

安保理決議の特徴

すでに述べたとおり、安保理による紛争への介入行動（紛争の状況に対する評価、紛争当事者に対する紛争解決策の提示・受け入れ要請、強制措置発動の決定、紛争解決の定着を確保する措置の決定等）は、基本的に決議の形式で行われる。

決議は公式会合における票決で採択される。したがって、九票以上の賛成票があること、P5の反対票がないことが成立の条件である。採択後文書番号（S/RES/xxxx（採択年）という安保理決議独自の通し番号）を付され、公表される（安保理ウェブ・サイトにも掲載される）。また、交渉中の安保理決議案につき、決議案提出国（議題リード国）がその案文で票決に付す用意があることを安保理メンバーに示す際には、青字で印刷された案文テキスト（いわゆるブルー版）を事務局が配布するが、これは実際に票決に付される際には安保理議場で全加盟国が入手可能である。

安保理決議の構成

決議文は、前文と主文に分かれる。前文は宣言的であって、実施の必要を伴うものは主文に集めることになっている。しかし、状況の評価等実施の必要を伴わないパラグラフでも政治的な重要性から主文に置かれることもあるし、関係者に特定の行動の実施を奨励しているパラグラフでも前文に置かれることもある。つまり両者の境目はある程度相対的であり、追って見るとおり、この点が交渉手法として使われることは多い。

前文の各パラグラフは動詞の現在分詞（まれに過去分詞）で書き出される。決議全体の冒頭に置かれた「安保理は」という主語を修飾する、修飾句として構成されているわけである。

前文に盛り込まれることが多い項目としては、(1)これまでの関連安保理決議等関連国際文書の引用、(2)その紛争の解決に向けた指導原則として確立したものがある場合にその引用、(3)最近の紛争の状況（激化あるいは解決に向けた前進など）や関連する出来事（関連会議の開催など）に対する評価（ただし政治的に重要なものは主文に盛り込まれる）、(4)紛争地域における注目すべき出来事だが紛争解決と直接関係ないものに対する評価、(5)紛争解決に向けた国際社会の努力の現状に対する評価、(6)紛争当事者や国際社会が今後とることが望ましい行動の奨励、(7)憲章第三九条に基づく「脅威、破壊、侵略」の認定（重要性に応じて主文に盛り込まれることあり）、(8)憲章第七章または第七章中の特定の条項に基づいて安保理が行動する旨の宣言（強制措置を決定することの明示）、が挙げられる。最後の二項目については、主文がいくつかの部に分けられ、そのうちの一部の部にのみ関わる場合には、該当する部の前文として掲げられ、決議全体の前文には盛り込まれない場合もある。

主文の各パラグラフは、動詞の現在形で書き出される。それぞれのパラグラフが、決議冒頭の「安保理は」を主語とする、述語句になっている。

主文に盛り込まれることが多い主な項目は、⑴紛争の状況や関連する出来事に対する評価で、政治的に重要なもの、⑵新たな介入措置の決定（紛争当事者に対する紛争解決策の提示・受け入れ要請、強制措置発動の決定、紛争解決の定着を確保する措置の決定等。国連事務局に対するこれらの措置の実施要請や、加盟国・国際機関に対するこれらの措置の実施要請・勧告を含む。また介入措置終了の決定を含む）、⑶その紛争についての審議を、今後も継続する旨の表明（通常末尾に置かれる）、の三種である。

新たな介入措置の決定については基本的に主文に盛り込まれ、前文に盛り込まれることはない。特に、⑴国連加盟国に対して法的拘束力を持つ決定（紛争当事者に対する紛争解決策の実施要請や加盟国に対する制裁実施要請等）、⑵国連事務局に対して法的拘束力を持つ決定（介入措置の実施要請）、⑶強制措置発動の決定については、必ず主文パラとする必要がある。それ以外については前文パラとして取り扱うことも可能ではあるが、新規の決定としての政治的重みは減ずるので、「奨励」程度に受け止められることを覚悟する必要がある。

決定する介入活動の内容が多岐にわたる場合、主文がいくつかの部に分けられることがある。特に、⑴決定の中に、加盟国に対して法的拘束力を持つ決定や強制措置の発動に該当するものと、そうでないものが混在する場合に、それらを明確に分別する、⑵決定の中に、技術的な細部のアレンジに至るまで決議で決定するものがある場合（特に制裁措置決定の場合）に、その措置に関連するパラグラフは一まとまりにし、他と明確に分別する、との目的で分けられることが多い。なお、制裁措置等のアレンジに関する技術的な詳細規定については、これを本文に置かずに、別添として処理する方法もある。

共同提案国

安保理決議には提案国（共同提案国）というものがある。採択された決議のテキストに共同提案国名は記されていないのであまり知られていないかもしれないが、票決の際に用いられる決議案テキストであるブルー版には、共同提案国名が記されている。

採択された決議は建て前上国際社会全体を代表する決定であるが、先に述べたとおり、真に安保理決議が正統性付与機能を発揮するためには、形式的正統性を実質化する努力が不可欠である。安保理における交渉の結果票決前に全会一致が確認される場合は、決議の採択を通じて安保理の団結を示すことができるので、最善である。その場合安保理は、すでに全会一致が達成されていることの表明として、公式会合へ決議案を提出するに際し、議長案として提出することがある。これが「議長テキスト」と呼ばれる提出法であり、全一五メンバーが共同提案国であることを意味する。その際にはブルー版に提案国名は印刷されない。

しかし常にそのようにうまくいくとは限らない。票決前の交渉では全会一致に至らなかった場合、議題リード国は、その決議案が全会一致ではないものの多くの国の支持をすでに集めていることを示すため、共同提案国を募る。共同提案国は安保理メンバーに限らず、非メンバーの加盟国からも募ることができる。また、決議案が国際世論の広範な支持を集めている事実は安保理メンバーがその決議案に反対・棄権することを難しくするので、議題リード国は、決議案反対国からの賛成票を引き出す最後の圧力をかけるための交渉手段としても、共同提案国の数の力を用いる。ブルー版印刷後さらに共同提案国が増える場合もある。全共同提案国名が票決直前に議長により読み上げられることとなっているので、増えた分も賛成票引き出しのための圧力として用いられる。

ブルー版

ブルー版は、決議案提出国（議題リード国）が、その時点までの交渉結果を踏まえた案を公式会合における票決に付す用意があることを安保理全メンバーに示したい時に、その目的で配布する決議案テキストである。メンバー国はその決議案に対する投票態度を本国に請訓する必要があるので、ブルー版配布後二四時間以上経過した後に票決のための公式会合を開催するのが原則であるが、メンバー間で合意があればそれより早く票決に付すことも可能である。

「票決に備えて必要に応じ本国の請訓を得ておいて欲しい」というメッセージを送ることが目的であるので、必ずそのテキストで票決に付されるとは限らないし、必ず翌日票決に付されるとも限らない。ブルー版配布後交渉がさらに進展したことにより、テキストが変更されたり、翌日よりさらに後に票決に付されたりすることはある。そうした場合、その後の交渉を踏まえた新テキストがブルー版として配布されることが多いが、メンバー国が新たなブルー版の配布にこだわらなければ、元のブルー版に対する修正点を公式会合の議場で議長が口頭説明することで済ませることもある。

ブルー版の配布により票決に付す決意を示すことは、議題リード国が交渉をさらに前進させるための交渉手法として頻繁に活用されている。

前文と主文の境目

類似の内容のパラグラフを前文と主文の間で移動させることが、交渉手法としてよく活用される。状況に対する安保理としての評価に関わるパラグラフと、紛争当事者や関心国・機関の今後の行動に関わるパラグラフの双方で活用される。評価に関わるパラグラフにおいては、⑴議題リード国としてある状況を政治的に重視する観点から、それへの評価パラグラフを主文に置いていた場合、この状況に対する政治的重視の度合いを下げることで安保理内の合意形成が進むようであれば、これを前文に移す、⑵逆に議題リード国として、ある状況について安保理の評価を示す必要はあるが、あまり政治的重視を示すことは望ましくないと考え、評価パラグラフを前文に置いていた場合に、重視の度合いを上げることで安保理内の合意形成が進むようであれば、これを主文に移す、ということが考えられる。

同様に、紛争当事者や国際社会の今後の行動に関し、⑴議題リード国として、安保理の強い勧告を示すことが望ましいとの観点から関連パラグラフを主文に置いていた場合、勧告の度合いを弱めることにより安保理内の合意形成が進むようであれば、これを前文に移す、⑵逆に議題リード国として、それらの行動を促すことは望ましいことではあるが、それほど強い勧告とする必要はないと考え、関連パラグラフを前文に置いていた場合、勧告の度合いを強めることにより安保理内の合意形成が進むようであれば、これを主文に移す、ということが考えられる。

こうした交渉手法は、対象となっているパラグラフだけが合意形成のボトルネックとなっている際に用いられることもあるが、他のより重要な論点で反対側の譲歩を引き出すために差し出す譲歩として使われることも多い。また、そのような交渉場面が訪れることを見越して、あらかじめ「降りシロ」として、議題リード国としての本音よりも強めの位置（本文）あるいは弱めの位置（前文）に案文を織り込んでおくこともよくある。同じことは、各パラグラフの案文に用いられる文言の強さ・弱さについても言える。

決議案と要素案

議題リード国は、決議案交渉を進めるに当たり、はじめから決議案を提示する場合もある。交渉が容易と見込まれるもの、新規の複雑な介入措置を含んでおらずメンバーによる理解が得やすいもの、成立を急ぐもの、については、決議案の形で提示する。しかし、これらに当てはまらない場合、じっくりとメンバーの理解を得ながら交渉を進めるため、まずは決議の要素案を提示するというアプローチがとられることがある。

このアプローチのメリットは、まずは真に交渉が難しいポイントや新奇さや複雑さのため理解を得るのが難しい介入措置に絞り込んだ交渉を行い、細かい点や形式的な点についての交渉を後回しにできることである。同時に、要素案に盛り込まれた項目についてのメンバーの反応を見ながら、要素の取捨選択や強さ・パラグラフの位置等を調整することができる。こうして、前段に述べた交渉手法をより有効に活用できる。また次節で見るとおり、文書形式を決議と議長声明の間で移動させることにより合意を図る交渉手法が用いられることがあるが、当初要素案を提示することは、この点についてもまずはメンバーの反応を見て交渉戦術を立てる余地を生み出すものである。

このほかの重要な点として、強制措置発動の決定や将来の発動可能性の警告を巡って、第三九条に基づく認定や第七章への言及について激しい交渉が行われることについては、第4章で検討したとおりである。

2　議長声明

議長声明の特徴

議長声明は、安保理決議同様安保理の意思決定であり、多くの場合具体的紛争に関するものであるが、憲章上や仮手続規則上の位置づけはない。最大の特徴は、決議に次ぐ政治的重要性を持つが、国連加盟国に対する法的拘束力を持たない点にある。紛争状況に対する評価や、既存決議のある紛争であれば、、既存の決議の枠組内の決定事項を表明する文書である[2]。長年にわたる安保理の実行の中で、安保理として、紛争解決策を意思決定できる状況にないが紛争状況への評価を示す必要があると判断される場合や、既存決議の枠内で措置の技術的細目に関する決定や変更を行う必要のある場合に、公式会合でなく非公式協議（一九四－二〇一頁参照）における協議で結論を出し、その結果を公式会合で発表する慣行が始まった。これらの発表は通常のプレス・ステートメントを超える政治的重要性を持ったため、決議に次ぐ重要性を与える観点から、一九九〇年代半ばに議長声明が独自の文書番号を持つ形式として確立された[3]。

議長声明は、事前の非公式協議でコンセンサスの成立が確認されることが採択の要件である。すなわち全会一致が必要である。採択後文書番号（S/PRST/（採択年）xx という議長声明独自の通し番号）を付され、公表される（安保理ウェブ・サイトにも掲載される）。議長声明案テキストは、これを採決する公式会合の際、安保理議場で全加盟国が入手可能である。

議長声明の構成

こうした議長声明の特徴は具体的にどのような形で現れているのか。まず、議長声明の要素として、新たな介入措置の決定が盛り込まれることは基本的にない。特に、国連加盟国に対して法的拘束力を持つ決定と強制措置発動の決定は新規のものであれば必ず決議で行われる。これに関連して、第三九条に基づく法的認定や安保理が第七章に基づいて行動することの宣言が含まれることもない。公式会合で採択される安保理文書なので、事務局に対して法的拘束力を持つ決定は行い得るが、やはり新規措置の実施を要請することはない。新規の措置として適当な措置を安保理に提案するよう事務局に要請する場合や、すでに決議で決定した措置の細部の実施方法について決定する場合等に限定される。

紛争の最新の状況に対する評価や、そこから導かれる紛争当事者や国際社会に対する望ましい行動の奨励が主たる内容であり、多くの議長声明は、安保理の介入行動のうち、メッセージ発出による部分に特化している。既存の介入措置の細部に関する決定事項及び事務局に対する拘束力ある決定の点を除けば、決議前文と極めて近い。そして前文と主文の境目の相対性について述べたことがここでも当てはまる。まったく新規の介入措置について議長声明の形で決定を行うことは難しいが、すでに何らかの形で着手されている活動や自発的活動として実施し得る活動の奨励であれば、表現を弱めて議長声明に入れることは可能である。また紛争当事者に対して特定の紛争解決策に従って行動することを弱い表現で呼びかけることについても、議長声明の中で行うことが可能である。こうして、決議と議長声明の間の、文書形式の移動という交渉手法を用いる余地が生じる。

議長声明には前文・主文の区別がない。全体が前文に近い性格であるという事実に対応している。すべてのパラグラフが、主語と動詞を持つ独立の文章である。

採択手続から見た議長声明

議長声明は、常にコンセンサス採択である。全会一致が確認できるまで、専門家会合、非公式会合や個別交渉で交渉を続け、最終的には非公式会合でコンセンサスの成立を確認するのが通常である。その後公式会合において、全文が議長により読み上げられる。

票決による採択がないのはなぜか。議長声明は、発生の由来からして、非公式協議における決定事項を公表するためのものである。そして非公式協議の意思決定方式は全会一致である（一九五頁参照）。これが理由である。したがって、議長声明の内容は議題リード国と反対する側とが合意できる最大公約数のラインにならざるを得ない。つまり、議長声明はもともと反対する側の発言権の大きい文書形式である。既存の決議の枠組を超える内容を盛り込むことは困難である。こうして、非公式協議におけるコンセンサス採択という採択手続が、議長声明における決定事項を既存決議の枠内にとどめる制度的保障となっている。

しかし以上述べたことは、発生の由来から見れば正しいが、すでに議長声明という文書形式が確立し用途が拡大した今日では、異なる利用法が出てくる。つまり、元来のケースと異なり、最新の状況評価やそれに応じた関係主体への奨励メッセージは、十分な政治的重要性があれば、既存決議の枠内であったとしても、新たな決議として採択する可能性も閉ざされていない。議題リード国は、同じ事案に関し、決議案と議長声明案のどちらも追求し得る。その際には反対する側の発言権は元来のケースほど大きくない。この点を、決議と議長声明の境目の相対性と併せて検討してみよう。

決議と議長声明の境目

ある紛争を取り巻く状況に新たな進展があり、議題リード国として、その進展に対応した安保理としての評価や紛争当事者・国際社会への今後の行動の奨励などメッセージを送る必要があると判断した場合を想定しよう。新規の介入措置の決定を含むものでなければ、安保理決議でも議長声明でもどちらでも対応できる。ただしメッセージの政治的重要性には差がある。

これを決議案として提出した場合に、安保理内の反対が強くて否決される見通しであるとすれば、議題リード国としては、議長声明案として交渉するしかない。しかしそこまで見解が分かれていなければ、決議・議長声明の双方が追求し得ることとなる。このような場合、議題リード国としては三つの選択肢を持つ。すなわち(1)政治的重要性を重視する観点から、決議案として提示・交渉し、場合により全会一致にならないリスクを侵してでも決議として成立させる、⑵当初決議案として提示するが、交渉の材料として議長声明に切り替えることも視野に入れる、または⑶当初から議長声明案として提示するが、交渉の過程で決議案に切り替えることを示唆し、交渉の材料とする。⑵及び⑶の場合、反対派側は、決議案としての採択が追及されると、コンセンサスの必要がなくなるので交渉力が弱まる、票決の結果成立してしまうと政治的重要性が議長声明の場合より高くなる、の二点から、議長声明としての採択に固執することが多い。したがって、⑵であれば議長声明案への切り替えが、⑶であれば決議案への切り替えの示唆（示唆のみにとどめ、実際には議長声明案を維持すること）が、議題リード国が反対派側から文言上の譲歩を引き出す材料となり得る。

3　プレス・ステートメント

プレス・ステートメントの特徴

プレス・ステートメントは、攻撃の激化など紛争状況の急激な変化の情報が、安保理メンバー国の得た情報や報道を通じた情報として緊急に安保理にもたらされているが、事務局による情報提供がいまだ行われておらず、それを基にした詳細な分析が行えない場合に、安保理としてのとりあえずの評価を迅速に対外発信することを目的としている。したがって、内容は状況評価であり、通常極めて短い。また詳細な分析を基にした対応ではないことが前提となっている。

プレス・ステートメントは、事前に非公式協議や何らかのメンバー間の調整によりコンセンサスの成立が確認されているテキストを、議長がプレスの前で読み上げることにより公表する（安保理ウェブ・サイトにも掲載される）。公式会合における読み上げはない。文書番号は付されるが、SC/xxxx という安保理国連文書一般の通し番号であり、独自の通し番号はない。

このようにプレス・ステートメントは、安保理の決定ではあるものの、形式上の扱いが議長声明よりさらに一段低い。新事態に関して十分な情報が集まっておらず、また十分な分析・検討を経ていない場合、本格的な声明を出す時間的余裕はなく、かつ拙速にそうすることはかえって安保理の介入行動への信頼を損ないかねない。プレス・ステートメントの形式上の扱いの低さは、あくまで暫定的対応であるとの理解の下に、メンバー間の共通見解を発出するのに適している。政治的重みは当然軽い。

この非公式性、迅速性を損なわないため、プレス・ステートメントについては、原則として文言交渉のための専門家会合を開かない。議題リード国または議長国が主導して電子メールを用いて調整する、あるいは非公式協議の場で議題リード国または議長が要素を列挙し、それをベースにその場で調整するのが一般的である。コンセンサスが必要なので、反対メンバーがいる場合には、合意が成立するまで内容を薄めていくが、あまりにメッセージとしての内容が希薄になる場合には発出を諦めることもある。しかし、議題リード国が新事態を極めて重要なものと考え、迅速性を犠牲にしても内容のあるメッセージを出すことにこだわる場合には、リード国としての主導権限を十全に発揮すべく、専門家会合における交渉を要求することもある。

政治的重要性による使い分け

以上見たように、安保理のとる三つの主要な手続きには、形式側面、法的側面から見たそれぞれの機能と役割がある一方、政治的重要性の段階的相違が明確にある。このことに着目して、安保理が個々の文書に付する政治的重要性を表現するための手法として文書形式の選択がなされることもある。

第2章で見たとおり、安保理による介入行動の公的性格は、紛争介入に対する国際世論の期待を満足させたり、安保理の責任意識を満足させたりするためには有効であるが、紛争当事者による紛争解決策の受け入れ・実施を促進するためには常に有効であるとは限らない。有効である場面もあるが、かえって逆効果である場面もある。紛争の性質と局面によるのである。

有効な局面において安保理の介入が効果を上げることを確保するため、そうでない場面においては極力介入を控えることが適当である。それが国際世論の期待や安保理の責任意識から難しいのであれば、なるべく政治的重要性の低い手続きにより介入することが次善の策である。こうして、議長声明やプレス・ステートメントの政治的重要性が相対的に低いことに積極的な利用価値が生ずる。

4　安保理議長ノート及び安保理議長発書簡

安保理議長ノート

議長ノートは、主として安保理の手続き事項や内部事項について、公式会合における採択という重い形式（仮手続規則で言う「決定」）をとらず、非公式協議におけるコンセンサス採択というより軽い形式で決定したものである。内部事項ではあるが安保理として対外的に公表する価値を認めたものに多く使われる文書形式である。

議長ノートは採択後文書番号を付され、公表される（ウェブ・サイトにも掲載される）。

安保理議長発書簡

議長発書簡は、主として事務総長宛書簡である。すでに安保理が特定の紛争に関して事務総長による介入措置を要請している場合に、その実施の方法等につき安保理の見解や指示を得るため、事務総長は安保理議長宛に書簡を発出することがあるが、これに対する返書として決定されるものである。

書簡の採択手続きは、メンバー間の協議で、個別に事案に応じて決める。(1)安保理の内部事項としての法的拘束力を持たせる必要がある、(2)事務局に対して法的拘束力のある決定を行う、(3)非公式協議でコンセンサスに達しなかったので票決を行う必要がある、のいずれかに該当する場合には、公式会合で採択されるが、そうでない限り、非公式協議においてコンセンサス採択されるのが通例である。

書簡が公式会合における採決により決定される場合には、必ず公表される（安保理ウェブ・サイトにも掲載）。その場合文書番号が付される。

注

1　付録2別添資料「安保理によりとられる行動の主要な類型」（三〇四頁）参照。

2　具体的紛争に関連しない、より一般的な紛争解決関連テーマ（テーマ別議題）についての議長声明もある。テーマ別議題については二一三－二一四頁参照。その場合、国際社会の進むべき方向やとるべき行動について指針は示すが、それを越えて拘束的な内容は含まないことが特徴となる。

3　Bailey [1998] pp.134-135

第9章　安保理の手続き（会合）

会合の種類が目的に応じて多様化していることを安保理の発展性・柔軟性の観点から見ていく。特に、実質的交渉を水面下で行うためのメカニズムと、広汎な関係者を招致して参加型協議を行うためのメカニズムが、並行して発展してきたことに注目する。

1　安保理における会合の種類と機能

会合の多様化

安保理における会合の種類は煩雑に分化している[1]。正式の安保理会合は公式会合のみであるが、それ以外に、かなり公式化されているが元々の位置づけは非公式である大使級の非公式協議、紛争当事者や関係NGOと安保理とのユニークな接触機会であるアリア・フォーミュラ会合がある。また下部委員会の会合にも公式会合と非公式会合がある。さらに一層より非公式な会合形式として、水面下の決議案交渉を行うための、専門家会合（担当官級）、「非公式・

非公式」会合（大使級）等がある。また、月に一回、定例で安保理議長主催の事務総長との昼食が行われている。

安保理設立当時には公式会合のみしか開催が想定されていなかった。他の会合は、その後の実務的必要に応じて開発されてきた、非公式なものである。このことは、仮手続規則が公式会合についてのみ定めを置いている事実に反映されている。また、後述するように公式会合自体についても、必要な機能に応じて、開催の方法がいくつかのタイプに分化している。こうして、会合形式の多様化は、安保理の発展性が顕著に表れた例の一つとなっている。

多様化の二つの方向：非公式な交渉

安保理の意思決定過程は、大雑把に言えば⑴紛争の最新情勢についての事務局からの情報提供とそれに基づく安保理としての情勢の分析、⑵安保理としての対応を決定する上で参考とするため、また安保理の紛争解決方針に基づいた働きかけを行うために行う、紛争当事国や関心国を招致した協議、⑶これらを踏まえた安保理としての対応についての協議、⑷対応の決定、の四段階に分けられる。安保理設立当時の想定では、これらの段階はすべて公式会合の中で処理できるはずであった。実際今日でも、⑵の紛争当事国や関心国との協議、⑷安保理としての対応の正式決定等、相当部分が公式会合で行われている。しかし安保理のこれまでの実行の中で、それぞれについて、公式会合のみでは十分な対応ができないことが判明し、実務的必要に促されてより非公式な会合プロセスが生み出されていった。

対応の基本的方向は二方向である。一つは、安保理メンバー間で、また紛争当事者・関心国との間で、率直な情勢分析や実質的な利害調整を伴う交渉を行うために、より非公式、より水面下の協議方法を開発するという方向である。意思決定の核心部分を行う場である。安保理非公式協議、決議案交渉のための専門家会合等は、この必要から生まれた。事務総長との昼食についても、これに近い性格を帯びている。

注意する必要があるのは、このプロセスは安保理メンバー間の交渉であるため、紛争当事者、様々な介入主体、国際世論との間の実質的調整は、安保理メンバーがこうした外部の主体の立場を代表し得る限りにおいてしか行えない。リード国（またはリード国とリーダーシップを分担している他の調整主体）によって、すでに安保理内意思決定以外の三つのレベルにおける調整が行われていない場合、それらのレベルにおける調整は不十分になる恐れがある。

多様化の二つの方向：参加型協議

もう一つの方向は、紛争当事者、関心国・機関、その他加盟国やＮＧＯなど、その紛争に利害・関心を有する関係者となるべく広く安保理が協議することを可能にするための会合の開発である。この場合は利害調整よりも、参加を通じた安保理へのインプットが目的であり、広汎な関係者が協議の機会、発言の機会を持つこと自体の重要性が高い。したがって前者の場合とは逆に、公式な協議方法であることに一定の価値がある。このための公式会合の活用の仕方が洗練されてきた。しかし協議の対象となる関係者の性格によっては公式会合に招致することができないので、その場合には非公式な会合とする。後段で詳述するアリア・フォーミュラ会合はその代表的な例である。言うまでもなくこれらの協議の目的は、決定の過程に多くの関係者からの参加を得ることで、安保理の決定の正統性を少しでも実質化させ、紛争当事者からの受け入れ、様々な紛争介入主体の同調・参加、及び国際世論の支持を得やすくすることである。ただし、安保理自体の公的性格により、また会合形式の公式性により、これら関係者との協議は実質価値より形式価値が上回る傾向がある。紛争当事者、様々な介入主体、国際世論との間で、実質的な調整を行うためには、少なくともリード国（またはリード国とリーダーシップを分担している他の調整主体）による調整により補完されることが不可欠である。またリード国以外の安保理メンバーについても、これらメンバーが関係者との間で独自の意思疎通を行うことなく安保理会合においてのみ協議をしたとしても、正統性を実質化する効果は極めて限定的である。
会合ではないが、議長やメンバーが会合途中や終了後に加盟国やプレス等外部に対して非公式にブリーフィングを行う。これは、外部に対する途中経過の情報提供によって、最終結果である安保理の決定への支持を増進する意図で行われるので、基本的に参加型協議と同じ目的である。

要するに、情勢についての情報提供から安保理としての対応決定に至る一連の意思決定過程は、成果物である決定が国際社会を代表して行われる介入として十分な支持を得られるように、協議過程に広汎な関係者が参加できるよう工夫されている。しかし合意形成のための実質的利害調整はこうした表向きの協議の場とは別の水面下の交渉で行われる。議題リード国は、この二つの側面を効果的に組み合わせて安保理における協議過程をデザインする。しかし結局のところ、こうした組み合わせを巧みに行ったところで、安保理内の意思決定以外の三つのレベル（対紛争当事者、対様々な介入主体、対国際世論）における実質的調整効果は限定的であり、安保理の決定が実効性を持つためには、リード国（及びリード国とリーダーシップを分担している他の調整主体）による別途の調整が並行して行われる必要がある。

本章においては、以上を念頭に置きつつ、それぞれの会合形式の役割、特徴、議事の実態を検討していきたい。

2　公式会合

唯一の正式会合

公式会合は、唯一の正式な安保理会合である。国連加盟国や事務局などに対して法的拘束力のある決定は、公式会合で行われる必要がある。すでに見たとおり、決議及び議長声明の採択はすべて公式会合で行われる。公開会合と非公開会合に分かれるが、ともに正式の会合であり、通しの会合番号が割り振られる。

議事進行は安保理議長が行う。首脳会合、外相会合が例外的に開かれることもあるが、通常は大使級であり、安保理メンバー国の国連大使（常駐代表）が出席する。あらかじめ登録してある代理が代わりに出席することも可能である。事務局（安保理部）が議長の脇に着席し、議長を補佐する。

公式会合で決定が行われる場合、九票の賛成で可決する多数決である。すでに述べたとおり、実質事項についてはP５の拒否権があるので、九票の賛成票があることに加え、P５の反対票がないことが可決の要件となる。

議事の進め方については安保理内で事前に調整されているので、事務局がそれに沿った進行シナリオを用意する。議長はこれに頼って議事を進めることができる。議長が開会を宣言し、あらかじめ合意された議題を読み上げる。その後議案の議事に入る。議事終了後、議長が閉会を宣言する。公式会合の場合、一会合一議題が原則である。同じ日に複数議題を扱う必要がある場合には、議題の数だけ会合を開くこととなる。公式会合で出席者の発言が行われる場合は、多くの場合、各発言者は一回ずつ用意した原稿に従い発言をし、これが一巡したところで会議は終了する（ただし後述するとおり、事務局の情報提供者は別）。

公開会合

公開会合はその名のとおり、国連全加盟国の傍聴が可能であり、国連ＴＶによる中継も行われている。また会合の記録は公開される（ウェブ上でも入手可能）。開催場所は安保理議場である。

公開会合は、上述した安保理の意思決定の四段階すべてで用いられるが、「情報収集・分析」、「紛争当事者等関係者との協議」、「対応の決定」の三段階が中心であり、「対応についての安保理内の協議」の場は、主として後述する非公式協議である。

公開会合の一つのタイプは、事務局から紛争の最新情勢についての情報提供を受ける会合である。このタイプは「ブリーフィング」と呼ばれる。事務局の情報提供者は、政務局長、PKO局長、人道調整官等、事案となっている案件の担当局長や関連国連ミッションの主管局長(事務次長クラスまたは事務次長補クラス)であることが多い。また、現地駐在の国連ミッションの長(事務次長クラスまたは事務次長補クラス)がニューヨークに出張して報告を行うことも多い。さらに情勢の重要性によっては事務総長が報告を行うこともある。情報提供を受けるための公式会合への招致は仮手続規則三九が根拠であり、同手続規則上、招致される者は事務局メンバーには限られず、安保理が有用性を判断しさえすればよい。

安保理メンバーは情報提供を受け、分析や今後とるべき行動を述べる発言を行うこともあるが、情報提供を受けるだけで終了する場合もある(事前に調整)。なお、他のタイプにも共通するが、安保理メンバーは発言を希望する時は、議長補佐役の事務局にその希望を発言順の希望とともに登録する。必要に応じメンバー間で発言順を調整する。また、事務局の情報提供者に対しメンバーから質問やコメントがなされるので、これに対する応答を行うため、メンバーによる発言が一巡した後再度事務局情報提供者に発言を求めるのが通常である。

二つめのタイプは、安保理が紛争当事国や関心国等、発言を希望する非メンバーの加盟国を議席に招致し(投票権なし)、これら諸国とともに討議を行う会合である。このタイプは「討論」と呼ばれる。発言を希望する国は、仮手続規則三七に従い、会合に先立ちあらかじめ発言希望を直接議長に、あるいは事務局を通じて議長に、通報する。議長は必要に応じメンバーと協議し、これら諸国を議席に招致する。国連加盟国でなくとも(国際機関、NGOなど)、安保理が招致することにつき一致しさえすれば、仮手続規則三九に従い招致することができる。メンバー国と非メンバー国等被招致者の発言順に定まったルールはなく、議題リード国と議長が会合の目的に従って適宜決める。事務局による情報提供をこれと組み合わせることもある。

三つめのタイプは、議席に招致する非メンバー国を安保理が事前に審査することをせず、発言を希望するすべての加盟国に発言機会を与え（投票権なし）、討議を行う会合である。このタイプは「公開討論」と呼ばれる。発言を希望する国は、同様に仮手続規則三七に従い、会合に先立って発言希望を議長に通報するが、通報した国は必ず議席に招致される。発言順は、一五メンバーの発言後に、非メンバーに通報順に従って発言を求めることが多いが、非メンバーの中でも紛争当事者やその時の状況にかんがみ特に重要な関心国がある場合、議題リード国と議長の判断で、発言順を先にすることも行われる。「討論」と同様、事務局による情報提供を組み合わせることもある。

「討論」と「公開討論」は、ともに「紛争当事国等関係者との協議」の段階で用いられるが、「公開討論」は、「討論」よりさらに広汎な関係者との公的な協議を行う観点から導入されたものである。

最後に、決議案の票決や合意された議長声明案の読み上げのための会合がある。これは「採択」と呼ばれる。「対応の決定」のための会合である。紛争当事国が仮手続規則三七に従い出席を求めれば、議席に招致される（投票権なし）。決議案の票決は挙手で行われる。機械式投票と異なり、各メンバーの投票姿勢が傍聴者及び国連ＴＶ視聴者に対し明白となる挙手方式は、安保理メンバーの責任意識を維持・向上させる機能を一定程度果たしていると考えることができる。決議が全会一致で採択される場合及び議長声明読み上げの場合、メンバー国の発言はないのが普通であるが、例外もある。票決の結果が割れる場合には、投票後に一部のメンバーから投票理由を説明する発言が行われることが多い。また投票前に発言を求めることもある。また、議席に招致された紛争当事国が票決後に発言を求めることも多い。

非公開会合

非公開会合は、国連加盟国の傍聴が認められず、TV中継もない。記録は作成されるが、公表されない。会合末尾に、その会合で取り扱った議題を略記したコミュニケを採択し、これのみを公表する。

元来非公開会合は、傍聴を排することにより安保理内で実質的な交渉を可能にすることを意図して設けられた。つまり本来は、「対応についての安保理内の協議」のための会合である。しかしさらに非公式な協議形態が各種開発された今日では、この目的のために使うという意義は薄れている。

今日の非公開会合は二つのタイプに分かれる。一つは、公開会合に馴染まない機微な情勢について事務局の情報提供を受ける（仮手続規則三九）ことが適当な場合であって、しかも紛争当事国との協議（仮手続規則三七）を併せて行うことが適当な場合に開催される。後述する非公式協議には紛争当事国を招くことができないので、非公開会合が用いられる。このタイプは「非公開討論」と呼ばれる。会場は安保理議場が用いられる。発言順等については、「討論」に準ずる。ただし、慣行により、紛争当事国でない関心国は、安保理から招致されれば傍聴席における傍聴はできるが議席には招致されず、発言できないこととなっている。

もう一つのタイプは、「PKO要員派遣国会合」と呼ばれる。PKO等国連ミッションに対し、要員を派遣している安保理非メンバーの加盟国が、事務局からの情報提供を受けたり、ミッションの派遣方針等に関する意見交換を安保理メンバーと行ったりする目的で開催される。したがって、これもより広汎な関心国との公的な協議を行う目的から導入された会合形態である。安保理決議一三五三（二〇〇一年）が被招待国の範囲等を定めている。参加国が多いことから、会場は安保理議場ではなく、信託統治理事会議場等より議席の多い会議室が使われることが多い。

したがって今日の非公開会合は、いずれも「情報の収集・分析」と「紛争当事者等関係者との協議」を兼ねた目的で開催される（ただし「ＰＫＯ要員派遣国会合」の場合、事務局から提供される情報は、基本的にすでに安保理に提供されている情報を上回ることはないので、そうである限りもっぱら「紛争当事者等関係者との協議」が目的と言える）。なお、これらとは別に、国連事務総長候補として安保理が総会に対して勧告する人物を選出するために開かれる非公開会合もあるが、本書の射程からはずれるので説明を省略する。

3　非公式協議

非公式協議の導入と変質

非公式協議は、公式会合が、たとえ非公開であっても世界の注目にさらされ、実質的交渉に適さないことから、これに代わるものとして発生したものである[2]。正式の安保理会合ではないので会合番号はとらないし、記録も作成されない。また必ず非公開である。出席者は大使級。専用の会場として、安保理議場裏に、非公式協議室が設けられている。非公式協議室は、一五メンバーと情報提供や議長補佐を行う事務局が入るとそれでいっぱいになってしまうような狭い部屋で、緊密かつ率直な協議に適した設計となっている。非公式協議に出席できるのは安保理メンバーと、情報提供・議長補佐を行う事務局のみである。紛争当事者や関心国であっても、またＮＧＯ等関心団体であっても出席できない。

非公式協議が期待された効果を発揮するにつれ、安保理における実質的な交渉の場として頻繁に活用され、次第に中心的な位置を占めるようになった。このことが一九九〇年代になり安保理審議の閉鎖性、透明性の欠如として非メンバー（総会）の批判を招き、議事日程・議題の公表や、事後の非公式ブリーフィングなど、一連の透明性向上措置が導入された。透明性が高まれば高まるほど実質的な交渉は困難になる。結果として非公式協議の半公式化が進行し、実質的な交渉の場は一層非公式な協議へと一部移されていった。ただし、非公式協議の半公式化・形式化は、透明性の向上のみが原因なのではなく、議題リード国の整備が進んだこと、またその結果としてのＥ10の疎外、一部Ｅ10メンバーの受動性の伸張も原因となったと考えられる（第7章参照）。

決定方式と議事進行

公式会合と異なり、非公式協議は全会一致による可決である。言うなれば一五メンバーすべてが拒否権を有している。非公式協議は本来協議の場として発生し、決定は公式会合で行うことが前提となっていたので、合理的ではある。後に見るとおり、今日では公式決定で決定する必要のない事項については非公式協議で決定することが通常となっているので、そのような事項について非公式協議で全会一致に達しない場合、提案国（議題リード国）は、交渉を継続するか公式会合において票決に付すかの選択を迫られる。公式会合における全会一致でない票決は決定の普遍性を減殺すること、また実質事項であればＰ５の拒否権があることから、議題リード国には公式会合における票決をできるだけ避ける力学が働く。こうして、議案に反対し、または修正を求めるメンバーが、非公式協議で交渉力を得ることがある。

議事進行は安保理議長が行う。開会を宣言した後、議題を協議する。議題案は、「国連ジャーナル」誌や安保理ウェブ・ページ上に公表された事案、すなわち暫定作業計画に記載された事案をベースに前日までに調整されメンバーに通知された加除の修正を加えたものとなるのが普通だが、緊急に事態が変化した場合には、当日になり追加されるものもあり得る。公式会合と異なり、複数の議題を一協議で取り上げることができる。また議題案には必ず「その他の事項」が事案の一つとして含まれる。「その他の事項」で取り上げる具体的事案は公表する必要がなく、非公式協議が非公式性を何とか保つための一つの仕掛けとなっている。「その他の事項」で取り上げたい事案は、メンバーが前日までに議長を通じて通知することもできるし、当日その場で提案することもできる。議長は、すでに登録されている「その他の事項」事案を読み上げて確認を求めるとともに、追加事案をメンバーから募る。

議題の協議が了した後、各議題についての議事に入る。発言を希望するメンバーは、議長補佐役の事務局に発言希望を希望する発言順とともに登録する。議題の性質によって、挙手による発言意図表示を行うこともある。公式会合と異なり、メンバーは発言の必要に応じ複数回発言することがあるし、また他の発言に対する反応として発言することも多い。激しい論戦となって、議長や他メンバーによる収拾を要することもある。ただし、情勢分析を目的とする会合の場合には、事前に用意した原稿を読み上げる発言を一巡して終わる、やや形式的な協議となる傾向がある。

すべての議題についての議事を終えた後、「その他の事項」の事案を順に取り上げる。最後に議長は、当面の各種会合の日程や進め方で、メンバー間の確認をとっておいた方がよい事項があれば確認を求め、閉会を宣言する。

非公式協議の機能

非公式協議は、意思決定過程の四つの段階のうち、「紛争当事者及び関心国・機関との協議」を除く、「情報収集・分析」、「安保理内の協議」、「対応の決定」の三段階で主として活用される。

まず、「情報収集・分析」については、事務局から提供される情報に公開に馴染まない機微なものが含まれる場合と、国際社会の関心が低い事案であって非メンバーから公開会合の開催要望があまりない場合に、情報提供のための会合が非公式協議で行われる。どちらに該当する場合であっても、情報提供が非公式協議で行われれば、引き続く安保理による分析も非公式協議で行われる。逆にどちらにも該当しない場合、つまり国際社会の関心が高い事案において、事務局から公開可能な情報が提供される場合においては、情報提供は公開会合で行われる。すなわち上述した「ブリーフィング」である。情報提供が公式会合「ブリーフィング」で行われる場合、引き続く安保理メンバーによる分析は、そのまま「ブリーフィング」の中で行われる場合と、公式会合はそこで閉会にし、非公式協議を開いて非公式協議で行う場合の二通りに分かれる。特に、分析に関連して今後の安保理による対応につきメンバーから具体的提案がなされたり議論されたりする見通しの場合には、非公式協議に切り替えることとなる。この辺りのアレンジも、議題リード国が主導し、議長と協議し、必要に応じてメンバーの了承を得て決める。事務局からの情報提供者は公開会合と同様、基本的に当該議案に関する局長レベルの担当者であるが、重要性に応じて事務総長が行うこともある。また公式会合の場合と同様、事務局の情報提供者は、メンバーからの質問やコメントに応答するための発言も行う。

「紛争当事者や関心国との協議」は、出席者が限られる非公式協議においては行えない。公式会合で行うか、それが困難である場合には、後述するアリア・フォーミュラ会合で行うことが基本となる。

安保理としての対応についての「安保理内の協議」は、非公式協議の重要機能である。議題リード国は、それまでの「情報収拾・分析」、「関係者との協議」の段階を用いて、自らが受け持つ紛争の最新の情勢や関係者の見解について、安保理内で必要な情報と認識が共有されるよう図っている。次の段階として、議題リード国が、それらを踏まえて、安保理としてとるべき対応策を提示するのは非公式協議の場である。対応策の提示は、まずは大まかなアイディアとして提示する場合、決議（または議長声明）の要素案として提示する場合、具体的決議案（または議長声明案）として提示する場合などがある。どれを選ぶかは、議題リード国側で対応策の細部が固まっている程度や、安保理内でその対応策を理解・消化する難易度についての見通しなどから議題リード国が判断する。また、非公式協議は半公式化が進んでいるので、情報管理が難しく、かつメンバー国の公式論的反応を招きやすい。この観点から、最初の対応策提示に当たっては文書の提示を避けることもある。いずれにせよ非公式協議は大使級会合であるので、はじめから文案の技術的細部の議論を行うことはない。議題リード国は対応策のポイントを、背景、趣旨、期待される効果とともに口頭で説明し、各メンバーの意見を求め、質疑応答を行う。議題リード国は、その議論の結果を踏まえて、その次の段階として、要素案や決議案をベースに細かな議論をするための専門家会合を招集するのが通常である。

対応策の内容に新奇なものがなく、理解・合意を得ることが容易であることがあらかじめ判明している場合、非公式協議における対応策の提示を省略し、はじめから専門家会合で提示することもある。

専門家会合等、より非公式な協議における交渉を経た決議案等は、ある時点で再び非公式協議で議論される。それまでに文案について合意に達している場合には、その旨を確認する。合意が確認されれば、決議であれば、公式会合における票決、議長声明であれば、公式会合における読み上げの日程を調整して、協議が終了する。

合意に達していない場合、非公式協議で交渉が行われる。とは言っても、非公式協議には半公式化の問題があり、また非公式協議は大使級でもあるので、交渉の終盤に至っていなければ、その場で様々な文言が新規に提案されて、種々議論しながら妥協できるポイントを探るというスタイルの交渉になることは稀である。議題リード国が合意に至っていない項目を整理して述べたり、これまでの交渉を踏まえた最新テキストを配布してポイントを説明したりし、これを受けメンバー国がそれぞれの立場を述べて終わるということもよくある。この場合、非公式協議の半公式性がむしろ積極的に活用されている。というのは、非公式協議は日時・議題が公表され、議長により議事進行され、常に大使級であり、また常に全一五カ国が出席する。こうした点でより非公式な協議と比べ半公式的であるが故に、メンバー国は非公式協議に先立ちそれぞれの交渉立場を整理し直し、歩み寄れるものは歩み寄るという作業を行う。つまり、非公式協議が開催されるという事実により、非公式協議に至る過程での交渉が加速されるわけである。こうして非公式協議を経た決議案等は再び専門家会合等に戻される。議題リード国としては、より非公式な協議における文言ベースの交渉、技術的な交渉の合間に、時折非公式協議を挟み込むことにより、交渉にペース感を与えていく。

交渉の終盤になれば、非公式協議で出席する大使によって具体的文言交渉が行われることは珍しくない。案文が合意に達していなくても協議が打ち切られることはある。議題リード国はこれ以上交渉を続けるべきでないと判断した場合、非公式協議の場でその旨を発言し、ブルー版を配布するとともに、票決の日時を通報する。交渉を続けるか、打ち切るか、また票決の日時をいつにするかについて、メンバー間で協議をすることはできるが、最終的には決議案提出国、すなわち議題リード国の決断を議長が尊重する。

もっとも票決の日時が決定された後も交渉は継続できる。一五メンバー出席の専門家会合等が開催されることはないが、個別交渉は最後の瞬間まで続く。こうした個別交渉で得られた進展は議題リード国によって各メンバーに連絡され、異論がなければ、その進展を踏まえた修正テキストを票決に付すことが可能である。進展の結果コンセンサスが達成された場合、議題リード国としては、そのモメンタムを失わないよう直ちに票決に付すべく各メンバーを説得する。しかしメンバーには改訂ブルー版の配布と、これに基づく本国請訓のための時間的余裕を要求する権利があるので、交渉の進展が重大な修正を含むものである場合には、議題リード国としてもこの時間的余裕を受け入れざるを得ない。交渉進展の結果、重大な修正が盛り込まれたが、依然としてコンセンサスに達成しない場合もある。そのような場合、ブルー版を撤回し、非公式協議等における交渉を再開することもある。

次に非公式協議が担う「決定」の機能を見る。決議の採択は公式会合における票決を要し、議長声明の採択は公式会合における読み上げを要する。また加盟国や事務局を法的に拘束する決定は公式会合で行われる必要がある。これらに該当しない決定については、安保理の合意が確認されれば、決定は成立する。合意確認の方法は非公式協議に限られないが、非公式協議は頻繁に開かれかつ全一五メンバーが大使級で揃っているので簡便であり、また半公式的であるところから、合意確認の場として適当であり、多く使われている。非公式協議で決定されることが多いのは、プレス・ステートメント、事務局に対する法的拘束力を伴わない議長発事務総長宛書簡、議長ノート等である。また、議題の追加、配布文書の配布範囲、その他安保理の内部事項につき、頻繁に非公式協議で協議され、決定されている。

「その他の事項」

「その他の事項」の中で取り上げられる事案についても、基本的には非公式協議議題として取り上げられる事案と同様に審議されるが、独自の側面に触れておきたい。上述のとおり、「その他の事項」は事案の内容を公表する必要がないことから、協議の性格をより非公式に保つことができる。「その他の事項」として取り上げられる事項は、いずれも何らかの意味で、この点と関わっている。典型的なケースは以下のとおりである。

第一に、議題の追加がある。あるメンバーが新たな紛争・事態を安保理として取り上げたいと考える際に、当初から付託や注意喚起のための議長宛書簡発出という手続きをとり、その書簡を非公式協議の議題として掲げることを提案する、というアプローチももちろんある。しかし安保理内の見解の相違が明らかである場合には、このアプローチでは対立を公にしかねない。そこで、まずは「その他の事項」の中で提案し、各メンバーの立場、感触を徴するというアプローチがとられることがある。つまり、議題の追加に関するコンセンサス形成の一環として、非公式協議を活用する場合である。この感触取りを経てコンセンサスに至る見通しがつけば、その後議長宛書簡等の形で改めて安保理の議題とすることを提案し、合意が得られれば、議題に追加される。感触取りで見通しがつかない場合、あるいはその後非公式協議での交渉の結果合意に達しなかった場合には、公式会合で票決に付す選択肢が残されている。

第二に、ある紛争につき情勢の急変があったが、事務局による情報提供が間に合わない場合がある。安保理の審議は、不偏・中立性の観点から事務局により提供される情報をベースにするのが原則であるが、一般に、議題リード国は事務局よりその紛争についての情報量が多く、情報速度も速い。そこで議題リード国は事務局に間断なく情報を提供し、事務局が安保理に適時に情報を提供できることを確保するよう努めているが、それが間に合わないこともある。その場合、事務局からの情報提供までのつなぎとして議題リード国がメンバーの参考用として情報を提供する。これは安保理としての情報収集には当たらないので、より非公式な取り扱いとするため、「その他の事項」の中で行われる。

第三に、極めて機微な情勢が発生し、その取り扱いについても慎重さが要求される場合に、安保理が対応を協議している事実すら表に出さないため、「その他の事項」において取り上げることがある。

第四に、これが最も多いケースであるが、安保理の内部事項、手続事項、軽微な問題の処理がある。非公式協議の議題を公表するのは、紛争に対する安保理の対応の協議として意義があるからであるが、そのように位置づけるまでもないような事務的な事項は、基本的に「その他の事項」で取り扱われる。

4　アリア・フォーミュラ会合

公式会合に招致できない関係者との協議

すでに見たとおり、安保理は、紛争当事者、関心国・機関等の参加を得た協議を主として公式会合で実現してきた。しかし、これら関係者が公式会合に出席するためには、安保理仮手続規則三七または三九に従い、安保理から招致されなければならない。紛争当事者が国連加盟国である場合、安保理メンバーの反対により招致が実現しないことはほとんどないが、その紛争を巡って安保理内部に鋭い対立がある場合には、稀に紛争当事国代表（特に本国の大統領、外相等）の招致についても反対がある。関心加盟国・国際機関の場合も同様である。招致について安保理内で合意できなかった場合、公式会合で票決することもできるが、九票獲得の必要がある[3]。

また、紛争当事者等関係者が加盟国や国際機関でない場合、つまり武装反政府団体の場合やNGO等の場合、安保理は一般的に招致に消極的であり、むしろ実現しないことが普通である。

このように、安保理に招致することにつき合意できない紛争当事者等関係者の参加を得て協議をする機会を設けるため導入されたのが、アリア・フォーミュラ会合である[4]。

安保理に招致することにつき安保理内で合意できない関係者の参加を得るのであるから、参加につき合意できるためには、会合の性格をある程度非公式にしなければならない。この点を満たすために、アリア・フォーミュラ会合は、安保理「メンバーによる」非公式な会合（つまり「安保理の会合」ではない）で、かつ安保理議長は議事進行をしない、という位置づけになっている。また、安保理議場や非公式協議室は用いられず、国連外（メンバー国代表部など）で開催されることも多い。

他方で、開催の目的に照らして、なるべく公式に関係者からのインプットを受け取った形を作ることも必要である。この点を満たすため、全一五メンバーが出席する、大使級の会合として開催される。また、事実上公表されている安保理月間作業日程にも日時・議題が掲載されている。とはいえ今日においては、出席メンバーの数及びレベルの点に関しては、メンバーの関心に応じて出席メンバー数が減ったり、出席者のレベルが下がったりすることも起きている。

アリア・フォーミュラ会合の議事運営

議事進行役は、被招致者問題につき安保理内の対立が鋭い時には、議題リード国または議長からの要請により、そのどちらでもない中立的なメンバーが引き受ける。しかし、関係者が加盟国や国際機関でない場合（非政府紛争当事者やNGOの場合）については、そのような対立を背景としないアリア・フォーミュラ会合もある。その場合には、特段中立的メンバーに依頼する必要がなく、議題リード国が議事進行を務めることが多い。

議事は、被招致者の発言に続いて、安保理メンバーが質問・コメントを含めた発言をし、最後に被招致者がこれに対し応答するという形で進むのが標準型ではあるが、公式会合に比べ緩やかに運営されている。

5　より非公式な会合

全メンバーの会合

「安保理内の協議」に関しては、非公式協議の半公式化とともに、より非公式な会合が導入されてきたことを見てきた。そのようなより非公式な会合としては、全一五メンバーの会合として、専門家会合（担当官級）、「非公式・非公式」会合（大使級）、政務部長会合（公使級）がある。これらのより非公式な会合は、いずれも事実上の存在であり、憲章・仮手続規則上の根拠がないことはもとより、日時・議題も公表されず、水面下で開催される。開催場所も国連内に限られない。議題リード国の代表部が多用される。

にもかかわらず、全メンバーが参加して行われる会合であるという点において、一定の公的性格があり、安保理メンバーの一部メンバーが必要に応じ個別に行う協議・交渉とは異なる意義を持っている。すなわち、安保理の意思決定過程が、合議体としての合意形成であることを確保する意義がある。さらにこの公的性格の結果として全メンバーによる会合は、⑴合理的立論で議論を行う場である、⑵数の力を使った交渉ができる場である、⑶自国の立場を安保理全体に説明したという形を残す機会となり得る、⑷種々交渉の結果自国の立場が受け入れられない場合に、安保理全体の賛同が得られなかったという形を作る機会となり得る、といった特徴において、一部メンバーによる個別協議と区別される。その反面、紛争解決と直結しない利害調整や国力の差をむき出しにした交渉には不向きであって、このような交渉は一部メンバーによる個別交渉にゆだねられるのが普通である。水面下の非公式な協議と言いながら、一種の公式性も帯びていることが分かる。

専門家会合

専門家会合は、担当官級会合で、主として決議案・議長声明案交渉のために開催される。専門家会合は、一九九〇年代を通じて役割が大幅に拡大した。その一つの理由は、すでに見たとおり非公式協議の透明性向上に伴う半公式化である。より率直な交渉を行う場が必要となった。もう一つは、一九九〇年代に安保理の紛争介入活動そのものが役割を拡大し、多様化・大規模化したことにより、安保理決議数が飛躍的に増大し、かつその内容も技術的側面を多く含むようになり、大使級のみで交渉することが現実的でなくなったことである。この結果、決議案・議長声明案の交渉は、ほとんどが専門家会合で行われるようになった。文言交渉に関する限り、大使級の会合（非公式協議や、次に説明する「非公式・非公式」会合）は、専門家会合が膠着した時に、膠着を打破することが基本的機能となった。

非公式協議は議長が議事進行するのに対し、専門家会合は議題リード国が議事進行する。この違いは重要である。決議案交渉の主な舞台が非公式協議から専門家会合にシフトしたことにより、主たる交渉のとりまとめ役が、議長から議題リード国にシフトしたことを意味するからである。つまり、一九九〇年代に進行した議題リード国の仕組み確立の、意思決定過程の面から見た主要な要素は、専門家会合の役割拡大であった。

専門家会合では、議題リード国が決議案の目的、背景等を説明するとともに、決議案の各パラグラフの趣旨を説明する。その後メンバー間で、目的、背景等に関わる一般的討論及び各パラグラフについて質疑応答や文言交渉が行われる。何回かの専門家会合で未合意点が残れば、解決のため大使級の会合で議論されることとなる。大使級の会合でなにがしか交渉が前進すれば、再び交渉の場は専門家会合に戻ってくる。

専門家会合が全一五メンバーで開催されることの意義をさらに検討してみよう。専門家会合は、決議案文の技術的細部に至るまで全安保理メンバーが集まって協議する事実上唯一の機会である。したがって、細部の技術的検討を要しない簡単な決議の場合を別とすれば、専門家会合を開催しなければ、決議案が十分な審議を経ているとは言えない。したがって議題リード国は、十分な審議を尽くしたと主張するための条件を整えるという目的から、専門家会合を開催することに利益を有している。逆にそれ以外のメンバーは、議題リード国に対し専門家会合の開催を要求するに当たり、このことをテコとして使える。

「非公式・非公式」会合

専門家会合を大使級にしたものである。専門家会合で交渉が膠着した場合、大使級にレベルを上げて交渉することになる。膠着点が、各メンバーとも大使級の交渉においてまでこだわるポイントではない場合には、半公式性を持つ非公式協議で交渉することが交渉の加速に役立つ。しかし膠着点が深刻な利害対立を背景としており、非公式協議に行く前に、大使級で各メンバーの懸念の真の所在、本音、柔軟性の余地等を探った方が前進に資する場合もある。そのような場合に開かれるのが「非公式・非公式」会合である。

議題リード国が議事進行をするのが通常だが、あまりに議題リード国と反対国の間の利害対立が深刻な場合、中立的なメンバーに議事進行を依頼することもある。開催場所はメンバーの代表部等国連外である場合が多い。決議案全体についての交渉ではなく、深刻な利害対立を伴った特定論点のみについて議論されるのが普通である。

政務部長会合

各メンバー代表部の政務部長（公使級）による非公式の会合である。個別の議題に関わる決議案・議長声明案等を議論するために開催されることはほとんどない。複数の議題にまたがる調整や、安保理運営全体に関わる協議を行う。毎月下旬に、翌月議長国の政務部長主催で行われる作業日程調整のための会合が典型的である。政務部長はメンバー間の連絡調整の要であり、日常的に互いに連絡を取り合っているが、必要に応じ全一五メンバーで協議する。下部委員会委員長の割り振りについての協議、安保理ミッション派遣先に関する協議などは政務部長会合で行われることが多い。

以上の性格を反映し、議長国政務部長が議事進行を行うことが多いが、協議の内容によってはそうでない場合もある。場所は不定。

6　その他

下部委員会会合

第7章で制裁委員会の組織につき述べた。ここでも制裁委員会の場合を念頭において、会合手続きの概要を紹介する。

委員会議長はガイドライン制定・改訂やガイドラインに従った制裁実施のために必要な事項を、審議事項としてメンバー国に連絡し、必要に応じ、制裁を実施する加盟国からの情報提供、例外・除外申請を行う加盟国からの情報提供、事務局からの情報提供等の機会を、公式会合または非公式会合として設ける。委員会の決定はコンセンサスによることがガイドラインの中で定められるのが普通である。

審議事項については、議長は非公式会合を重ねてコンセンサスで結論に至ることを目指し、必要に応じて特定国との個別調整・交渉のイニシアティブをとる。何を審議事項にするかについても、審議の進め方についても、議題リード国との調整が重要である。すでに指摘したとおり、議題リード国は制裁委員会議長に対する影響力を通じて、制裁措置の効果を確保しようと努めるからである。他方議題リード国と政策対立のある安保理メンバーは、制裁措置の公正な実施を理由として、議題リード国が必ずしも歓迎しない事項を審議事項として要求することも多い。したがって、下部委員会の議長にはそれなりの調整能力が必要である。

コンセンサスに達した場合には、委員会としての決定を行うため公式会合を開催する。委員会としての決定内容は、安保理本体に報告する。また、コンセンサスに達することが困難な場合には、委員会議長の采配によりその状況を安保理本体に報告し、安保理での討議を行うことにより、コンセンサスの成立を促すこともあり得る。

外部へのブリーフィング

先に述べたとおり、安保理議長やメンバーは、非公開の議事の終了後または途中において、非メンバー国連加盟国やプレスに対して、しばしば審議の模様や対立のポイントなどの情報を部分的に提供する。安保理の決定に対する国際世論の支持を高めることが重要な目的である。また非メンバー（あるいは組織としての国連総会）やプレスからの透明性向上要求に対する対応という面もある。また、政策対立のあるメンバーがそれぞれブリーフィングを行う場合には、自陣営の立場に対する国際世論の支持を伸ばすための働きかけという性格も持っている。

安保理議場外には、議場を出入りする安保理メンバーからプレスが、不定期に随時ブリーフィング（「ぶら下がり」と称される）を受けるための場所が常設されている。この場におけるブリーフィングの模様は、国連ＴＶにより放映もされる。

また、安保理議場及び非公式協議議場と安保理議場外を結ぶ中間スペースに、国連加盟国政府のみ立ち入り可能な懇談室（静粛が求められることから、「クワイエット・ルーム」と称されている）があり、安保理メンバーから非メンバーに対するブリーフィングはこの懇談室で行われることが多い。これに限らず、安保理メンバーは上記の諸目的を達成するため、それぞれが適当と考える非メンバーに対し、随時ブリーフィングを通じた意見の吸い上げや支持獲得に努めている。

事務総長との昼食

安保理議長が月一回、全安保理メンバー（大使のみ）、事務総長、政務局長、ＰＫＯ局長等主要事務局関係者を招いて行う昼食会は、まったく非公式であり、記録も取られない。

主として事務総長室、政務局、ＰＫＯ局等、事務局の主要安保理関連部局が持つ政策上の関心事項を、非公式に安保理メンバーに伝達する機能を担っている。事務局側としては、単に伝達するのみでなく、安保理メンバーの感触をとり、また特定の政策についての検討を安保理メンバーに依頼・要請する場として活用している。

これまで述べてきたとおり、議題リード国は、国連事務局を安保理に対する影響力の一回路として活用しようとする。このことの結果として、事務総長との昼食の機会に、事務総長またはその他の事務局幹部から事務局の意向として示された特定の政策についての検討依頼・要請が、実は実質的に議題リード国の意向を反映するものである場合もまたあり得るところである。

注

1　付録2別添資料「安保理に関連する会合のフォーマット」（三〇三頁）参照。

2　特に一九七〇年代中盤以降頻繁に開催されるようになった。Bailey [1998] pp.60-68

3　手続事項なので、拒否権行使はない。Bailey 同上書、pp.225-226

4　一九九二年、当時安保理メンバーであったベネズエラのディエゴ・アリア大使の提案により始められたことからこう呼ばれている。アリア・フォーミュラについての、安保理メンバーの共通理解をまとめた文書と事務局による背景説明ノートにつき、本書付録2別添資料（三〇〇頁及び三〇一－三〇二頁）参照。また、Bailey 同上書、pp.73-74 及び Luck [2006] pp.75-78 参照。

第10章　安保理の意思決定過程

本章では、安保理決議案の交渉過程で行われる、安保理内のインタープレーや外部の主体とのインタープレーに働く力学を考察する。

1　安保理議題の設定と月間作業計画の決定

議題の設定

紛争や事態の発生により、これまで安保理が取り上げていなかった事項を取り上げるようになる場合の手続きの流れをまとめておきたい。すでに見たとおり、安保理が介入の是非につき判断するのは、(1)紛争当事者・総会の付託等による場合と(2)安保理自身が必要性を認めた場合に分かれ、後者の場合には総会、国連加盟国・非加盟国・事務総長等による注意喚起の助けを借りることができた。

今日の安保理における具体的な手続きとしては、(1)紛争当事者や関心国から安保理議長宛にその問題の審議を要請する書簡が発出される、(2)安保理メンバーが非公式協議の「その他の事項」議題で、その問題の審議につき口頭で提案がなされる、(3)事務局が非公式協議の「その他の事項」議題で、その問題につき情勢の報告を行う、のいずれかの方法がとられることが多い。どの方法がとられる場合であっても、まずは非公式協議において、その問題を取り扱うことの是非について協議がなされ、取り上げることで一致すれば(コンセンサス)、安保理の議題となる。一致しなかった場合には、(1)取り上げない、あるいは(2)取り上げることで一致できるまで、非公式協議における協議や個別の協議を繰り返す、または(3)公式会合で票決により結論を出す、のいずれかとなる。

非公式協議の意思決定はコンセンサスであるので、いわばすべての安保理メンバーが拒否権を持つ。しかし安保理が案件を取り上げることにより責任を果たそうとする規範意識は、多くのメンバーに対し、取り上げることに反対しない圧力として働く。国際社会にとり、すでに重要な安全保障上の問題になっているにもかかわらず、安保理の議題として長く取り上げられない案件がある場合、(1)P5の一部が強く反対しているか、それに加え(2)P5の一部が、安保理内で影響力を行使し、取り上げることに反対する多数派工作を行っている、のいずれかであることがほとんどと考えられる。(3)地域グループや地域横断的グループ出身のE10が、二年任期で交代するにもかかわらず、交代の前後を一貫してそのグループの方針として反対の態度を貫く、というケースも考えられる。かつて安保理内における非同盟運動が盛んであったころは、そのような事態もあり得たかもしれず、また今日ではアラブ・グループ出身国がそのような方針をとる可能性はあると考えられるが、いずれにせよP5すべてが反対しないにもかかわらず、E10が反対し続けることは難しいし、公式会合での票決に持ち込まれても議題化に反対できるだけの多数をE10のみで握ることはおよそ考えられない。よって、P5の一部による強い反対があると推定すべきであろう。

すでに議題となっている紛争について、新たな進展があった場合、基本的に議題リード国の主導で、議長との協議の下、情報分析や協議のための会合がアレンジされることはすでに述べたとおりである。

なお、ひとたび議題項目として決定されると、その事実は毎年安保理から総会への報告書に記載される。記載された項目は、五年間公式会合の議題とならない事態が継続すると記載が取り消される建て前であるが、紛争当事国や関心国の要請により記載を継続することができる。こうして総会への報告書の掲げる議題項目リストには長年審議されていない紛争が多数掲載されているが、安保理における審議の実体とは乖離している。

議題の公表

毎月月初めに決定される暫定月間作業計画が事実上公表されていることはすでに述べた。これとは別に、安保理の各会合が開催される事実、開催場所・時間、議題については、正式に公表される。国連では、毎日その日の審議日程を掲載した「国連ジャーナル」誌を発行しているが、同誌に掲載されるのである。また安保理のウェブ・サイトにも、審議日程が円滑に調整された場合、前日午後七時ころまでには掲載される。ただし、公表される範囲は、公式会合、非公式協議、下部委員会公式会合までである（それぞれの下部委員会が自らの非公式会合の日程を公表することを別途決定する場合は別）。

月間作業計画の決定

議長国は、議長月が訪れる二カ月前くらいから、事務局（政治局安保理部）と作業計画についての打ち合わせを始める。紛争の展開は予想がつかないものの、国連ミッションの任務期間切れ（更新決議の必要）、安保理が事務局に要請した各種報告期日の到来、あらかじめ定期的な審議が取り決められている議題等については、事務局が把握しているからである。

また、各議題のリード国は、担当議題における審議の進め方についての中長期計画を事務局に伝えている場合が多いので、こうした情報の共有も有益である。並行して、主要議題のリード国と接触し、具体的日取りを決めていく。

議事の内容によっては、事務局（政務局、ＰＫＯ局、人道調整局等）による報告が必要なもの、これらの部局が主管する現地国連ミッションからニューヨークへの出張を要するものもあるので、こうした調整を、議題リード国と主管局を中心とし、議長国と安保理部も協力して行う。この間、議長は事務局ハイレベルとの打ち合わせとして、事務総長、政務局長、ＰＫＯ局長等とも協議する。

この作業を議長月前月下旬までには一通り終わらせてカレンダー式の日程一覧表の案を整える。議長国政務部長は、前月下旬に非公式に一五メンバーの政務部長級会合を開催してこの案をベースにさらに調整する。

通例毎月一日は、議長が一五メンバー大使と個別に協議を行う。前月の議長からは、事務の引き継ぎを受ける。また他のメンバーとは、それぞれのメンバーが議題リード国となっている議題を中心に、最終調整を行う。

翌二日、議長は最初の非公式会合を開催し、前日までの調整結果を暫定月間作業計画案として提示し、必要に応じて協議の上、コンセンサスに達すればこれを決定する。同日の記者会見で決定された暫定月間作業計画を非公式に公表する。暫定月間作業計画に掲載される議事の範囲は、公式会合、非公式協議、事務総長との昼食、アリア・フォーミュラ等であって、アリア・フォーミュラを除けば、安保理議長が議事進行するしきたりとなっている会合の範囲と一致している。

テーマ別議題

この関連で、特定の紛争議題に必ずしも直結しない分野横断的なテーマが議題として選ばれることがあることにつき、説明しておきたい。「法の支配」、「紛争下の児童」、「アフリカにおける平和維持活動」といった議題が典型例である。各月の安保理議長は、自らのイニシアティブでこうしたテーマ別議題を提案し、メンバー国の同意を得て、その月の議事に盛り込むことができる。テーマ別議題の中には、長年にわたり安保理により取り上げ続けられてきたものもあれば、その月の議長自らの発案によるものもある。

多くの場合、テーマ別議題についての会合は公開討論として開催される。安保理の活動につき広く加盟国から意見を募ることにより、安保理の正統性を補強する機会として、参加型協議の形式がとられていると言える。

特定の紛争の解決に直接寄与することを意図したものではないが、多くの平和活動に横断的に関連する重要主題について政治的関心を高める効果がある。また、横断的意義を持つテーマについての一般的な議論であるからこそ、特定紛争に密着した議論を行っているときには得られないような、新たなアイディアが提案されることもある（第5章で言及した、アフリカにおけるＰＫＯ国連ミッション間の兵力融通協力を、日本が安保理におけるテーマ別議題の公開討論で提案したのは、その一例）。

Ｐ５中心の安保理運営の視点から見てみよう。テーマ別議題は議題リード国による議事主導を受けないので、各月安保理議長の指導力の見せ場である[1]。また各月安保理議長が、公開討論という形式を通じて広く加盟国から意見を募るジェスチャーを見せる機会でもある。こうして、Ｅ10が安保理において活躍する姿を見せる場としての意義がある。他方、テーマ別議題は個別の紛争議題に直結しないので、Ｐ５がリード国を務める紛争議題に対する干渉効果は最小限である。Ｐ５の共同利益から見れば、Ｐ５権力のあからさまな発動を抑制することを通じ、Ｅ10及び国連総会との融和を図る上で、価値のある仕組みである。このことを反映して、Ｐ５の中では、英及びこれに次いで仏が、自らが安保理議長の際テーマ別議題を取り上げることに熱心であり、米露中はそれほどでもない。

2　会合のアレンジ

公式会合及び非公式協議

すでに述べてきたとおり、これらの会合においては、議題リード国、事務局及び安保理議長が互いに連絡をとり、月初の時点で会合のアレンジを暫定的に決定する。

その後の状況の変化に応じて、日程変更や開催追加もあり得る。これについては、議題リード国が調整の実質的な軸となる。紛争の状況や、紛争当事者に関する情報から変更・追加が必要となった場合、決議案についての交渉状況から変更・追加が必要となった場合などである。例えば、紛争状況が急変した場合には、議題リード国が事務局及び安保理議長と連絡をとり、新たな状況につき緊急に事務局から安保理に対しブリーフを行うための会合を、公式会合または非公式協議としてアレンジすることとなる。また、審議中の決議案についての交渉の進展具合を見ながら、大使級交渉のための非公式協議や票決のための公式会合を追加的に開催するイニシアティブをとるのは議題リード国である。安保理会合に招致している、現地国連ミッションや国際機関の都合に関わる情報が事務局からもたらされることにより変更が行われることもある。

いずれにせよ、議題リード国が変更・追加の方針を示すと、安保理議長と事務局は協力して他の議題の会合開催日程との関係を調整した開催案を作成し、調整が必要な議題のリード国と調整を行う。そのようにして調整した議題案は、全安保理メンバーに電子メール、ファックス等で提示され、あるいは非公式協議の場で提示され、異論がなければ決定される。こうした変更・追加は、前もって行われることもあるが、会合開催の前日または当日行われることもある。

専門家会合、「非公式・非公式」、アリア・フォーミュラ

これらの会合は、ほとんどもっぱら議題リード国が会合をアレンジする。議題リード国は、決議ないし議長声明を作成するとの方針を非公式協議で説明した上で、案文や要素案が整い次第専門家会合をアレンジする。会議室の手配は、国連本部内で開催される場合には事務局が行う。日時と会議室が決まったら、議題リード国はそれを全メンバーに通知する。引き続く専門家会合も同様であり、交渉が行き詰まり、大使級の「非公式・非公式」に交渉レベルを引き上げるときも同様である。ただし、「非公式・非公式」は解決困難な対立の解消が目的なので、秘匿性が重んじられ、国連本部内で開催されることはほとんどない（議題リード国代表部または政策対立の埒外にいる中立的なメンバー国の代表部で行われることが多い）。

また、(1)新たな紛争解決策の提示、強制措置の発動・終了、国連ミッションの設立・撤収など、紛争解決戦略の枠組（及びその下における介入措置の位置づけ）を設定する決議案をめぐる審議の場合、(2)急激な紛争状況の変化、紛争当事者による紛争解決策履行状況の変化などに応じ、現行の紛争解決戦略の枠組を維持するか変更するかにつき審議する場合、すなわち「非日常の安保理」の場合には、決議案交渉はまずＰ５協議（またはＰ５＋１協議等）により行われる傾向があることについては、第４章で見たが、このような一部メンバー国のみの参加を得る決議案交渉も、議題リード国がアレンジする。

アリア・フォーミュラの場合も、議長国や事務局の役割は限定的である。議題リード国が、招致する紛争関係者との間で日程・場所を調整し、全メンバーに通知する。中立的なメンバーにホストを依頼する場合には、その国との調整も要する。

3　決議案等の準備

単独リード国と複数リード国

安保理におけるリード国は、単一メンバーにより担われることもあるが、複数メンバーが共同リード国となる場合もある。

単独リード国の場合は、決議案はもっぱらその国により起案され、他の安保理メンバーに提示される。共同リード国の場合、リード国間でまず決議案が協議され、共同リード国間の調整が済んだ案が他の安保理メンバーに提示される。

いかなる国が共同リードになるのだろうか。一国でリードしないのには、しない理由がある。過度に一般化できないが、何らかの意味において、四つのレベル（対紛争当事者、対他の介入主体、対国際世論、安保理内）間のリーダーシップ分担が行われている場合が多い。例えば、⑴一方紛争当事者に対する影響力と他方紛争当事者に対する影響力の間でリーダーシップ分担がなされている場合、⑵紛争解決戦略全体に対する主導力と紛争当事者に対する影響力でリーダーシップ分担がなされている場合、⑶紛争解決戦略全体に対する主導力を持つ国が国際世論の一部分に対し影響力があり、政策面では一致している別の国が国際世論の他の部分に対する影響力がある場合、⑷ともに主要な介入主体である複数国だが、片方がP5（安保理内の指導力が強い）でもう片方がE10である場合などがある。

イスラエル／ヒズボラ問題における米仏共同リード、バルカン半島等ロシア近隣地域の諸問題におけるコンタクト・

グループまたはフレンズ・グループ（米露仏英及び一部の欧州メンバー）による共同リードなどは(1)のケースに近いと考えられる（もっとも、ロシア近隣地域の諸問題については、安保理内の主要関心国間の政策対立が顕著であるから、という要因の方が大きいであろう）。(2)に近いケースと考えられるのは、イラン核開発問題における米英仏共同リード、シリア／レバノン問題における米仏共同リードなどであろう。(3)に近い例として、イラク問題における米英共同リードを位置づけることができるかもしれない。北朝鮮問題における米日共同リードは、(4)の例と考えられるだろう。

共同リード国の一部がＰ５でない場合、「非日常の安保理」においては、Ｐ５協議ではなく、そのＰ５でないリード国を加えた、Ｐ５＋１、Ｐ５＋２などにより、決議案の骨格が議論されることになる。

コア・グループ

また決議案準備方法として、コア・グループという方法が使われることもある。その紛争への介入で指導力を発揮している国が、安保理メンバーと非安保理メンバーにまたがる場合、それらの諸国がコア・グループと称される、非公式な集まりを形成することがある。コア・グループは、紛争の状況や介入活動の進捗状況につき、折々意見交換や情報交換を行うが、安保理決議案作成の際には、決議案の調整メカニズムとして機能する。

コア・グループが活用されるのは、主として、安保理の内外で四つのレベル間でリーダーシップ分担が行われている場合である。安保理における議題リード国は、起案した決議案をまずコア・グループで協議し、それを通じて、四つのレベルで指導力を発揮している国が、それぞれが分担するレベルにおける調整に責任を持てる案となるよう調整する。安保理の議題リード国はそのようにして調整された案を他の安保理メンバーに提示する。例えば、東チモール問題に関するコア・グループには、日米英豪、ポルトガルなどが参加している。アフガニスタンに関するコア・グループには、P5、日独加伊、パキスタンなどが参加している。

コア・グループの活用は、安保理非メンバーの主要介入国を安保理の意思決定過程に非公式に参画させる有効な方法である。四つのレベルにおけるリーダーシップ分担が行われている場合、四つのレベルにまたがる総合調整が、コア・グループを通じて図られることとなる。コア・グループによる調整の結果、四つのレベルで指導力を発揮している国すべてが支持した案が出来上がった場合、安保理内における交渉においても、議題リード国は相当強いポジションで交渉することができる。

コア・グループの活用にはこのようなメリットがある一方、形骸化の恐れもある。コア・グループは、議題リード国にとっては、決議案の交渉ポジションを強くすることのできる仕組みであり、安保理非メンバーにとっては、安保理の意思決定過程に参画する機会であるから、規律を持って運営しない限り、参加国数がやたらと増大する力学が働きやすい。紛争解決戦略の調整に指導力を実質的に発揮していない国の参加がいたずらに増えても、調整の効率を低下させ、また調整結果としての決議案が安保理における交渉で持つ信認を低下させる。

リード国のない場合

「見捨てられた紛争」が、「責任回避の場」としての安保理利用により、安保理の議題となっている場合、議題リード国がなく、決議案の起案を買って出る国もないことになりやすい。

このような場合、その紛争の解決に特段コミットしているわけではないメンバーが形式的にリード国を引き受け、決議案を起案する場合がある。またその場合には、事務局が実質的に起案し、形式リード国が他の安保理メンバー国に提示して、その後の交渉を主導することもある。

また、安保理メンバー間の政策対立が激しく、安保理内で議題リード国についての共通理解が成立しない紛争議題もある（例えば中東和平問題）。そのような議題で、対立する二つの政策陣営のいずれが起案しても決議・議長声明がまとまりそうもないが、安保理として行動をとることが望ましい状況が発生すると、その月の安保理議長や中立的な立場の国が起案を買って出ることがある。同様に、議題化されていない突然の事態に直面し、さしあたりプレス・ステートメントを発出することが適当と考えられた場合も、その月の安保理議長や意欲のある国が起案を買って出ることがある。リード国の仕組みが確立する前の安保理における審議方法が、このあたりに垣間見えているのかもしれない。

4　様々な紛争関係者との調整

紛争当事者との調整

リード国は、安保理決議案を他の安保理メンバーに提示するのに先立ち、紛争当事者と協議し、その内容を調整する。とりわけ、紛争解決策の受け入れ要請と解決を定着させるための措置の決定については、ともに紛争当事者が受け入れに同意しない限り実施される見通しが立たないので、念入りに調整される。おおまかな内容のみならず、文言、採択のタイミングなどの細部についても、紛争当事者の解決策受け入れ意欲が許容する範囲内に収まっていることを要する場合もある。もっとも、解決定着のための措置決定の中でも、ドナー諸国に対する一般的な戦後復興支援呼びかけなど、その措置の実施が、紛争解決が定着するかどうかを直ちに左右しない決定についてまで念入りに調整されるわけではない。

強制措置については紛争当事者の受け入れ同意を要しないので、一般的には紛争当事者との調整は不要と考えられる。特に、武力行使や全面禁輸措置など、国際社会が紛争解決策受け入れを紛争当事者に迫っていることを力によって示し、紛争当事者の紛争解決策受け入れ意欲を外的に高めることを目的とする措置の場合には、これが当てはまる。しかし近年の介入ツール多様化の中で、ターゲット制裁の一部や平和維持目的の多国籍軍など、一定の強制性は有するものの、紛争当事者が紛争解決策の大枠をすでに受け入れていることを前提とし、その定着を図る色彩の濃い措置が導入されてきている。これらの場合には、必要に応じ紛争当事者と念入りな調整が行われる。

決議案交渉が進んだ結果、さらに紛争当事者との調整が必要となることもある。リード国は随時必要な調整を紛争当事者との間で行う。リード国が行う紛争当事者との調整は、国連においても行われるが、必要に応じ紛争地域やリード国の首都でも行われる。

安保理における議題リード国に紛争当事者との間の調整能力が十分になく、リーダーシップ分担が行われて、対紛争当事者レベルの調整を主導する他の調整者がいる場合もある。その場合には、以上の調整機能のうち少なくとも一部はその調整者が行う。

リード国以外の安保理メンバーも、その国の関心の程度やリード国との政策対立の程度に応じ紛争当事者と接触し、安保理における審議に備える。

様々な介入主体との調整

リード国はまた、その紛争にすでに介入しているかまたは介入する可能性のある加盟国、国際機関等様々な介入主体とも調整する必要がある。これらの主体が、採択される予定の決議に従って介入措置を実施することを確保するためである。

調整を要する可能性のある項目は様々な分野に及び得る。紛争当事者との交渉を行っている介入主体との間では、紛争解決策の内容の調整が重要である。強制措置や解決定着のための措置に参加する介入主体との間では、それらの措置の内容が重要である。リード国の側には、詳細な文言まで多数の介入主体と調整することは避けたいという意向が働くが、強制措置や解決定着のための措置に参加する介入主体の側は、参加のために必要な、国内制度上の条件を満たす文言や国内世論の統一を促す文言を採用することを、しばしばリード国に求める。

これらの調整は、決議案を他の安保理メンバーに提示する前に行われることもあれば、その後に行われることもある。また調整の程度が、それぞれの介入主体に対するリード国の主導力の強さによることとなるのは当然であり、事前の調整、文言レベルに至る調整を行うのは、重要国・機関に限られる。リード国が行う様々な介入主体との調整は、国連においても行われるが、必要に応じ紛争地域、リード国の首都やそれぞれの介入主体の首都・本部所在地でも行われる。

安保理における議題リード国に様々な介入主体との間の調整能力が十分になく、リーダーシップ分担が行われて、対他の介入主体レベルの調整を主導する他の調整者がいる場合もある。その場合には、以上の調整機能のうち少なくとも一部はその調整者が行う。

リード国以外の安保理メンバーも、その国の関心の程度やリード国との政策対立の程度に応じ様々な介入主体と接触し、安保理における審議に備える。

国際世論との調整

リード国が行う国際世論との調整は、上記の二レベルと異なり、具体的な措置の内容よりは、より一般的な紛争解決戦略について、意見を吸い上げるとともに、理解と支持を求めることが中心となる。特定の措置が決議成立を左右するカギとなる場合には、その措置の内容につき詳しく説明し、支持を求めることもある。

調整の対象としては、いわゆる西側諸国政府、西側メディアに加え、紛争地域周辺諸国政府、周辺諸国メディアが重要であろう。その紛争に関連してアドボカシー活動を行っている市民社会も重要である。さらに、リード国の紛争解決戦略と政策対立のある諸国政府やメディアにもアプローチする必要がある。リード国が行う国際世論との調整は、国連においても行われるが、必要に応じ紛争地域、リード国の首都やそれぞれの国・メディア等の首都・本部所在地でも行われる。

こうした調整を、安保理の他のメンバーに決議案を提示する前に行うのは、相当の重要国政府である場合に限られると考えるべきであろう。基本的には決議案提示後に調整が始まるのが通常である。

安保理における議題リード国に国際世論との間の調整能力が十分になく、リーダーシップ分担が行われて、対国際世論レベルの調整（あるいは周辺国等その一部）を主導する他の調整者がいる場合もある。その場合には、以上の調整機能のうち少なくとも一部はその調整者が行う。

リード国以外の安保理メンバーも、その国の関心の程度やリード国との政策対立の程度に応じ国際世論を形成する様々な主体と接触し、意見を吸収したり、自らの立場に対する理解・支持を求めたりして、安保理における審議に備える。

国連事務局との調整

国連事務局との調整は、上述の三つのレベルについての一般論の枠をはみ出る部分がある。それは、事務局が安保理の決定した措置を義務として実施する安保理自前の実施機関であるからでもあり、また、安保理に情報提供を行い、また安保理の要請に応じて措置の提案・計画を行う主体でもあるからである。

このことに基づくリード国と事務局の共生関係については、第7章で見たとおりである。リード国は事務局との意思疎通を通じて、自らの紛争解決戦略の遂行に適合する情報提供、措置の提案・計画、措置の実施を確保するよう努めるから、調整事項は、紛争解決戦略の全体像から、安保理に提供される情報の内容、措置についての提案・計画内容から措置の実施方針にまで至る。

決議案との関係では、事務局が実施することとなる措置の内容の調整が特に念入りに、また必要に応じて決議案の他の安保理メンバーへの提示に先立って、行われる。リード国が行う事務局との調整は、基本的に国連において行われるが、必要に応じ紛争地域やリード国の首都でも行われる。仲介・周旋のための政治ミッションの長やPKO等国連ミッションの長は、安保理への報告や事務局内打ち合わせの目的で国連を頻繁に訪問するので、その機会も活かして調整が行われる。

また、国連が仲介・周旋のための政治ミッションやPKO等国連ミッションを派遣している紛争の場合、国連事務局が対紛争当事者、対他の介入主体、対国際世論で大きな役割を担っていることが多い。その紛争への国際的介入についてリーダーシップの分担が行われている場合には、四つのレベルの調整主体の間で総合調整が十分にとられていなければ、リード国と事務局の間の調整を円滑に行うのは難しい。事務局との調整が持っている、いわば安保理内の意思決定の延長という性格を重視すれば、安保理における議題リード国が事務局との調整の主軸となることが合理的と考えられる。しかしながら、リード国が安保理内の意思決定のレベルに特化していて、反対に他の三レベルすべてで主導的役割を果たしている調整主体がいるような場合には、むしろ後者が事務局との調整の主軸となることが合理的であろう。

リード国以外の安保理メンバーも、その国の関心の程度やリード国との政策対立の程度に応じ国連事務局と接触し、情報収集をしたり、自らの立場を働きかけたりして、安保理における審議に備える。第7章で見たとおり、事務局はリード国と密接に連携する実務上の必要を意識しつつ、安保理内部における政治的バランスにも配慮する。

5　安保理内における交渉と採択

決議案交渉の過程

すでに見たとおり、安保理メンバー間の協議においては、議題リード国が議事進行を行う担当官級の会合である、専門家会合が決議案の文言交渉の中心である。交渉の進捗に応じ、論点の整理や新たなテキストの提示のため、安保理議長が議事進行を行う大使級の会合である非公式協議での協議を時折挟むことにより、交渉の加速が図られる。また、メンバー間で深刻な対立点がある場合には、その点に関する大使級の水面下交渉を行うため、「非公式・非公式」会合が用いられる。これらの安保理全メンバーの会合と並行して、議題リード国は安保理内で支持を拡大し、また対立点を解消するため、二国間等の少数国協議を併せて行う。議題リード国と政策対立のあるメンバーも、安保理内で支持を拡大するため、少数国協議を行う。

少数国協議の中でも、新たな紛争解決戦略の枠組を導入する場合や、事態の急転により現在の紛争解決戦略の枠組を維持することにつき確認を要する場合、すなわち「非日常の安保理」において、P5協議（あるいはこれにE10の共同リード国が参加したP5＋α協議）は、新決議案の骨格を実質的に決める協議となり得るので、特に重要である。また、決議案に現れない利害関係や紛争解決と直接関係しない利害関係を調整するための交渉も、少数国協議で行われる。交渉が終盤にさしかかると、残った少数の対立点を解消するための交渉が、少数国協議において激しく行われる。

こうした少数国協議は、国連においても行われるが、必要に応じ紛争地域、リード国の首都やそれぞれの安保理メンバーの首都でも行われる。案件の緊要度や利害調整の政治的重要度に応じて、外務大臣や政府首脳による交渉も頻繁に行われる。

議題リード国は、全メンバーの会合で提起された意見や少数国協議の結果を踏まえ、譲歩すべき点は譲歩し、維持すべき点は維持した改訂決議案を非公式協議や専門家会合で提示するという過程を繰り返すことにより、合意形成を進める。

各国の振る舞い

協議に臨む安保理メンバーの交渉態度を一般化することはできないが、多くの場合に見られる典型的な構図は以下のようなものであろう。

その紛争に関心があり議題リード国の紛争解決戦略と政策対立のある国、議題リード国に対し対立を表明する一般的外交方針を持っている国、議題リード国に反発している外交クライアントの関心に応える必要がある国は、リード国の提示する決議案に批判的姿勢をとり、決議案の全体または一部につき反対を主張する。その紛争に関心があり議題リード国の紛争解決戦略を支持する国やその戦略に従って介入する用意のある国は、決議案を支持し、あるいは安保理における全会一致や国際社会によるより幅広い支持を実現するために有効と考えられる修正提案を行う。その紛争に関心のない国は、協議に実質的参加をしない。

米英仏のいずれかが議題リード国になることが多いので、そのような議題のケースを念頭に置くと、中露に加え、アラブ出身国が批判的姿勢をとることが多い。いわゆる西側諸国は、支持や決議案改善の姿勢をとることが多い。米は、関心のない議題の場合、英仏いずれかがリード国であっても距離を置いた姿勢をとることがある。また、どんな議題でも、一定数の無関心国は必ずいるものである。そしてP5も含め、どの安保理メンバーでも関心のない議題はあるものである。

決議案票決の過程

決議案交渉がある程度進行して、支持が拡大するとともに反対のある論点が絞り込まれてきたところを見計らって、議題リード国は、無関心国の取り込みを強化するとともに、残った反対国に対し賛成票を投ずるよう圧力をかけ始める。安保理が国際社会を代表して迅速に行動しなければならないという、各メンバーの責任意識へ訴えかけるのである。特に、コンセンサス採択を妨げる立場に身を置くと、強い説明責任が生ずるとの規範意識があるので、この意識への訴えかけが最大限に行われる。少数国協議における執拗な説得を補強するため、ブルー版の配布や共同提案国の募集が行われる。利害調整による取引が成立しやすいのも、また、反対国が賛成に転ずることを正当化する、些細な体面維持の譲歩をもって、反対国を賛成に追い込むことが成立しやすいのも、この大詰めの局面である。

議題リード国陣営も、反対国陣営も、それぞれに票読みを行う。それぞれ自陣営の獲得票数見込みを大きめに言い触らして神経戦に勝つことを目指すが、大勢が決すると雪崩をうったように中間層や未決定層が勝ち馬に乗るのは、どこの世界でも一緒である。

両陣営による、最後の支持獲得努力として、またそれぞれの主張の正しさを広く国際社会に訴える機会として、票決のための公式会合「採択」において、票決前に発言が行われることがある。また、票決後は、反対票や棄権票を投じた国が説明責任を果たすために投票理由を説明する発言を行うことが多い。議題リード国陣営は、決議が採択された場合には、全会一致は得られなかったものの国際社会による一致団結した履行が必要である、といった趣旨の発言を行うことがある。否決された場合は、一部の安保理メンバーの無理解により安保理が重要な決定を行い得なかったのは残念である、といった趣旨の発言を行うことがある。

6　交渉過程の特徴

主な交渉ポイント

決議案交渉の中で、交渉のポイントになりやすい問題がある。もちろん、(1)それぞれの紛争に対する紛争解決戦略、介入方針が決議案の主題であり、当然のことながら主要な交渉ポイントとなる。共同リード国を形成するメンバー間でも一致が得られるまで徹底的に議論されるし、また安保理内で路線対立がある場合も、交渉の焦点となる。しかし、それ以外にも交渉のポイントとなることが突出して多い、一群の問題があるように思われる。すなわち、紛争解決に直結する問題としては、(2)決議の効果として発生する紛争当事者間の利害バランス、(3)介入措置の設計、とりわけその措置の強制度の強さ（換言すれば、紛争当事国や紛争当事者の支配する地域の属する国の主権を抑制する程度の強さ）、措置の費用対効果、事務局が実施する措置の場合に実施可能性や資源の利用可能性について事務局の見解を十分反映しているか、等がしばしば交渉のポイントとなる。また、紛争解決に直結しない問題も交渉対象となることがある。(4)外部クライアント（アラブ・グループ、非同盟諸国運動（ＮＡＭ）等）の関心事項、(5)有力安保理メンバーや有力周辺諸国の個別権益、(6)米国にとっての国際刑事裁判所問題や、中国にとっての台湾との国交関係問題など、有力安保理メンバーの一般的外交方針や、その紛争以外の外交問題、が代表的と考えられる。

経験的印象としては、(3)介入措置の設計、(4)外部クライアントの関心への配慮、(5)個別権益については、交渉を経ても妥協に達しないことは稀であるが、(1)紛争解決戦略、(2)紛争当事者間の利害バランス、(6)一般的外交方針、については、交渉を経ても妥協に到達しないことが時折ある。その場合には、いわば対決決議案となり、採択されても棄権・反対票を伴って全会一致とならないか、拒否権が行使されて否決されることとなりやすい。(1)の例として、米英の対イラク武力行使戦略に仏露独が反対した、いわゆる「第二決議」のケース、(2)の例として、中東和平問題に関しアラブ出身メンバーが提出する多くの決議案に米がイスラエルの利害がバランスよく反映していないとして拒否権を発動するケース、などが典型的である。(6)の例として、米中のケースを上述した。ただし対決決議案であっても、反対国が最終的には全会一致圧力に屈して賛成票を投ずる例が意外に多いことは注目されるべきである。

交渉過程の特徴

安保理決議の交渉過程は、各安保理メンバーが、第4章（法的制度）、第5章（介入ツール）、第7章（組織・権力構造）、第8章（文書）、第9章（会合）で触れた、様々な制度、技術、知識、交渉力を動員して行われる。その大きな特徴は、(1)手続きや介入ツールの発展性・柔軟性、(2)P5とE10の間の非対称な権力構造、(3)高度の政治性、が大幅に活用されていること、特に議題リード国により、効率的合意形成のためにこれらが援用されていることにあると考えられる。

(1)発展性・柔軟性の活用については、法的拘束性や強制措置を巡る法的制度の曖昧さ（第4章）、決議・議長声明等の文書形式間の区別の曖昧さ（第8章）、紛争の特質に応じた新規の介入ツールを編み出す発展性（第5章）、審議手続の柔軟性（第9章及び本章前半）が代表的である。これらの柔軟性、とりわけ法的制度の曖昧さは、安保理が手続きの厳密さ以上に迅速な合意形成を重視していることをよく表している。

(2)第7章に詳述したP5・E10の力の格差は、P5がE10を操縦する可能性を高めるので、P5が議題リード国を務める際、議題リード国として効率的合意形成を行うために活用される。その中には、いわゆる「非日常の安保理」におけるP5協議（あるいはP5＋α協議）のように、拒否権を基礎としたP5の特権をあからさまに意識させるやり方もあるが、より微妙な、知識の「独占」、影響力の「独占」、人材育成力の「独占」を基礎とした振る舞いによるE10の操縦が、「日常の安保理」と「非日常の安保理」を問わず、絶えず行われている。

(3)往々にして安保理決議案交渉は、外相級以上のハイレベル交渉に急展開する。当然のことながら、ハイレベル交渉では高度な利害調整が行い得る。このことも、迅速な合意形成を図る方法として、議題リード国に活用される。

安保理の交渉過程にはこうした特徴があるが、その一方で、合議体としての通性が強く表れてもいる。すなわち、決議案の交渉に実質的に携わるのは、その紛争に関心のある、議題リード国、議題リード国と政策対立のある国、議題リード国と協力して介入措置を行う用意のある国等一部であり、関心のないメンバーは、決議案交渉を通じてというよりは、投票行動を通じて、決議の採択に参加する。その意味において、安保理も普通の会議である。

この合議体としての通性が、安保理に特徴的な交渉方法と組み合わさった帰結として、議題リード国が安保理の意思決定で発揮する指導力は極めて強いものとなっている。紛争の複雑化や安保理の介入活動の複雑化が進行する中で、そのこと自体は必要なことであるが、結果として、安保理議長や、リード国以外が審議に参加する上での負担が著しく軽減していることは間違いない。E10が議題リード国を務めるケースは少ないので、このことはE10の形骸化をもたらす傾向を持つ。また、この傾向を通じてP5中心の安保理運営を一層強化する作用が働いている。

票決過程の特徴

安保理決議案の票決にいくつか立ち会うと、決議とは成立しやすいものだ、全会一致とは成立しやすいものだ、という印象を受ける。P5による拒否権発動を伴わず、賛成票が九票を欠くことにより否決される決議案を想像することが難しいほどである。もちろんこれは印象論にすぎない。リード国が決議としての採択が難しいと判断すれば、議長声明の採択をねらうことに切り替えることや、票決に付さずに廃案とすることを選ぶケースが相当あるからである。しかし票決に至る過程で対決決議案であることが明白となり、票決直前のタイミングでも票が割れることが予想されていた決議案が、いざ票決に付すと、圧倒的多数で採択されたり、あまつさえ全会一致で採択されたりする事例が、実に多い。

繰り返し指摘したとおり、安保理が国際社会を代表する資格で決定を行うことに対する責任意識が強く働いていることは間違いない。

また、メンバー数が一五と相当少ないことが、効率的合意形成に貢献している。これだけ数が少ないと、交渉による説得を行うのが容易である。また正確な票読みを行うことが容易である。さらに票読みの結果、反対・棄権である、または投票態度未定であると見極めたメンバーに対し、全会一致の成立を(単独で)妨げる責めを負う覚悟はあるのか、と圧力をかけることが容易である。

そしてこれも繰り返し指摘した点であるが、賛成票を投ずるべしとの圧力をかけるリード国がP5、圧力をかけられる相手がE10であれば、その力の差が追い詰めるのを容易にする。

しかし、以上挙げた三つの、いわば制度的な理由だけで決議成立の容易性が説明できるわけではない。やはり議題リード国の力量により大きく左右される。議題リード国の一般的国力、外交力は大きな要因であるが、それを離れて、紛争介入者としての力量という点から特に重要と考えられる二つの側面を指摘しておきたい。

一つは、議題リード国として他の安保理メンバーを説得するに足る、紛争状況や国際的介入の状況についての情報力があるか、また唱える紛争解決戦略の下に紛争当事者、様々な介入主体、国際社会を調整してきた、指導力の裏付けがあるか、という点である。つまり、安保理内意思決定過程以外の三つの調整レベルで、どれだけ主導的役割を果たしているか、またリーダーシップ分担が行われている場合他の調整者とどれだけ密接に連携しているか、である。議題リード国の情報力及び指導力の多寡により、決議成立の難易は左右される。

もう一つは、議題リード国が、そのような情報力や指導力を背景として、事務局との共生関係を十分に築けているかどうかである。共生関係の構築に成功していれば、他のメンバーが事務局の提供する情報に依存する度合いに応じて、他のメンバーを賛成票投票にいざなうことが容易になる。

注

1　その指導力の成果物として、議長声明採択（場合により決議採択）がしばしば追求される。

第11章　課題と見通し

安保理による紛争介入が実効的であるためには、紛争介入にリーダーシップをとる国を安保理の意思決定により広く関与させること、国際社会の集団的安全保障に対するコミットを強化することが重要である。また、安保理が自由と民主主義に立脚した紛争解決を推進する上で有利なメカニズムであるという性質を維持するため、非西側世界を寛容に取り込む努力も欠かせない。

1　前章までのまとめ

安保理の正統性付与機能

前章までの各章を通じて、安保理の果たしている機能について理論的考察と実行の分析を行ってきた。終章となる本章で、安保理の紛争介入行動が現在抱えている課題と今後の見通しを検討するに当たり、そのために必要な範囲でここまでの内容を要約しておくことにする。

まず、安保理の中核的機能は、その意思決定を通じて紛争に対する国際的介入に国連の権威を基礎とする正統性を付与すること、すなわち、様々な関係者の行動を合理化し、正当化する機能であった。安保理自身の実施能力には制約があることから、正統化付与の主たる対象は安保理外の他の主体（安保理メンバー国や国連事務局を含む）による行動であり、その行動には、紛争当事者による紛争解決策の受け入れ・実施、国・国際機関等様々な介入主体による介入活動の実施、国際世論による介入活動の支持、が含まれた。

こうした正統性付与機能は、地域機関等他の公的介入主体においても一定程度果たし得る。しかし安保理が持つ普遍性や公的性格の程度は他を卓越しているので、他の主体が安保理に勝る正統性付与機能を果たすことは困難である。安保理この点において、安保理の正統性付与機能は依然として大きな効用がある。

非公式な介入との相互補完性と公的性格過剰

紛争当事者の仲介・周旋は多くの水面下の交渉を必要とする。公的性格の極めて強い安保理の介入行動は往々にして水面下の交渉に不向きであり、安保理の介入が有効となるためには、水面下の交渉により適した非公式介入と相互に役割を補完する必要がある。

とりわけ内戦型紛争において非公式介入の重要性は高く、その分安保理が有効に役割を果たせる局面は限定的である。局面を誤った安保理による介入は逆効果を招く恐れがある。安保理は、非公式な介入により紛争当事者の仲介・周旋を行っている介入主体と密接に連携し、役割を果たし得る局面についての適切な判断をする必要がある。

紛争介入における国益の基礎とリーダーシップ

紛争への国際的介入は、失敗のリスクがありながら相応の資源動員が必要なので、介入する側に明確な政治的意志の形成が必要である。このためには、介入の必要性を裏付ける国益の基礎がなければならない。また、国際的介入は複数の国・国際機関等による共同介入となることが多いので、効果的介入のためには、単一の紛争解決戦略に基づく整合的な介入ができるよう、複数主体間の調整を行うリーダーシップが必要である。リーダーシップをとる国は、より強固な政治的意志を持つ必要がある。

ところで、国際調整の必要性は、四つのレベルで発生し得る。(1)紛争当事者の仲介・周旋及びこれを行う介入主体間の調整、(2)強制措置や紛争解決定着を確保するための措置を実施する介入主体間の調整、(3)紛争解決戦略に対する国際世論の支持を確保するための国際世論との調整、(4)安保理の意思決定を必要とする場合における安保理内の合意形成、の四レベルである。

四つのレベルで影響力・指導力の強い国が一致していれば理想的である。しかし介入対象となる紛争によっては、各レベルにおける影響力・指導力の強い国が一致しないこともある。その場合、効果的介入のためには、リーダーシップを分担し、各レベルでリーダーシップを発揮する調整国の間で、密接な連携を行う必要がある。

P5中心の安保理運営

安保理の権力構造は、P5への権力集中が著しい。このことは、議題リード国の仕組みと組み合わせられることによって、安保理内意思決定過程におけるリーダーシップ創出を容易にしており、効率的意志決定に寄与している。ただし、そのことは他の三つのレベルにおけるリーダーシップ創出に対する保証にはならない。

また、P5への権力集中と交替可能性がないことは、P5による権力濫用の可能性を高めている。P5による権力濫用は、安保理に対する信頼を長期的に損なうリスクがある。実際に安保理非メンバー（あるいは機関としての国連総会）は、この点から長年にわたり安保理を批判してきている。

Ｐ５（特に英仏）は、このリスクと批判を意識し、権力の自己抑制により対応している。自己抑制は、主としてＥ10及び総会との融和及びリーダーシップ分担の受け入れの形をとっている。Ｅ10及び総会との融和の本質は、Ｐ５の共同利益である権力集中の保存であるが、リーダーシップ分担には安保理の介入行動の実効性を高めるための実質的重要性がある。

議題リード国と「責任回避の場」としての安保理

議題リード国の仕組みが整ったことと「責任回避の場」としての安保理利用が増大したことは、ともに冷戦後の安保理の役割拡大の中で進行した現象である。根本要因は同一であり、冷戦終了とともに米露が世界の様々な不安定地域から戦略的に退却したことであった。

議題リード国の仕組みは、リード国がＰ５である場合に、Ｐ５への権力集中に支えられて、安保理内における効率的意思決定に貢献した。しかしリード国の仕組みがＰ５への権力集中に支えられる必要が大きいことは、安保理内合意形成において指導力を発揮できるのはＰ５におおむね限定されることを意味する。仮に、紛争介入に関する国際調整の四つのレベルの間でリーダーシップを分担する可能性が開かれておらず、安保理内の合意形成に指導力を発揮できるのがＰ５に限定されることを介して、他の三つのレベルにおいてもリーダーシップ資格がＰ５に限定されていたらどうであろう。中国が安保理を活用した紛争介入に関心を持たない中、実質的には米露が退却した地域の紛争に関しては、傾向としてリーダーシップ輩出源が英仏に限定されかねない。そしてＰ５、とりわけ英仏が指導力の発揮に関心を示さなければ、その紛争は「見捨てられた紛争」となり、安保理は「責任回避の場」として利用されることになりやすい。そうなれば、安保理は紛争解決に有効な制度と認められなくなっていくであろう。

安保理がリーダーシップ分担を取り入れ、広く意志と能力のある国がそれぞれの適性に応じて国際的介入の調整に指導力を発揮し、かつ安保理における議題リード国と密接に連携をとることが、より多くの紛争に対する介入において、安保理が「責任回避の場」として利用されるのでなく、実効的な介入行動を行い得ることを確保する上で極めて重要である。

安保理の発展性

安保理の法的制度、介入ツール、手続き及び意思決定過程における発展性ないし柔軟性は、国際政治の変質や紛争の変質に対応して、安保理が介入措置の実効性や合意形成の効率性を高めることに寄与してきた。他方、安保理の発展性を操縦する権限がほぼもっぱらＰ５に握られてきたことにより、Ｐ５による安保理支配を助長してきた。

集団的安全保障システムとしての安保理

国際社会の集団的安全保障の考え方に対するコミットが、安保理の正統性の政治的基礎であった。集団的安全保障の考え方が規範として普及され続けない限り、安保理の正統性は基礎が掘り崩されかねない。逆に、安保理を中心とする紛争介入が成功事例を積み重ねれば、国際社会の集団的安全保障の考え方に対するコミットは伸張する。

とりわけＰ５の責任は重大であり、Ｐ５がこれに逆行する行動をとる場合には、安保理を中心とする紛争介入システム全体の信頼性が打撃を被る。本書を通じて検討してきたとおり、安保理は常に大きな制約を抱えており、有効な紛争解決機能を果たせない局面があることは避けられない。そのような局面においてもなお、安保理を中心とする集団的安全保障システムの枠を超えた行動を慎むべきであると断ずることは、かえって紛争解決への途を塞ぐ恐れなしとしない。P5は大きなジレンマに直面するが、このジレンマを直視し乗り越えることもP5の重大な責任の一部であろう。

自由・民主主義の増進に有利なシステムとしての安保理

安保理は本来的に自由と民主主義のより広汎な普及にとり有利である。それが国連憲章の立脚している価値観であるからでもあり、安保理による正統性の付与を活用して紛争介入措置に参加する意志と能力を持つ国・国際機関の多くがこの価値観を共有しているからでもあり、また、安保理による正統性付与に支持を与奪する国際世論が、この価値観を共有している国・メディアの支配的影響力の下で形成されるからでもある。制度的には、P5におけるいわゆる西側諸国の過代表、全一五メンバーにおける欧米諸国の過代表により担保されている。

また、安保理が自由と民主主義を重視する価値観に立脚した紛争解決に有利であることは、現象としては、安保理の紛争議題の多くにおいて、米英仏、いわゆるP3のいずれかにより議題リード国が務められていることにも現れている。米英仏であれば、少なくとも安保理内の意思決定、対国際世論、対紛争への様々な介入主体の三つのレベルで主導的に影響力を行使できることがある程度確か（ただし英仏の影響力は米に大きく劣る）である。そうであれば、残るもう一つのレベルである対紛争当事者で、P3が十分な影響力が行使できる紛争であれば、その紛争介入において一貫したリーダーシップを発揮する条件が一応整う（英仏は、米と共同リードを形成することで、リーダーシップ不足を補うこともできる）。

しかし現実に安保理がこの価値観に立脚した紛争解決を推進するためには、他にも満たされる必要のある条件がある。第一は、露中が対西側協調路線に国益を見出しており、安保理におけるＰ５協力・協調を通じてその路線を実践することである。第二は、この価値観が広く国際社会に普及しており、西側諸国による紛争解決努力が、政治陣営としての西側諸国による個別・共同利益の追求であると映じないことである。

2　課題と見通し

リーダーシップ動員

以上のまとめから、安保理の有効性の観点から見て、大きな課題は、紛争への国際的介入を単一の紛争解決戦略の下に調整するリーダーシップをＰ５以外からも動員すること、国際社会の集団的安全保障に対するコミットを強化すること、自由と民主主義に立脚した紛争解決に対する国際社会の了解を増進することの三点に整理できるだろう。

順に検討していきたい。Ｐ５のみでは、世界各地の紛争への国際的介入に十分なリーダーシップを供給できないことに対応して、様々なリーダーシップ分担が試みられてきた。安保理が実効的介入を行うためには、リーダーシップ分担をさらに推し進め、世界の各地域において紛争介入の意志と能力のある国が、それぞれの適性に応じて、四つのレベルにおける介入調整に指導力を発揮することが重要である。

特に紛争地の周辺地域における有力国がリーダーシップを発揮することは、対紛争当事者、対その地域からの介入主体、対周辺地域世論の調整力の観点から、効果が大きいと考えられる。また内戦型紛争における非公式な介入の重要性に鑑み、ＮＧＯ等さらに深い水面下交渉を行える主体の積極的参加も奨励されるべきである。

このようなリーダーシップ分担が行われる場合、四つのレベルを通じた紛争解決戦略の総合調整が確保されなければならない。調整そのものは四つのレベルの調整者間の協議で達成できるであろうが、安保理の決定に国際社会を代表する実質を帯びさせて有効性を高めるという目的のためには、他の三レベルにおける調整者の発揮しているリーダーシップを、安保理の意思決定過程の中に呼び入れることが効果的である。

作業方法改善

安保理の作業方法改善により、P５以外の主導的調整国を安保理の意思決定に呼び入れる方法としては、複数安保理メンバーによる共同リード国の形成、コア・グループを活用することを通じた安保理非メンバーの実質的関与がすでに実践されているが、より広汎な活用が課題であろう。また、これらの作業方法が効果を上げるためには、安保理の諸手続き及び介入ツールの発展性・柔軟性がP５以外の主導的調整国、安保理非メンバーの主導的調整国にとっても活用可能となるよう、開かれた利用可能性のあるものとしなければならない。開かれた利用可能性を、発展性・柔軟性を犠牲にせずにバランスよく確保することがもう一つの重要な課題である。

選挙方法改善

選挙（E10の選出）を通じて、主導的調整国を安保理の意思決定に呼び入れることも可能なはずである。しかしこれが実現するためには、各地域グループがグループ内順送りの原理によって候補者絞り込みを行うのを自発的にやめる必要があり、地域グループにとっての課題であると言える。

各地域グループにとって、自地域の紛争を安保理を活用して解決することの価値（紛争多発地域の場合）や安保理の介入活動の有効性全般を高めることの価値（欧米諸国等集団的安全保障や自由・民主主義にコミットしている地域の場合）が、順送りにより域内に平等に名誉を配分することの価値を上回っていなければ、前進は難しいであろう。現実には、域内で限定された少数国が、紛争介入における指導力、調整能力において、域内の他国から突出していることが、必要条件になるものと思われる。

安保理拡大

さらに本格的にリーダーシップを動員する方法として、安保理の拡大がある。二〇〇五年に日独印及びブラジルが主導した安保理改革論議の経緯からも分かるとおり、安保理拡大は容易ではない。しかし作業方法改善や選挙方法改善によるものと異なり、紛争介入の調整に指導力を発揮する意志と能力のある国を常任理事国として安定的に取り込める点に強みがあり、引き続き追求すべき課題であろう。

本書の立場から立論すれば、新規常任理事国としてふさわしい適格性を備えた国とは、以下のとおりとなろう。(1)いくつかの数の紛争について、単一の紛争解決戦略の下で整合的な国際的介入が行えるよう、四つのレベルにまたがる主導力を、単独でまたは他の主体と分担して発揮する、意志と能力がある国。とりわけ意志の観点からは、国民的合意に基づく明確な政治的意志の形成が行われている必要がある。また、能力の観点からは、問われているのは多様な関係者に指導力をもって影響を及ぼす政治的能力であり、そのために動員する資源の種類・内容を問うものではない。(2)集団的安全保障の考え方にコミットしており、自国がその規範を尊重することはもとより、国際社会におけるコミットの普及に努める国。(3)自由と民主主義に基づく政治の確立が長期的な紛争予防に効果的であるとの信念（いわゆる西側的価値観）を持つ国。ただし、この基準をあまりに非寛容かつ独善的に適用することはかえって非生産的であろう。すでに、安保理は西側陣営の政治的道具であるとの猜疑の目を国連総会から向けられている。より寛容なアプローチをとり､広い意味で自由と民主主義の増進にコミットしており､権威主義や全体主義を志向しないことをもって十分としなければ、常任理事国の増加が安保理の正統性を高めることにならず、むしろ政治陣営としての西側諸国が自陣営の戦略的利益を増進する手段として安保理拡大を利用しようとしているとの反発を招くであろう。

集団的安全保障へのコミット増進

国際社会の集団的安全保障の考え方へのコミットは、安保理の正統性の基礎なので、安保理は自らの課題として、集団的安全保障へのコミットの強化に取り組む必要がある。安保理において、支配勢力であるＰ５はこの点に特別の責任がある。Ｐ５は自ら集団的安全保障の規範を遵守するとともに、国際社会による遵守を働きかけなければならない。

この点は全Ｐ５諸国の責任であるが、とりわけ米露中は英仏に比して行動の自由を留保する度合いが高いと見られることから、三国は、世界全体の集団的安全保障へのコミットを弱める効果を持つやり方で行動の自由を行使することがないかどうか、注視されていると言えるだろう。

集団的安全保障へのコミットを強化する観点からは、武力行使の法的正統性が極めて重要である。どれほど国際社会の支持があり、政治的正統性を持っていたとしても、法的正統性がない武力行使が行われ、放置されれば、集団的安全保障へのコミットは遅かれ早かれ弱体化する。⑴安保理決議による武力行使権限の付与、または⑵自衛権行使であることについての安保理への申告のいずれかを、手続要件として満たして武力行使が行われることを確保する必要がある。

より広い観点から、紛争解決分野に限らず、政治・安全保障分野全般、さらには経済・社会分野においても、多国間の協議を通じて問題解決を図るマルチラテラリズムを普及させ、強化することも、国際社会による集団的安全保障の考え方へのコミットを長期的に涵養するために有効と考えられる。

自由と民主主義の普及増進

安保理はＰ５間の分裂・対決に対して極めて脆弱である。冷戦期の機能不全が十分以上にこれを実証している。本書でたびたび指摘したとおり、安保理の実効性の観点から、短期的に最も重要なのは、冷戦終了以降露中がおおむね継続してきた対西側協調路線と安保理におけるＰ５協力・協調を今後も継続するかどうかである。すでにこの点につき警戒すべき兆候はいくつか現れている。

Ｐ５内の対立問題に関する当面の課題は、Ｐ５内の対立を、政策対立がはっきりしている紛争議題の範囲にとどめ、議題横断的な全面対決に至らないよう押さえ込むことであると考えられる。しかし、長期的には露中が西側との協調に引き続き利益を見出すことを確保することが重要であろう。

露中について言えることと類似のことが、国際社会でより大きな発言権を求めて勢力拡大に努めている他の勢力についても当てはまる。イスラム世界、インド、アフリカ、ラ米等は、今後どのような姿勢をとるのか。西側との協調なのか、修辞的に西側と対決しつつ実質的に協調するのか、政治的に西側諸国と対決し、その上自由や民主主義を拒絶した体制作りにまで邁進するのか。もとより安保理の有効性という射程を超えた問題であるが、安保理の有効性という課題設定の中だけで考えてみても、重要である。これら諸国の姿勢次第では、安保理内のＰ５・Ｅ10対決が深刻化したり、安保理と国連総会の対決が深刻化したりするからであり、そうなれば安保理の有効性が一層制約されることが確実だからである。

また、P5内分裂の深刻化とこれらの対決の深刻化は、連動しやすい。それは、安保理が、いわゆる西側的価値観に立脚した紛争解決に有利であると同時に、政治陣営としての西側諸国にとっても有利であるからである。自由・民主主義の増進に対する疑問または西側諸国との政治的協調に対する疑問のいずれかが勢いを持つと、P5内分裂も、P5・E10対決及び安保理・総会対決も、ともに深刻化しやすい。

本書の立場からは、安保理が自由・民主主義に立脚した紛争解決を進める上で有効であり続けることが望ましい。この観点からは、自由と民主主義が政治の長期的安定に対する最善の保証であるという考えが、属する政治陣営にかかわらず国際社会で普及するよう努めることが課題である。そのためには、自由や民主主義の内容につき、極端に偏狭かつ独善的な限定を行うことなく、多くの政治主体から幅広く受け入れられる包括的で寛容なアプローチをとることが必要である[1]。また、西側諸国による個別の紛争解決努力はもとより、このような西側的価値観の普及努力についても、政治陣営としての西側諸国による個別・共同利益の追求であると受け止められることがないよう、注意を払う必要がある。この両者は、表裏一体であると考えられる。

3　日本の選択肢のためのスケッチ

紛争介入についての国民的合意

本書で行った検討を、日本の今後の政策や実行にどのように活用できるかを、本格的に論ずることは、本書の射程を超えている。この点について読者が考察を進めていく上で、手がかりとなる思われる諸点を点描することをもって、本章を閉じることとしたい。

まず、本書で繰り返し論じたとおり、紛争解決のための国際的介入は、相当の資源動員を必要とする一方失敗のリスクが避けがたいので、リスクにもかかわらず行うことが国益である（逆に言えば、失敗のリスクは許容し得る）との、明確な国民的合意が必要である。

個別の紛争に介入することの是非以前に、紛争介入一般について、日本は積極的に参加するべきなのか、積極的参加に足る動機付けがあるのか、積極的といってもどの程度の参加を国益から基礎づけられるのか、国民世論による議論を通じて、合意が図られることは、結論の如何を問わず重要である。

世界各地の不安定化、人道危機の拡大、国際対立における武力行使の日常化を放置することのマイナスという負の絶対値、紛争解決に積極参加することによる名誉価値や影響力増大という正の絶対値、紛争解決のリーダーシップが他の国によってとられること、とりわけ西側的価値を共有していない国によってとられることの相対的得失、といった様々な角度から、深く議論すべきであろう。

とりわけ、アジアの大国として、アジア地域の安定化に一定の役割を果たすことを、日本の特別な国益と位置づけるのができるのか、そうだとすれば、アジアにおいて、どの程度他の地域より積極的に介入することが、日本の国益であると広く国内世論により判断され得るのかが、避けて通れない問題である。

その場合、メルクマールとなるのは、他の主導的な介入主体が調整者として様々な関係主体を単一の紛争解決戦略の下で行動するよう調整している枠組の中に入って、一介入主体として行動するのか、それとも、日本が主導的な調整者として、紛争当事者、様々な介入主体、国際世論及び安保理が、日本の唱える単一の紛争解決戦略の下で行動するよう調整する役割を担うのか、であろう。主導的調整者の役割を果たすか否かで、必要な資源動員も伴うリスクも大きく異なる。したがって、その役割を果たすことについての政治的意志形成の基礎となる、国民的合意に求められる明確さも大きく異なるからである。

安保理への関与

日本が、上に述べた意味において主導的な調整者として、国際的介入を調整する役割を担う紛争については、そのような役割を複数の主体と共同して担う場合も含め、安保理における意思決定に主体的に関与するべきであろう。国際的介入の主導的調整者が安保理の意思決定に関与することは、その決定に実質を与え、安保理の決定の実効性を高めるからである。

安保理がP5外の国のリーダーシップを取り入れる方法は、作業方法の改善、選挙方法の改善及び安保理拡大であった。日本が作業方法の改善を通じて安保理における意思決定に関与するとは、日本が主導的な調整者としての役割を果たしている紛争議題については、安保理非メンバーであればコア・グループを主催し（またはこれに参加し）、安保理メンバーであれば議題リード国になることを意味する。

選挙に関しては、幸いアジア・グループには、他の地域グループと異なりグループ内順送りで非常任理事国候補を立てる慣行はないので、これを活かして可能な限り頻繁に立候補することを意味する。順送り慣行がないといっても、頻繁な立候補が批判を受けず、かつ現実に当選するためには、無実績というわけにはいかない。日本が紛争への国際的介入における主要な介入主体として、とりわけ主導的調整者として、実績を積み重ねることにより、頻繁な当選が可能となるだろう。

安保理拡大についても、選挙と同様、国際的介入における主要な介入主体としての実績を、裏付けとして示した運動が必要であろう。今日の安保理においても、Ｐ５には拒否権を背景とした交渉力があることにかんがみれば、拒否権つきの常任理事国になってこそＰ５と同等の役割を果たせることは間違いない。他方で、Ｐ５の持つ権力の相当部分は、安保理に居続けているという事実から発生している。拒否権つきの常任理事国を求めるか、当面拒否権は追求しないか、という問題について、吟味すべき余地がここにある。いずれにせよ、常任理事国になることを追求するということは、少なくともいくつかの数の紛争について国際的介入の主導的調整者になることについて、明確な国民的合意が形成されることを必要とするから、このことの反射効果として、日本が現実の紛争において国際的介入の主導的調整者となるための政治的意志の観点から見た条件が整う。

以上見たとおり、日本が現実の紛争において国際的介入の主導的調整者となり、作業方法の改善を通じて、または選挙に当選することを通じて、安保理の意思決定に関与することと、安保理拡大を通じて安保理の常任理事国になるべく運動することは、相乗効果を持っているので、同時に追求する価値がある。

人材の育成

紛争への国際的介入の主導的調整者として役割を果たすためには、そのための技術を持った人材が必要である。紛争当事者間の仲介・周旋を行い得るための信頼関係を紛争当事者と確立する技術、様々な介入主体間の意見を調整する技術、国際世論の意見を吸い上げ、支持を獲得する技術、安保理内の合意形成を主導する技術はそれぞれ異なるので、四つのレベルに応じて携わる関係者の技術を磨き込む必要がある。こうした人材育成にコストをかけるためには、やはり明確な国民的合意が必要である。

とりわけ、紛争当事者と信頼関係を確立する技術は、通常の外交技術にとどまらない特殊性を持っていることと、実地における実行を通じてでなければ洗練させることができないことの二点から、意識的な人材育成政策を要する分野であると考えられる。

また、紛争当事者と信頼関係を確立する技術の習得に焦点を置いた人材育成政策をとることには、別の重要な意義がある。内戦型紛争においては、非公式介入の重要性として説明したとおり、紛争当事者が主権国家政府による仲介・周旋を受け入れない場合がある。今後この傾向はますます強まる可能性もある。日本として、紛争への国際的介入に積極的に参加する方針を確立するのであれば、紛争当事者と信頼関係を確立する技術を持つ人材を政府部門のみにとどめ置くことは、不十分であろう。広く人材を育成し、政府部門外においても、ＮＧＯ等、より水面下の交渉に適した資格で活動できる団体を養成しておくことが合理的であろう。

注

1　大沼［一九九八］、特に第3章は、国際的介入の正統性が確保されるためには、介入内容が、異なる文化・文明を通ずる共通項として支持される必要がある点を指摘している。

付　録

付録１　「安保理の店子、大家を掣肘す
　　　　　——安保理作業方法ハンドブック誕生記」

付録２　「安保理作業方法ハンドブック」（私訳）

付録1

「安保理の店子、大家を掣肘す
――安保理作業方法ハンドブック誕生記」

（東京財団国連研究プロジェクト「国連ウォッチング」1、二〇〇七年七月二四日号（通巻第一号）所収の同名論文を再録）

常任理事国は大家、非常任理事国は店子

風変わりなタイトルになってしまったが、安保理関係者の実感はこれに極めて近い。国際社会における紛争解決に大きな役割を果たす国連安保理において、Ｐ５と称される五つの常任理事国（米、中、露、英、仏）が強大な力を持つことはよく知られている。非常任理事国（Ｅ10）が、時に自らを卑下して「通りすがりの旅行者」と呼び、Ｐ５を安保理のオーナーと呼ぶのは、このことに基づいている。その力の根源は拒否権にありとされるのが通常であるが、実は拒否権行使には直接関わらず、単に「安保理に常にいる」ことを源泉として発揮されている力が相当にある。その全容について解明する作業は別稿にて準備中であるが、今回はそのうちの重要な一側面である、安保理の作業方法を取り上げたい。

というのは、前回日本が安保理非常任理事国を務めた二年任期の後半である昨二〇〇六年、この作業方法に関し、透明性や開放性を改善することを通じて、安保理の決議・決定の正統性を高め、もって安保理が紛争解決に果たす役割の実効性を向上させるためのささやかな改革が行われたが、これは日本がその年の安保理文書手続作業部会の

議長として主導して行われたものであるからである。その成果は、昨年七月一九日に採択された安保理議長ノートS/2006/507に集大成された。さらに、その年後半の検討を通じて、右議長ノートの内容をより分かりやすく、使いやすくするための作業部会議長ノンペーパーにいくつか合意した。そして昨年末に、議長ノートとこれらノンペーパーに加え、既存の安保理仮手続規則（S/96/Rev.7）を合本にし、使いやすいハンディな製本にまとめた「安保理作業方法ハンドブック」を作成・配布するに至ったのである。議長ノートのテキストは、国連ホームページ（www.un.org）から安保理ページへアクセスし、同ページの安保理議長ボタンから議長ノートのボタンへと進めば入手できる。ハンドブックについては、現時点では限定数の出版にとどまっており、広く入手可能ではない（筆者注：二〇〇八年九月現在、本件ハンドブックは、日本政府国連代表部のホームページからpdfフォーマットで入手可能。http://www.un.int/japan/jp/handbooknew.pdf）。

安保理の作業方法とは何か

説明が前後するが、作業方法とは、議題の決め方、議事の進め方、決議案の準備の仕方、安保理メンバーでない国連加盟国（非メンバー国）や紛争当事者、関係NGO等との協議の仕方、決議案の審議・採決の仕方、審議予定の非メンバー国への通知の仕方、審議内容の非メンバー国への事後説明（ブリーフィング）の仕方、国連総会への活動報告の仕方などなど、会議の運営全般にわたる。理論的には、拒否権行使のあり方も含まれ得る。

拒否権行使のあり方は大きな政治的問題であるが、それ以外はおよそ地味な、技術的な問題のように見える。内部の関係者以外興味の持ちにくい問題である。なぜこの作業方法問題が重要なのか。実は、安保理の権能を定めた国連憲章の関連規定以外に、安保理の作業方法を定めたものは、上述した仮手続規則が唯一のものである。この仮手続規則は安保理発足直後の一九四六年に制定されて以来、実質的に改訂されていない。国連公用語が追加されてきた事実を反映した修正が行われてきたのみである。同手続規則は作業方法の基礎を定めたものではあるが、その後六〇年にわたる安保理の活動の積み重ねの中で、膨大な新規の非公式のルールが蓄積されているし、仮手続規則の内容が実体的に変更を受けている規定、もはや使われなくなっている規定も多い。六〇年経っても「仮」の文字がとれないゆえんである。

要するに、今の時点で見れば文書化されていない非公式な慣行の集積が安保理の作業方法の大部分を占めているのである。これは一面で現実的である。世界の紛争やそれを巡る状況、解決に取り組む国際社会の側の政治状況など、刻々と変化しているので、固定的な作業方法を金科玉条のごとく掲げていては、有効な紛争解決ができない。安保理の介入により不利を被る紛争当事者に固定性が悪用されるリスクもある。他方で、この柔軟性はP5にとり一方的に有利な状況である。なぜなら、ある時点における安保理の作業方法が何であるか、権威をもって確言できるのは、常に安保理にいるP5だけだからである。「通りすがりの旅人」たるE10諸国は、非常任理事国任期が始まる一年目の一月に、P5諸国から「今の安保理ではこれが作業方法だ」と解説を受け、必死になって習得し、議長国を経験したり、重要決議の審議で揉まれたりするうちに、ようやく作業方法の全体系をマスターして、自分なりに操れるようになった頃には、二年目の一二月、すなわち「卒業」である。非メンバー国にとっては、ますますもってブラックボックスであり、安保理メンバー国、なかんずくP5に、いいようにあしらわれてしまう分野である。

安保理改革の一つの主要な柱

こうしたことから、安保理の役割が飛躍的に拡大した九〇年代前半以来、作業方法の改善は国連加盟国の大きな関心の的となった。安保理がその拡大した役割を実効的に果たすためには、安保理の決定を国際社会が広く受け入れる正統性がなければならない。安保理の意思決定過程のあり方がP5により独占的にかつ不透明に操作されていては、そのような正統性は早晩脆弱になる。どのような作業方法で意思決定するかを、透明性をもって安保理外に明らかにし、また安保理外（非メンバー国、紛争当事者等）からの有益なインプットを審議過程に取り込む開放性を増進することが必要である。作業方法改善の検討は、国連総会の安保理改革に関する作業部会と安保理内部の文書手続作業部会の双方で行われた。安保理内部における検討は、言うまでもなくE10が推進役である。E10諸国にとり、総会の安保理非メンバー国は自らの選出母胎であり、作業方法改善を安保理内で取り上げることを通じ、総会の利益を安保理において代弁するという意味もあった。安保理内部の作業部会における検討は、いくつかの議長ノートとなって結実したが、総会における作業は、検討対象がいたずらに拡大するばかりで焦点を絞った検討作業とならず、「課題リスト」作りに終始する結果となった。手続き問題のみでなく、制裁措置の是非等安保理のとり得る介入措置の内容にも踏み込みがちなのも総会での作業の特徴であった。

安保理作業方法の改善は、本質的に、歴史上人類が経験してきた国内政治の民主化と似ている。マグナカルタの例を持ち出すまでもなく、民主化の過程は、典型的には王権による法令の恣意的改廃を被支配層（貴族、都市民、僧侶、農民等）が制限することにより、法令の透明性を確保するという手続き的要求の実現からスタートしてきたからである。周知のとおり、世界の諸国家は民主化により新たな統治の正統性を獲得し、実効的統治を拡大してきた。

日本、作業部会の議長となる

かくして、作業方法の改善は安保理拡大と並んで、安保理改革の二本柱と位置づけられてきたのである。しかし九〇年代に試みられた改善努力もやがて一巡し、二〇〇二年以降は安保理内部の文書手続作業部会は、ほとんど開かれず、休眠化していた。二〇〇五年に始まった前回の日本の非常任理事国任期も、一年目は作業方法の習得に必死であった。これが一服した同年の末、日本は作業方法の改善を安保理内部において本格的に進めるため、ある提案をした。それは、それまで毎月ローテーションで交替する安保理議長が、文書手続作業部会の議長を兼任するというこれまでの慣行を改め、同作業部会議長職を半年ないし一年の長期任期とすることにより、作業の継続性を確保するという提案である。ローテーション制自体が、作業方法の改善をスローダウンさせることを通じて、P5が彼らの共同権限を守るための装置とも言えた。したがって、議長任期長期化案に対してP5は抵抗した。しかしP5の中にも立場の違いがある。米、中、露とは異なって、今やそれぞれ欧州連合の加盟国であり、昔日の大帝国宗主国の面影を失った英仏は、作業方法改善を通じて安保理の正統性を増進することが、安保理の機能を高め、それを通じて自らの国際政治における影響力を維持することにつながることを明確に見て取っている。日本は、まず英仏を説得し、その後残り三国に当たった。言うまでもなくE10諸国は日本の提案に賛成である。米中露の説得は一筋縄ではいかなかったが、最後は「日本が議長をするのであれば受け入れる」というところまで持っていった。このことの意味は後述する。

さて、明けた二〇〇六年一月末に、ようやく「日本を議長として、議長任期の長期化を試行する」ことで安保理はまとまり、作業方法改善の検討作業が始まった（文書手続作業部会のメンバーは一五安保理メンバー国）。著者は、作業部会の議長に就任した大島賢三大使（常駐代表）、北岡伸一大使（次席大使）、政務部長の羽田浩二公使、著者と同じく政務部員の山本武臣書記官（いずれも当時）とともに、担当の参事官としてこの作業に携わった。我々は、過去の安保理および総会における検討作業の中で、検討課題とされたものを一つ残らず包括的にリスト化し、取り上げる意味があると考えられるもの、現実的改善の選択肢があると考えられるものはなるべく多く取り上げるとのアプローチで準備を開始した。こうしてふるいにかけた検討課題を改めて分野別に整理し直し、作業部会では、その整理に従って分野ごとに、その分野で取り組むべき課題についての自由討論、討論結果をベースにした議長としての改善提案の提示、議長案に沿った検討という手順で、月一～二回の頻度で、速いテンポで議事を進めた。会合の合間には、周到な根回しを行った。特にＰ５諸国の手続き問題の大御所たちとは、毎週のように頻繁に交渉し、七月初旬までに全分野の項目につき作業部会としての検討を了して、合意内容を安保理本体に提案した。安保理がこれを議長ノートとして採択したのは前述のとおりである。

Ｐ５諸国とのせめぎ合い

よく知られているとおり安保理の公式会合は九票以上の多数で票決ができる。これに対し、非公式会合や作業部会はコンセンサスによる意思決定である。一国でも反対すれば決定できない。Ｐ５が嫌がる提案も、ある程度はＥ10の数の力で押していくことができるが、ある一線を越えると、妥協のためにまとめに入らざるを得ない。特に作業方法の改善問題は、何を決定しても、それを長期的に責任をもって履行できるのはＰ５だけなので、Ｐ５が守るつもりがないものを押し切って決めることはまったく意味がない。かくして、合意内容は現状からの微細な改善にとどまらざるを得ない運命にある。Ｅ10諸国が、総会の大向こうに受けることをねらって、安保理審議の効率性を大幅に犠牲にすることを承知で行うような提案が、議論の過程で消えていくことは当然である。また、拒否権問題はＰ５の権限の根幹に関わる問題であり、この行使のあり方についてＥ10諸国とＰ5が対等に検討することについても、現状では望むべくもないことであった。これらに比べれば、よほど現実的でかつ安保理の正統性増進に寄与するポテンシャルがあったにもかかわらず、Ｐ５諸国がこぞって後ろ向きであったために議論の過程で潰えてしまった提案の一例を挙げたい。それは、議題リード国（安保理においては、個々の紛争事案について、決議案の起草、専門家レベル会合の主催、非公式・非公式と呼ばれる大使レベル会合の主催等を通じ、実質的に審議をリードする役割を非公式にメンバー国間で割り振っており、これを議題リード国という。例えば東チモール問題では日本がリード国の一翼を担った）のあり方についての提案である。作業部会では、リード国運用の透明性を高めたり、運用に際してP5とE10間の協力を強化したりする提案がなされたが、実現しなかった。P5としての利害に直結した問題であることがうかがえる。

こうした議論の結果採択された議長ノートの内容については、「現状からの微細な改善」ということを超えて詳細に解説する紙幅の余裕がないが、これまでの作業方法改善プロセスにはなかった、新たな成果であったと我々が自負する点を二点紹介したい。第一に、採択された議長ノートは、九〇年代以来の作業方法改善プロセスの結果をすべて反映させているということである。「微細な改善」部分が文書化されているのはもちろんのことであるが、現在の安保理における慣行のうち、透明性・開放性の向上の観点から有意義と考えられることはあまねく文書化した。これにより、透明性・開放性が後退しないためのストッパー機能が期待される。そして、過去の議長ノートで導入された改善措置についても、今回の改善措置により塗り替えられたものを除き、すべて再録した。つまり、二〇〇六年時点で「生きている」透明性・開放性向上措置については、もれなく一覧できるようにしたわけである。

第二に、冒頭述べたとおり、議長ノートを「より使いやすくする」という観点から作成したいくつかのノンペーパーと、仮手続規則をハンドブックに盛り込んだ。これにより一覧性がさらに格段に向上した。ノンペーパーのうちでも、「安保理メンバーによる会合の種類」と「安保理による行動の主要な類型」の二つは、そのものズバリの一覧表である。これまで安保理において「暗黙知」とされ、熟練者が「生き字引」として伝承してきた事項を顕在化させただけのものであって、それ自体何ら作業方法の新規の改善措置を含んでいるわけではない。しかし「暗黙知」が一覧表になってしまったことにより、一気に安保理の作業方法の透明性が向上することとなった。

ハンドブックへの評価、日本への信頼

このようにして昨年末に誕生したハンドブックであるが、安保理メンバー、非メンバーを含め、安保理関係者から絶賛されている。作成に携わったものとしては大変うれしい限りである。非メンバー国、E10からは、これまでに比し特に透明性の観点から大幅な前進であったとの評価を受けている。とりわけ、安保理改革の二本柱の一つとして作業方法改善を重視してきた国々は、日本は安保理拡大のみでなく、作業方法改善にもコミットしていることが実証されたとして、極めて高く評価している。透明性の向上による安保理の正統性増進の利益を強く認識している英仏も同様である。米中露はもう少し複雑であろう。透明性が増進することは、これまでP5が独占していた作業方法の操作権を弱めることになる。特に、ハンドブックに盛り込まれた内容が安保理の作業方法を固定化するものとなることはP5として受け入れがたいであろう。この点については、議長ノートで採択された内容は新たな議長ノートにより容易に更新可能であること、ノンペーパーについては何ら安保理で決定されたものでない（文書手続作業部会の議長が議長の責任で作成したものの内容について、作業部会メンバーである各安保理メンバーの理解と齟齬がないことが確認されているに過ぎない）ことから、一定の柔軟性が確保されている。そして、今回盛り込まれた内容にはP5として決定的に利益を損なう内容は含まれていない。これらを総合的に判断して、このハンドブックによって作業方法の改善が見られたことをもって非メンバーからP5に対する批判を幾ばくかかわすことができるようになるメリットの方が、デメリットより大きいと評価しているというのが彼らの結論であろう。

米中露が、日本を議長とするのであれば作業部会議長の任期を長期化することに反対しないことに踏み切ったのも、

結局日本であればそのラインで成果物をまとめるだろうとの読みがあったからだと思う。口の悪い国からは、日本はP5が安保理の現状を固定化するのに力を貸しているとの声も聞こえるが、これはうがった見方である。そうではなくて、日本が国際社会において、安保理を通じた紛争解決に対して真剣な関心を持つ、責任ある国であることについて信頼されていることの表れである。国連加盟国の中には、安保理作業方法の改善という、P5諸国との対立、対決を演出しやすい課題を、国連を舞台とする政治的・外交的ショーアップの手段とする国もある。こうした国が議長になれば、成果を目指さず、対決場面を衆目にさらすことを目指した振る舞いをとりかねない。安保理拡大を含む安保理改革を真剣に志している日本であれば、そのような非生産的なことは決してしないことについて、各国の一致した見解があったということであると思う。

付録2

「安保理作業方法ハンドブック」

（日本政府国連代表部編・発行「Handbook on the Working Method of the Security Council」（二〇〇六年一二月）の私訳）

目次

この出版物は、日本政府国連常駐代表部により編集され出版されたものであり、国連の公式文書ではない。

1　安保理議長ノート (S/2006/507)

１　安保理の作業の効率性と透明性を向上する努力、並びに安保理非メンバーとのやりとりと対話を拡大する努力の一環として、安保理メンバーは本議長ノートの別添文書に記述された諸措置を実施することにコミットする。

２　別添文書は、最近の慣行及び新たに合意された諸措置の、簡潔かつ使い勝手に配慮したリストとすることを意図して作成した。これは安保理の作業のガイダンスとして役に立つ。この観点から、一部の既存の措置についても、使い勝手の観点から再収録されている。再収録措置については、そうであることを別添文書全体にわたり明示してある。(注：見出しまたは本文の末尾に＊印を付した項目は、過去の安保理議長ノートからの再収録措置)

３　本議長ノートは、安保理議長ノート(S/2006/78)に列挙された、文書手続に関する安保理議長ノートまたは声明を、補充し、また一部については置き換えることにより、充実させあるいは一層発展させたものである。制裁委員会及び要員派遣国に関する作業方法については、本議長ノートで特記されていない限り、引き続き上記の議長ノートに列挙された安保理議長ノートまたは声明に従う。

４　安保理メンバーは、引き続き安保理の文書その他の手続問題に関する審議を、非公式文書手続作業部会並びにその他の安保理下部機関において行う。本議長ノートは、非公式文書手続作業部会により行われた作業のみを収録している。

別添文書

目　次

Ⅰ　議　題*

1　非公式協議において了承された、安保理公式会合の暫定議題は、「国連ジャーナル」誌に掲載される。

2　安保理メンバーは、同じ主題に関する議題項目が多数に上ることを避けるため、最初の議題採択に際して、議題項目に記述的な命名を行うことが望ましいことを想起する。記述的な命名が行われた場合には、同じ主題に関するそれ以前の議題項目を、その記述的命名の下に統合することが検討できる。

Ⅱ　ブリーフィング

3　安保理メンバーは、安保理議長またはその代理が、加盟国に対して時宜を得た方法で、実質的かつ詳細なブリーフィングを行うことに同意する。ブリーフィングは非公式協議の終了後まもなく行われる。安保理メンバーは、適当な場合には、安保理議長が非公式協議後にメディアに対して行うステートメントの写しを、ブリーフィングに出席する加盟国に提供するよう、安保理議長に奨励する。

4　安保理メンバーは、安保理が作業計画を採択した後、作業計画に関する、全加盟国に開かれた非公式ブリーフィングを開催するよう、安保理議長に奨励する。

5　安保理メンバーは、安保理下部機関の議長またはその代理に対し、適切な場合には、それぞれの機関の活動について、定期的に非公式ブリーフィングを、関心ある加盟国に対し行うよう勧奨する。安保理メンバーは、ブリーフィングの開催時間・場所が「国連ジャーナル」誌に記載されることに同意する。

6　安保理メンバーは、ブリーフィングを行うことが正当化されるような緊急事態が発生した場合に、事務局に対し、アド・ホックなブリーフィングを安保理公式会合で行うよう要請することを、引き続き検討する意図を有する。

7　安保理メンバーは、ブリーフィングを行うことが正当化される事態の際には、事務局に対し、必要に応じ各日、アド・ホックなブリーフィングを非公式協議で行うよう要請する意図を有する。

8　安保理メンバーは、事務局に対し、「ブリーフィング」公式会合におけるブリーフィングのテキストを配布する慣行を、継続するよう勧奨する。

9　安保理メンバーは、事務局に対し、一般的なルールとして、安保理非公式協議室におけるブリーフィングが報告書に基づいて行われるのではない場合には、可能な限り、その非公式協議の前日に、安保理メンバーに対し書面のファクト・シート、プレゼンテーション資料、その他関連する参考資料を、提供するよう勧奨する。

Ⅲ　文　書

10　安保理メンバーは、安保理及び下部機関の決定その他の関連情報を、加盟国及び他の機関に対し、適切な場合には書面のやり取り、ウェブ・サイト、アウトリーチ活動その他の方法で広報する努力を強化する意図を有する。安保理メンバーは、この点に関する安保理の活動を拡充するための方法につき引き続き検討する意図を有する。安保理メンバーは、安保理下部機関が、適切に、その機関の文書に対するアクセスに関する方針を引き続き定期的に見直すよう奨励する。

11　安保理メンバーは、安保理が事務総長報告を審議することが予定されている日より少なくとも四作業日前には、その事務総長報告が配布され、かつすべての国連公用語で入手可能となるべきであることに同意する。安保理メンバーはまた、事務総長報告が議論される安保理会合への関連する出席者に対し事務総長報告を入手可能とするに当たっても、同じルールが適用されるべきであることに同意する。これには、要員派遣会合に出席するすべての参加者に対する、平和維持ミッションに関する報告の配布が含まれる。

12　安保理メンバーは、事態がより短いまたはより長い間隔とすべき理由をもたらすのでない限り、標準的報告期間を六カ月間隔と定めることを検討することに同意する。安保理メンバーはまた、決議採択に際し、報告の間隔を可能な限り明確に定めることに同意する。安保理メンバーはさらに、書面による報告を必要としない口頭報告が所期の目的を十分に達成できると安保理メンバーが判断する際には、口頭報告を要請することに同意するとともに、その要請を可能な限り明確に示すことに同意する。

13　安保理メンバーは、事務総長に対し、国連ミッションのマンデートに関し安保理に勧告を提示する際には、事務総長報告の中にすべてのそれらの勧告が列挙されたセクションを設けるよう奨励する。

14　安保理メンバーは、事務総長に対し、事務総長報告を、とりわけ短期の報告期間の際には、可能な限り簡潔にすることを奨励する。

15　安保理メンバーは、事務総長に対し、適切な場合には、事務総長報告中に長期戦略の方針に関する勧告を含めるよう要請する意図を有する。

16　事務総長報告は、事務総長により決裁された日付に加え、物理的及び電子的に配布された日付についても特定する＊。

17　安保理は、安保理の効果的作業に優先度を置きつつも、適切な場合には、同じ主題に関する事務局の報告義務を同期化すべく、他の国連機関と協力することに同意する。

18　安保理メンバーは、事務局に対し、翌月発出予定の事務総長報告の準備の進捗について、月末にかけて安保理に対し最新状況を報告するよう要請する。安保理メンバーはまた、事務局に対し、事務総長報告の発出が締め切り期間を超えて遅延する見込みとなった場合及び安保理から要請されていない事務総長報告が発出される見込みとなった場合には、直ちにその旨を安保理に伝達するよう要請する。

19　安保理メンバーは、事務局に対し、現在安保理に対し送付しているすべての情報を、ファックスと電子メールの双方で送付するよう勧奨する。

Ⅳ　非公式協議

20　安保理メンバーは、安保理議長に対し、関心ある安保理メンバーまたは事務局との協議を経て、適切に、次の安保理非公式協議における焦点を、安保理メンバー及び事務局のために、議論のスコープを限定する意図ではなく、非公式協議開催の少なくとも一日前までに、示唆するよう奨励する。

21　安保理メンバーは、先行する発言者の発言の一部または全体に同意するときは、同じ内容を繰り返すことなく同意を表明する意図を有する。

22　安保理メンバーは、一般的ルールとして、安保理議長が事前に作成された発言者リストに従うべきことに同意する。安保理メンバーは、安保理議長に対し、討議を進める上での必要に応じて、非公式協議の参加者に、事前の発言者リストに関わりなく、いつでも発言することを勧奨することにより、双方向のやり取りを促進することを奨励する。

23　安保理メンバーは、非公式協議における発言者に対し、質問を事務局宛てのみでなく、他のメンバー宛てにも行うよう奨励する。

24　安保理メンバーは、非公式協議における双方向のやり取りを増大させるため、発言を複数回行うことを互いに牽制しない。

25　安保理メンバーは、事務局に対し、安保理の関心事項に関連する事務総長または事務総長報道担当官によるすべてのプレス・ステートメントを、非公式協議の場における配布と電子メールによる送付の双方で配布する慣行を、継続するよう勧奨する。

V　公式会合

会合の進行

26　安保理の作業の透明性を向上させるため、安保理は、とりわけ案件審議の初期段階において、公開の会合開催を増やすとのコミットメントを再確認する。

27　安保理は、一般的ルールとして、安保理メンバーと非メンバーを含むすべての参加者に対して、公式会合における発言時間を五分以内とするよう奨励する。安保理はまた、すべての報告者に対し、安保理が別段の決定をしない限り、当初の発言を一五分以内に限るよう奨励する。

28　安保理は、安保理公式会合における参加者に対して、その参加者より前に行われた発言内容の一部または全体に同意するときには、同じ内容を繰り返すことなく同意を表明することを奨励する。

29　安保理は、非メンバーが安保理における発言のため招致された場合には、審議案件の結果に直接利害を要する非メンバーは、適当であれば、安保理メンバーに先立ち発言してもよいことに同意する。

30 二〇〇五年世界サミット成果文書（国連総会決議60/1）パラグラフ一七〇(a)及び安保理決議一六三一（二〇〇五）に沿って、安保理メンバーは、地域機関及び地域内機関との協議と協力を引き続き拡大することに同意する。これには関連諸機関に対し適切な場合に安保理公開会合及び非公開会合への参加招致を行うことが含まれる。

31 要員派遣国との実質的討議をさらに奨励するために、安保理決議一三五三（二九九一）に従い、安保理メンバーは、要員派遣国会合に参加する代表部から適切な武官及び政務官が出席することを奨励する。安保理メンバーは、案件審議の初期段階における要員派遣国会合の重要性を強調する。安保理メンバーは、安保理議長に対し、要員派遣国会合のため十分な時間を確保することを奨励する。

32 安保理議長は、先立つ安保理非公式協議において別段の合意がなされない限り、公開会合において、審議する議題項目を特定することにより、議題項目を導入する。また、すべての政治レベル及び大使級の発言者につき、名と役職で言及する。ただし、これらの名は、公式記録に含められる必要はなく、また事務局が議長のために用意する準備資料に事前に含められる必要はない*。

33 安保理非メンバーが安保理公式会合における発言のために招致される場合は、非メンバーは、安保理会議卓に、順に議長から見て左右交替に着席する。その場合、最初の発言者は議長から見て右側に着席する*。

通 報

34 安保理メンバーは、事務局に対し、予定外または緊急の安保理公式会合につき、電話録音メッセージによってのみならず安保理ウェブ・サイトを通じても、加盟国に通報するよう勧奨する。

フォーマット

35　審議事項の解決をさらに促す努力の一環として、安保理メンバーは、特定の議論を促進するのに最も適したものをその中から選ぶ、一定の範囲の公式会合の選択肢を用いることに同意する。安保理仮手続規則及び安保理の慣行が、公式会合をどのように構成するかを選択するに当たり相当程度の柔軟性を提供していることを認識して、安保理メンバーは、安保理公式会合が以下のフォーマットに従って構成され得るが、それに限定されるわけではないことに同意する。

(a) 公開会合

(i) 機能

行動をとるか、あるいは、ブリーフィングや討論を行う。

(ii) 出席及び参加

公開会合における非メンバーの出席及び参加は、安保理仮手続規則に従う。下に記す安保理の慣行は、安保理仮手続規則に従っていると理解されている。しかしこの慣行が安保理仮手続を置き換えたり代替したりするものとはいかなる状況下においても理解されるべきでない。

a　安保理非メンバーの加盟国は、安保理議場の指定された代表団席において出席することができる。

b　ケース・バイ・ケースで、安保理非メンバーの加盟国、事務局のメンバーその他の者は、安保理仮手続規則三七及び三九に従い、討議に参加するため招致されることができる。これには安保理に対しブリーフィングを行う目的での参加が含まれる。

(iii) 暫定月間作業計画における記述

安保理メンバーは、公開会合の下記のフォーマットを、一般に、それぞれに対応する手続きをとろうとする際に、暫定月間作業計画（カレンダー）に引き続き記入する意図を有する。

a　「公開討論」：ブリーフィングが行われる場合と行われない場合がある。安保理メンバーは発言を行うことができる。安保理非メンバーは、要請により、討議に参加するため招致されることができる。

b　「討論」：ブリーフィングが行われる場合がある。安保理メンバーは発言を行うことができる。審議事項に直接関係するか影響を受けるか、あるいは審議事項に特別の関心を有する安保理非メンバーは、要請により、討議に参加するため招致されることができる。

c　「ブリーフィング」：ブリーフィングが行われる。安保理メンバーのみが、ブリーフィングの後、発言を行うことができる。

d　「採択」：安保理メンバーは、決議、議長声明等の採択の前または後に、発言を行う場合と行わない場合がある。安保理非メンバーは、要請により、討議に参加するため招致される場合とされない場合がある。

(b)　非公開会合

(i)　機能

公衆またはプレスの同席のないところで、討議を行うか、あるいは行動をとる(例：事務総長任命に関する勧告)。

(ii)　出席及び参加

非公開会合における非メンバーの出席及び参加は、安保理仮手続規則に従う。下に記す安保理の慣行は、安保理仮手続規則に従っていると理解されている。しかしこの慣行が安保理仮手続を置き換えたり代替したりするものとはいかなる状況下においても理解されるべきでない。

a　ケース・バイ・ケースで、安保理非メンバーの加盟国、事務局のメンバーその他の者は、安保理仮手続規則三七及び三九に従い、出席するため、または討議に参加するため、招致されることができる。これには安保理に対しブリーフィングを行う目的での参加が含まれる。

(iii) 暫定月間作業計画における記述

安保理メンバーは、非公開会合の下記のフォーマットを、一般に、それぞれに対応する手続きをとろうとする際に、暫定月間作業計画(カレンダー)に引き続き記入する意図を有する。

a　「非公開討論」：ブリーフィングが行われる場合がある。安保理メンバーは発言を行うことができる。安保理非メンバーの加盟国、事務局のメンバーその他の者は、安保理仮手続規則三七及び三九に従い、出席するため、または討議に参加するため、要請により、招致されることができる。

b　「要員派遣国会合」：ブリーフィングが行われる場合がある。安保理メンバーは発言を行うことができる。安保理決議一三五三(二〇〇一)に定められた当事者は、同決議に従い、討議に参加するために招致される。

36　安保理公式会合で行われた発言のテキストは、発言を行った代表団の要請により、安保理議場内で、安保理メンバー及び会合に出席している加盟国及び常駐オブザーバーに対し、事務局により配布される。テキストの配布を要請する代表団は、発言に先立ち十分な数(二〇〇)の写しを事務局に提供することが奨励される。代表団が十分な数の写しを事務局に提供しない場合には、写しは公式会合の後、安保理議場外に置かれる。代表団は、公式会合開会中、他の手段により声明テキストを配布しないよう要請される。

Ⅵ　作業計画

37　安保理メンバーは、安保理議長に対し、簡潔に整理された暫定月間安保理作業見通しが安保理メンバーに配布され次第、同じものを安保理ウェブ・サイトで公開するよう奨励する。

38 安保理作業見通しは、すべての国連公用語で入手可能になるべきである。安保理作業見通しは、「もっぱら参考用で、公式文書でない」との位置づけで入手可能になるべきである。安保理作業見通しは、以下の脚注が付されるべきである。「この暫定安保理作業見通しは、事務局により安保理議長のために準備された。作業見通しは、とりわけ、以前の安保理の決定に従って取り上げられる案件をカバーしている。ある案件が作業見通しの中に含まれている、あるいは含まれていないという事実は、その次にその案件が取り上げられるか取り上げられないかにつき、何ら影響がない。実際の作業計画は、事態の展開及び安保理メンバーの見解により決定される*。」

39 安保理メンバーは、各月の「国連ジャーナル」誌上で以下の注意喚起を行うべきことに同意した。「月間暫定見通しは、二〇〇六年七月一九日付安保理議長ノート(S/2006/507)に従い、安保理ウェブ・サイト上で入手可能である。暫定見通しの写しは代表団通信ボックスにも置かれており、[日付]日現在、代表団ピック・アップ・エリアで入手可能である。」

40 安保理メンバーは、安保理議長が暫定月間安保理作業計画(カレンダー)を更新すべきであり、改定して安保理メンバーに配布するごとに、改定箇所を適切に表示した上で、安保理ウェブ・サイトを通じて公表すべきであることに同意した。

Ⅶ 決議及び議長声明

41 安保理メンバーは、すべての安保理メンバーが、決議、議長声明、プレス・ステートメント等の準備に完全に参加することが許されるべきであることを再確認した。安保理メンバーはまた、決議、議長声明、プレス・ステートメント等すべての文書の起草は、すべての安保理メンバーの十分な参加を許すやり方で進められるべきであることを再確認した。

42　安保理メンバーは、決議、議長声明、プレス・ステートメント等を起草するに当たり、より広範な国連メンバー、とりわけ、案件に直接関与するか特別に影響を受ける国及び特別な貢献を行う国を含む国連加盟国、並びに地域機関、フレンズ・グループと、引き続き、適切に、非公式な協議を行う意図を有する。

43　安保理メンバーは、決議案、議長声明案その他の案文を、それらの案文が安保理非公式協議で提示され次第速やかに、または案文の起草者により認められた場合にはより早期に、安保理非メンバーに対し適切に入手可能とすることを検討することに同意した。

44　安保理議長は、安保理メンバーから要請された場合には、また議長としての責任に予断を与えることなく、関係する加盟国、地域機関、地域取り決めの代表に対し、関連する議長のプレス・ステートメントまたは安保理の決定につき注意喚起を行うべきである。事務局はまた、引き続き、非国家の主体を含む、関係する主体に対し、関連する事務総長特別代表、事務総長代表、事務総長特使、国連現地調整官を通じ、決議、議長声明及び議長のプレス・ステートメントにつき周知するとともに、可能な限り速やかな意思疎通と可能な限り広範な伝播を確保するべきである。事務局はさらに、すべての議長によるプレス・ステートメントを、安保理議長の決裁を経て、国連記事資料として発出すべきである*。

Ⅷ　下部機関

45　安保理メンバーは、すべての下部機関の議長に対し、安保理から戦略的ガイダンスを得るため、必要に応じまたいずれにせよ定期的に、審議中のいかなる案件についても安保理に引き続き報告することを奨励する。

46　安保理メンバーは、安保理下部機関に対し、各機関の作業分野に強い関心を持つ加盟国の見解を徴するよう奨励する。安保理メンバーは特に、制裁委員会に対し、制裁により特に影響を受ける加盟国の見解を徴するよう奨励する。

47　安保理メンバーは、安保理下部機関の議長に対し、適切な場合には、各機関のウェブ・サイト及び「国連ジャーナル」誌を通じて、各期間の会合日程を公表するよう奨励する。

48　安保理メンバーは、安保理ＰＫＯ作業部会の会合に、事務局、要員派遣国その他の主要な関係者が出席していることを歓迎し、安保理とこれらの主体のより緊密な協力を促進するため、この慣行を奨励する。

Ⅸ　安保理の審議案件＊

49　安保理は、過去五年間安保理により審議されなかった案件については、関係する加盟国の事前の同意を得て、下記の手続きに従い、安保理審議案件リストから引き続き削除することに同意する。

(a)　毎年一月に発出される、安保理審議案件に関する事務総長年次概括声明は、その年の二月末までに加盟国から何らの通告がなかった場合にはリストから削除すべき案件項目を特定する。

(b)　国連加盟国が案件項目をリストに残すことを希望する旨事務総長に通告した場合には、その案件項目はリストに残される。

(c)　通告の有効期間は一年であり、年次更新が可能である。

Ⅹ　事務局及び外部との意思疎通

50 安保理メンバーは、紛争当事者であるか、またはその他の利害関係者や影響を受ける関係者である、加盟国の見解を徴する意図を有する。この目的のため、安保理は、とりわけ、公開会合が不適当な際に非公開会合を活用する場合がある。その場合、安保理仮手続規則三七及び三九に従い招致が行われる。

51 安保理は、国連の主要機関の間のよりよい調整のため、総会及び経済社会理事会との定期的な意思疎通の維持を継続する意図を有する。このため、安保理メンバーは、安保理議長に対し、総会議長及び経済社会理事会議長との定期的会合の開催を継続するよう奨励する。

52 安保理メンバーは、対話、安保理議長発書簡、決議または議長声明の採択及びその他の適切と考えられる手段を含む、あらゆる利用可能なメカニズムを、政策ガイダンスを事務総長に対し適切に伝達するために、最善に活用する意図を有する。

53 安保理メンバーは、事務総長を通じて、新任の事務総長特別代表に対し、目的及びマンデートについての安保理メンバーの見解を得るため、可能な限り、現地派遣を含む、新マンデート下の業務を開始する前に、安保理メンバーとの対話を行うよう勧奨する。

54 安保理メンバーは、「アリア・フォーミュラ」会合を、安保理メンバーの審議を拡充するための柔軟かつ非公式な場として、活用する意図を有する。このため、安保理メンバーは、いかなる加盟国、関連する機関及び個人をも、「アリア・フォーミュラ」非公式会合に参加するよう招致することができる。安保理メンバーは、「アリア・フォーミュラ」会合を、国連現地事務所から示唆された現地の非政府団体(NGO)を含む、市民社会及び非政府団体との接触の拡充のために、利用することを検討することに同意する。安保理メンバーは、長い準備期間の設定、参加者が取り扱うトピックの特定、テレビ会議方式による参加等の措置を導入することを奨励する。

55　安保理メンバーは、安保理ミッションに対し、会合相手を政府関係者及び紛争当事者のみに限定することを避け、市民社会指導者、ＮＧＯその他の利害関係者との会合も適切に行うことを継続するよう、奨励する。

XI　年次報告*

56　安保理は、総会に対する報告の適時提出を確保するため必要な行動をとる。このため、

(a)　安保理は、年次報告を一巻の報告書の形で総会に提出する既存の慣行を継続する。報告対象期間は、ある年の八月一日から翌年の七月三一日までとする。

(b)　事務局は、総会が、総会通常会期の主要部の期間中に報告書を審議するのに間に合うように報告書案が安保理により討議及び採択されるために、報告対象期間直後の八月三一日以前に、報告書案を安保理メンバーに提出することを継続すべきである。

57　総会への報告書は、下記の諸部を、下記の記述に従って含むものとする。

(a)　序文

(b)　第一部は、報告対象期間中に安保理が取り扱ったすべての主題に関連する、安保理の主要活動についての簡潔な統計的記述を含むものとする。これは、下記の諸事項を適切な場合にはシンボル番号とともに掲載したリストを含む。

i　すべての決定、決議、議長声明、各月の安保理議長により発出される安保理の作業についての評価報告、すべての制裁委員会の年次報告書、その他安保理により発出された文書

ii　対テロ委員会、制裁委員会、作業部会、要員派遣国会合等の主要委員会を含む、安保理の会合

iii　パネル、モニター機構及びそれらに関連する報告書
iv　実行された安保理ミッション及びその報告書
v　設立され、実施され、終了された、平和維持活動
vi　安保理のために準備された事務総長報告
vii　安保理の公式文書として発出されたすべての通信
viii　入手可能な場合には、報告対象期間中の安保理の諸活動に関連する財政支出に関する、関連国連文書の引証記事
ix　報告対象期間中の安保理審議案件に関する事務総長年次概括声明への言及
x　安保理議長ノート及びその他安保理の作業の更なる改善のため安保理が発出した文書

(c)　上記パラグラフ(b)(i)に従い、事務局は、報告対象期間中における安保理のすべての決定、決議及び議長声明の完全なテキストを含んだ出版物である「安保理の決議及び決定」を、S/INF/[総会開催年]のシンボルを付して、毎年九月に適時に発出することを確保するために必要な措置をとる。

(d)　第二部は、報告対象期間中に安保理が取り上げた各主題に関連して、以下の内容を含むものとする。
(i)　公式会合及び非公式会合の開催数に関する事実データ
(ii)　決定、決議、議長声明及び安保理により発出されたすべての文書のリスト
(iii)　関連するパネル、モニター機構及びそれらの報告書の適切なリスト
(iv)　実行された安保理ミッション及びその報告書の適切なリスト
(v)　設立され、実施され、終了された、平和維持活動の適切なリスト
(vi)　安保理のために準備された事務総長報告のリスト

58　総会への報告書は、引き続き、安保理により審議されたその他の事項、軍事参謀委員会の作業、及び安保理下部機関の作業についての説明を含むものとする。報告書はまた、引き続き、安保理に対して注意喚起されたが、報告

対象期間中に討議されなかった案件も含めることとする。

59　さらに、事務局は、最新の安保理年次報告を国連ウェブ・サイトに掲示すべきである。関連するウェブ・ページは、年次報告に関する将来の安保理議長ノートにより必要とされる情報を提供するために、更新されるべきである。

60　総会への報告は、報告対象期間中の安保理の作業につきコメントすることを希望する安保理メンバーがコメントを行える、公開会合において、引き続き採択される。報告書を総会に提示する月の安保理議長はまた、年次報告採択に先立って、安保理の討議の逐語記録に言及する。

XII　新規選出メンバー

61　安保理は、安保理の新規選出メンバーに対して、任期開始直前の六週間の期間、または、選出が任期開始六週間前以降に行われた場合には選出後速やかに、安保理のすべての公式会合、下部機関会合及び非公式協議に同席するよう勧奨する。安保理はまた、事務局に対し、上記期間中すべての関連する安保理の通信を、新規選出メンバーに提供するよう勧奨する。

62　安保理メンバーはまた、新規メンバーが任期開始後最初の二カ月において安保理議長を務める場合には、任期開始直前の二カ月の期間（すなわち一一月一日より）、非公式協議に同席するよう勧奨する＊。

63　安保理は、事務局に対し、新規選出メンバーが安保理及び下部機関の作業に習熟できるよう、安保理会合への同席が開始する前にブリーフィング資料の提供やセミナーの開催を行うことを含む、適切な措置を引き続きとるよう勧奨する。

2　別添1

安保理仮手続規則を、利用の便宜のためにここに別添する。

安保理仮手続規則（S/96/Rev.7）

第1章　会合

規則1　安保理の会合は、規則4に言及されている定期的会合を除いて、議長が必要と認めるときはいつでも議長の招集により開催される。ただし会合と会合の間隔は一四日を越えてはならない。

規則2　安保理議長は、安保理メンバーからの要請があれば、安保理の会合を召集する。

規則3　安保理議長は、国連憲章第三五条または第一一条三に基づき紛争または事態につき安保理が注意喚起された場合、憲章第一一条二に基づき総会が勧告を行うかある案件を付託した場合、あるいは憲章第九九条に基づき事務総長がある事項につき安保理に注意喚起した場合、安保理の会合を召集する。

規則4　国連憲章第二八条二により要請されている安保理の定期会合は、安保理が決定する時期において、年二回開催される。

規則5 安保理の会合は、通常、国連の所在地において開催される。

安保理メンバーまたは事務総長は、安保理の会合を他の場所で開催することを提案できる。そのような提案を受けた場合、安保理は会合の場所とその場所で会合を行う期間を決定する。

第2章　議　題

規則6 事務総長は、国連憲章の規定に従って安保理における審議すべき事項に関して行われる、各国、国連機関または事務総長からのすべての通信につき、安保理におけるすべての代表に対する注意喚起を直ちに行う。

規則7 安保理の各会合の議題案は事務総長が起草し、安保理議長が承認する。

規則6に従って安保理における諸代表に対する注意喚起が行われた項目、規則10の定める項目、または安保理が以前に延期を決定した項目のみ、議題案に含めることができる。

規則8 会合の議題案は、事務総長より安保理における諸代表に対し、会合の少なくとも三日前に通報される。ただし緊急の場合には、議題案を会合の開催通知と同時に通報することができる。

規則9 安保理の各会合の議題案における第一項目は、議題の採択とする。

規則10 その会合において審議が完了しなかった安保理の会合の議題項目は、安保理が別段の決定をしない限り、自動的に次の会合の議題に含まれる。

規則11 事務総長は、安保理の審議案件と審議結果についての概括声明を、安保理における諸代表に毎週通報する。

規則12 各定期会合の議題案は、会合開始の少なくとも二一日前に安保理メンバーに配布される。議題案に対するその後の修正及び追加は、会合の少なくとも五日前に安保理メンバーに通知される。ただし、安保理は、緊急の場合には定期会合開催中いつでも議題の追加を行うことができる。

規則７パラグラフ１及び規則９の規定は、定期会合にも適用される。

第３章　代表及び信任状

規則13　安保理の各メンバーは、安保理の会合において、信任を受けた一名の代表によって代表される。安保理における代表の信任状は、その代表が安保理議席につく少なくとも二四時間前に、事務総長に対し通報される。信任状は、元首、政府首脳または外務大臣により発給される。安保理メンバーの政府首脳または外務大臣は、信任状を提出することなく安保理議席につく権利を有する。

規則14　安保理メンバーでない国連加盟国および国連非加盟国は、安保理の会合に参加することを招致された場合は、その目的のために任命された代表の信任状を提出する。そのような代表の信任状は、同人が出席を招致された最初の会合の少なくとも二四時間前に事務総長に通報される。

規則15　安保理における諸代表及び規則14に従って任命された代表の信任状は、事務総長により審査される。事務総長は、安保理に対し報告を提出し、承認を求める。

規則16　安保理における諸代表の信任状が規則15に従って承認されるまでの期間、当該代表は、暫定的に他の代表と同じ権利を持ち安保理議席につく。

規則17　安保理において信任状が拒絶された安保理における代表は、この件につき安保理が決定を行うまでの間、引き続き他の代表と同じ権利を持ち安保理議席につく。

第４章　安保理議長

規則18　安保理議長は、安保理メンバーが、英文国名のアルファベット順に従い交替で務める。各議長の任期は一カ月とする。

規則19　安保理議長は、安保理会合の議事進行を行い、また、安保理の権威の下、国連の一機関としての資格で安保理を代表する。

規則20　安保理議長が代表している国が、安保理が審議中の案件に直接関連しており、議長が、議長としての責任を正しく遂行するためにはその案件の審議中の議事進行を行うべきではないと判断する場合にはいつでも、議長は自らの決定を安保理に伝える。その際は、その案件の審議の目的のために、英文国名のアルファベット順で次位に当たる国の代表に議長職が移される。この規則の規定は、これにより議事進行を引き継ぐことが要請される安保理における代表にも適用されるものと理解される。この規則は、規則19に定める議長の代表資格及び規則７の定める議長の任務に影響を与えない。

第５章　事務局

規則21　事務総長はすべての安保理会合において、事務総長としての資格で行動する。事務総長は、安保理の会合において、事務総長に代わって行動するよう、代理に委任することができる。

規則22　事務総長または事務総長に代わって行動する代理は、安保理により審議中の案件に関して、安保理に対し口頭または書面の声明を行うことができる。

規則23　事務総長は、規則28に従い、安保理により特定案件についての報告者に任命されることができる。

規則24　事務総長は、安保理により必要とされるスタッフを提供する。このスタッフは事務局の一部を構成する。

規則25　事務総長は、安保理における諸代表に対し、安保理の会合及び安保理の委員会の会合につき、通知を行う。

規則26　事務総長は、安保理により必要とされる文書の準備に責任を負う。事務局は、緊急の場合を除いて、それらの文書が審議される会合の少なくとも四八時間前に配布する。

第6章　議事運営

規則27　安保理議長は、諸代表が発言希望を表明した順に発言を求める。

規則28　安保理は、特定の案件のため、委員会を設立し、報告者を任命することができる。

規則29　安保理は、安保理が任命した報告者に優先発言権を与えることができる。

委員会の議長または委員会により報告書の提示のために任命された報告者は、報告書を説明する目的のため、優先権を与えられることができる。

規則30　代表がポイント・オブ・オーダーを提起した場合は、安保理議長は直ちに裁定を述べる。裁定に異議が申し立てられた場合は、議長は、その裁定を、安保理による即時の決定のため安保理に提出する。裁定は、否決されない限り効力を有する。

規則31　決議案、修正案及び実質的動議は、通常、書面により諸代表に提示される。

規則32　主要な動議及び決議案は、提出された順に優先的に取り扱われる。

代表から要請された場合には、動議または決議案の部分は、原提案者から反対されない限り、別々に票決に付される。

規則33　以下の動議は、その会合の主題に関連するすべての主要な動議及び決議案よりも優先して取り扱われる。優先順は番号のとおり。

1　会合を中断する動議
2　会合を散会する動議
3　会合を一定の日時まで散会する動議
4　いずれかの事項を委員会、事務総長または報告者に付託する動議
5　特定案件についての討議を一定の日まであるいは無期限に延期する動議
6　修正案を提示する動議

会合の中断を求める動議と、単純な散会を求める動議については、討論を経ることなく決定が行われる。

規則34　安保理における代表により提案される動議または決議案は、票決に付される前に支持発言がなされることを要しない。

規則35　動議または決議案は、これに関する票決が行われていない限り、いつでも撤回することができる。

動議または決議案が支持発言を受けた場合、支持発言を行った安保理における代表は、その決議または決議案を、自らの動議または決議案として、その動議または決議案の原提案者が撤回を行わなかった場合と同じ優先権をもって、票決に付すことを求めることができる。

規則36　二以上の修正が動議または決議案に提案された場合、安保理議長は、それらの修正が票決に付される順序につき裁定を行う。通常の場合、安保理は原提案から内容的に最も離れた修正案を最初に票決に付し、すべて

規則37　の修正案が票決に付されるまで、次に内容的に離れた修正案を票決に付す。ただし、動議または決議案のテキストに対し加除のみを行う修正案の場合には、最初に票決に付す。

規則38　安保理メンバーでない国連加盟国は、安保理が、その加盟国の利害が特別に影響を受けると判断する場合、または、その加盟国が事項につき国連憲章第三五条一に従い安保理に注意喚起を行った場合は、安保理の審議する案件についての討議に投票権なしで参加するよう、安保理の決定の結果として、招致されることができる。

規則39　前規則に従って、または国連憲章第三二条を適用して、安保理の討議に参加するよう招致された国連加盟国は、提案及び決議案を提出できる。これらの提案及び決議案は、安保理における代表による要請があった場合にのみ、票決に付すことができる。

安保理は、安保理に情報を提供する目的、または安保理が事項をその権能の範囲内で審査することを補助する目的に、かなう能力を持つと安保理が判断する事務局員その他の者を、そのために招致することができる。

第7章　票　決

規則40　安保理における票決は、関連する国連憲章及び国際司法裁判所規定の条文に従って行われる。

第8章　使用言語

規則41　アラビア語、中国語、英語、フランス語、ロシア語及びスペイン語を、安保理における公用言語及び作業言語とする。

規則42　安保理の六使用言語で行われるいかなる発言も、他の五使用言語に翻訳される。

規則43　［削除］

規則44　いかなる代表も、安保理の使用言語以外の言語で発言を行うことができる。その場合、代表は、安保理使用言語のうちの一への通訳を自ら提供する。事務局の通訳者による他の安保理使用言語への通訳は、最初に行われた通訳に依拠することができる。

規則45　安保理の会合の逐語記録は、安保理使用言語により作成される。

規則46　すべての決議及び他の文書は、安保理使用言語で公表される。

規則47　安保理の文書は、安保理がそのように決定する場合には、安保理使用言語以外の言語で公表する。

第9章　会合の公開と議事録

規則48　別段の決定が行われない限り、安保理は公開の会合を行う。事務総長の任命に関する総会への勧告は、非公開会合で討議され決定される。

規則49　規則51の規定に従うことを条件として、安保理の各会合の逐語記録は、安保理における諸代表及び会合に参加した他の国の代表に対し、会合後の最初の作業日の午前一〇時以前に入手可能とされる。

規則50　会合に参加した国の代表は、規則49に示した時刻から二作業日以内に、逐語記録に対して行うことを希望する修正を、事務総長に伝達する。

規則51　安保理は、非公開会合の記録を、写しをとらない原本のみとすることを決定することができる。この記録は事務総長により保管される。会合に参加した国の代表者は、一〇日以内に、この記録に対して行うことを希望する修正を、事務総長に伝達する。

規則52　要請された修正は、安保理議長が、安保理の諸代表に対し提出するほどの重要性を持つとの見解である場合を除き、承認されたものと見なされる。安保理の諸代表に対する提出が行われた場合には、諸代表は、行うことを希望するコメントを二作業日以内に提出する。この期間中に反対がなければ、記録は要請どおりに修正される。

規則53　規則49に言及した逐語記録または規則51に言及した記録は、規則50及び51により定められた期間に修正が要請されなかった場合、または規則52の規定に従って修正された場合、承認されたものと見なされる。記録は安保理議長により署名され、安保理の公式記録となる。

規則54　安保理公開会合の公式記録は、添付される文書とともに、可及的速やかに公用言語で公表される。

規則55　各安保理非公開会合の終了時に、安保理は、事務総長を通じてコミュニケを発出する。

規則56　非公式会合に参加した国連加盟国の代表は、事務総長室にある、その会合の記録をいつでも閲覧する権利を有する。安保理は、他の国連加盟国の権限ある代表に対し、この記録へのアクセスを認めることがいつでもできる。

規則57　事務総長は、一年に一回、その時点まで対外秘と見なされていた記録及び文書のリストを安保理に提出する。安保理は、そのうちどの部分が他の国連加盟国に入手可能とされ、公表され、あるいは引き続き対外秘とされるかを決定する。

第10章　新規加盟の承認

規則58　国連加盟国となることを希望する国は、事務総長に対して申請を提出する。この申請は、国連憲章が定める

規則59　諸義務を受諾する旨の、公式の書式による宣言が添付される。

事務総長は、安保理における諸代表に、加盟申請を直ちに提示する。安保理が別段の決定を行わない限り、申請は、安保理議長によって、全安保理メンバーが代表される安保理の委員会に付託される。委員会は、申請を審査し、その結論を安保理に対し、総会通常会期開始より三五日以上前に報告する。総会特別会期が召集されている場合には、特別会期開始より一四日以前に報告する。

規則60　安保理は、申請国が平和愛好国であるか、国連憲章が定める諸義務を実施する能力と意思があるか、また、したがって申請国を加盟させることを勧告するか、についての判断を決定する。

安保理が申請国を加盟させることを勧告する場合には、安保理は勧告を、討議の完全な記録とともに、総会へ送付する。

安保理が申請国を加盟させることを勧告しない場合、または申請についての審議を延期する場合には、安保理は特別報告を、討議の完全な記録とともに総会に提出する。

総会が申請受領に引き続く次期会期で安保理の勧告を審議できることを確保するため、安保理は、総会通常会期開始の二五日以上前、総会特別会期開始の四日以上前に、勧告を行う。

特別な場合には、安保理は、加盟申請に関する勧告を、前パラグラフの定める期限が切れた後に、総会に対して行うことを決定することができる。

第11章　他の国連機関との関係

規則61　国際司法裁判所の裁判官を選出する目的で、国際司法裁判所規定に従って開催される安保理会合は、すべての席を充員するために必要な数の候補者が、一回以上の投票で絶対多数の票を獲得するまで継続される。

付属書　私人及び非政府団体からの通報を取り扱うための仮手続

A　安保理審議案件に関する、私人及び非政府団体からのすべての通報のリストは、安保理におけるすべての代表に送付される。

B　上記のリストに掲載された通報の写しは、安保理における代表が要請した場合には、事務局から当該代表に提供される。

3　別添2

下記の文書を、利用の便宜のためにここに別添する。

(1) 安保理議長ノート（S/2006/507）の活用を促進するためのノンペーパー

（二〇〇六年一二月一一日）

安保理議長ノート（S/2006/507）からいくつかの例を短縮形でハイライトした本ノンペーパーは、安保理メンバーが参考として利用するため、文書手続作業部会議長が他の安保理メンバーとの協議を経て準備したものである。勧告の正確な文言については、議長ノート中の対応するパラグラフを参照願いたい。議長ノートは、以下の諸分野を含む多くの分野につき、安保理の作業方法を改善するためのガイダンスを提供している。

1　議題（パラグラフ1－2）
- 「国連ジャーナル」誌への安保理議題案の掲載

2　ブリーフィング（パラグラフ3－9）
- 非公式協議後の、議長による加盟国へのブリーフィング
- 安保理下部機関議長による、関心加盟国へのブリーフィング

3　文書（パラグラフ10－19）
- 事務総長報告の、すべての公用言語における、審議予定会合の少なくとも四日前配布
- 事務総長報告への、長期戦略に関する方針勧告の盛り込み
- 同一主題に関する報告義務の同期化

4　非公式協議（パラグラフ20－25）
・安保理議長による、次の非公式会合の焦点となり得る分野の示唆
・協議におけるより双方向のやり取りの奨励

5　公式会合（パラグラフ26－36）
・発言の五分以内への短縮
・会合類型についての記述的フォーマット

6　作業計画（パラグラフ37－40）
・暫定月間見通しと暫定月間作業計画の公表

7　決議及び議長声明（パラグラフ41－44）
・決議、議長声明、プレス・ステートメント起草の際の、広汎な国連加盟国、地域機関、フレンズ・グループとの協議
・決議案、議長声明案、プレス・ステートメント案の、非公式協議での提示後、または起草者が許可する場合にはより早期の、加盟国への提示

8　下部機関（パラグラフ45－48）
・審議中案件の、下部機関議長による安保理への報告
・下部機関の作業分野に強い利害を持つ加盟国の見解聴取
・下部機関会合日程の公表

9　安保理の審議案件（パラグラフ49）

・過去五年間安保理が取り上げなかった案件の削除

10　事務局及び外部との意思疎通（パラグラフ50－55）

・総会及び経社理との定期的意思疎通維持

・事務総長への政策ガイダンスの伝達

・「アリア・フォーミュラ」会合の活用

11　年次報告（パラグラフ56－60）

・総会への年次報告がカバーすべき内容及び期間

12　新規選出メンバー（パラグラフ61－63）

・新規進出メンバーの、全安保理公式会合及び下部機関会合、非公式協議への六週間同席

ケース1：安保理議長

あなたが安保理議長の場合、安保理議長ノート（S/2006/507）は、あなたに下記のことを行うよう奨励しています。

1　安保理メンバーに対し

・次の安保理非公式協議における焦点を、安保理メンバー及び事務局のために、非公式協議開催の少なくとも一日前までに、示唆する。（パラグラフ20）

・討議を進める上での必要に応じて、非公式協議の参加者に、事前の発言者リストに関わりなく、いつでも発言することを勧奨することにより、双方向のやり取りを促進する。（パラグラフ22）

・公開会合において、審議する議題項目を特定することにより、議題項目を導入する。また、すべての政治レベル及び大使級の発言者につき、名と役職で言及する。（パラグラフ32）

2　安保理非メンバーに対し

・加盟国に対して、非公式協議の終了後まもなく実質的かつ詳細なブリーフィングを行う。（パラグラフ3）

・安保理が作業計画を採択した後、作業計画に関する、全加盟国に開かれた非公式ブリーフィングを開催する。（パラグラフ4）

・要員派遣国会合のため十分な時間を確保する。（パラグラフ31）

・簡潔に整理された暫定月間安保理作業見通しが安保理メンバーに配布され次第、同じものを安保理ウェブ・サイトで公開する。（パラグラフ37）

・暫定月間安保理作業計画（カレンダー）を更新すべきであり、改定して安保理メンバーに配布するごとに、改定箇所を適切に表示した上で、安保理ウェブ・サイトを通じて公表する。（パラグラフ40）
・安保理メンバーから要請された場合には、関係する加盟国、地域機関、地域取り決めの代表に対し、関連する議長のプレス・ステートメントまたは安保理の決定につき注意喚起を行う。（パラグラフ47）

3　その他の勧告

・総会議長及び経済社会理事会議長との定期的会合を開催する。（パラグラフ51）

ケース2：公式会合及び非公式協議における議事

あなたが公式会合または非公式協議における議事に参加している場合、安保理議長ノート（S/2006/507）は、あなたに下記のことを行うよう奨励しています。

1　公式会合

・ブリーフィングを行うことが正当化されるような緊急事態が発生した場合に、事務局に対し、アド・ホックなブリーフィングを安保理公式会合で行うよう要請することを検討する。（パラグラフ6）
・発言時間を五分以内とする。（パラグラフ27）
・前に行われた発言と同じ内容を、繰り返すことなく同意を表明する。（パラグラフ28）
・議案件の結果に直接利害を要する非メンバーには、適当であれば、安保理メンバーに先立ち発言させる。（パラ

グラフ29）

・地域機関及び地域内機関との協議と協力を拡大する。これには関連諸機関に対し適切な場合に安保理会合への参加招致を行うことが含まれる。（パラグラフ30）

・要員派遣国会合に参加する代表部から適切な武官及び政務官が出席することを奨励する。（パラグラフ31）

・紛争当事者であるか、またはその他の利害関係者や影響を受ける関係者である、加盟国の見解を、公開会合が不適当な際に非公開会合を活用して、徴する。（パラグラフ50）

2 非公式協議

・ブリーフィングを行うことが正当化される事態の際には、事務局に対し、必要に応じ各日、アド・ホックなブリーフィングを非公式協議で行うよう要請する（パラグラフ7）。

・先行する発言者の発言と同じ内容を繰り返すことなく同意を表明する。（パラグラフ21）

・安保理議長に対し、討議を進める上での必要に応じて、非公式協議の参加者に、事前の発言者リストに関わりなく、いつでも発言することを勧奨する。（パラグラフ22）

・非公式協議における発言者に対し、質問を事務局宛てのみでなく、他のメンバー宛てにも行うよう奨励する。（パラグラフ23）

・非公式協議における双方向のやり取りを増大させるため、発言を複数回行うことを互いに牽制しない。（パラグラフ24）

3 安保理非メンバーに対し

・安保理及び下部機関の決定その他の関連情報を、加盟国及び他の機関に対し、書面のやり取り、ウェブ・サイト、アウトリーチ活動その他の方法で広報する努力を強化する。(パラグラフ10)

4　その他の勧告

・あらゆる利用可能なメカニズムを、政策ガイダンスを事務総長に対し適切に伝達するために、最善に活用する。(パラグラフ52)

・新任の事務総長特別代表に対し、新マンデート下の業務を開始する前に、安保理メンバーとの対話を行うよう勧奨する。(パラグラフ53)

・「アリア・フォーミュラ」会合を、安保理メンバーの審議を拡充するための柔軟かつ非公式な場として、活用する。(パラグラフ54)

ケース3：決議及び議長声明の起案時

あなたが決議または議長声明を起案している場合、安保理議長ノート(S/2006/507)は、あなたに下記のことを行うよう奨励しています。

1　安保理メンバーに対し

・すべての安保理メンバーに、決議、議長声明、プレス・ステートメント等の準備に完全に参加することを許す。(パラグラフ41)

・決議、議長声明、プレス・ステートメント等すべての文書の起草を、すべての安保理メンバーの十分な参加を許すやり方で進める。（パラグラフ41）

2　安保理非メンバーに対し

・決議、議長声明、プレス・ステートメント等を起草するに当たり、より広範な国連メンバー、とりわけ、案件に直接関与するか特別に影響を受ける国及び特別な貢献を行う国を含む国連加盟国、並びに地域機関、フレンズ・グループと、非公式な協議を行う。（パラグラフ42）

・決議案、議長声明案その他の案文を、それらの案文が安保理非公式協議で提示され次第速やかに、または案文の起草者により認められた場合にはより早期に、安保理非メンバーに対し適切に入手可能とすることを検討する。（パラグラフ43）

3　報告義務

・事態がより短いまたはより長い間隔とすべき理由をもたらすのでない限り、標準的報告期間を六カ月間隔と定めることを検討する。（パラグラフ12）

・決議採択に際し、報告の間隔を可能な限り明確に定める。（パラグラフ12）

・書面による報告を必要としない口頭報告が所期の目的を十分に達成できると安保理メンバーが判断する際には、口頭報告を要請することに同意するとともに、その要請を可能な限り明確に示す。（パラグラフ12）

・安保理の効果的作業に優先度を置きつつも、同じ主題に関する事務局の報告義務を同期化すべく、他の国連機関と協力する。（パラグラフ17）

ケース4：下部機関

あなたが安保理下部機関の議長またはメンバーの場合、安保理議長ノート（S/2006/507）は、あなたに下記のことを行うよう奨励しています。

1　安保理に対し
・安保理から戦略的ガイダンスを得るため、定期的に、審議中のいかなる案件についても安保理に報告する。（パラグラフ45）

2　関心ある加盟国や非メンバーに対し
・定期的に非公式ブリーフィングを行う。（パラグラフ5）
・ブリーフィングの開催時間・場所を「国連ジャーナル」誌に記載する。（パラグラフ5）
・決定その他の関連情報を、書面のやり取り、ウェブ・サイト、アウトリーチ活動その他の方法で広報する。（パラグラフ10）
・文書に対するアクセスに関する方針を定期的に見直す。（パラグラフ10）
・各機関の作業分野に強い関心を持つ加盟国の見解を徴する。（パラグラフ46）
・制裁により特に影響を受ける加盟国の見解を徴する。（パラグラフ46）
・各機関のウェブ・サイト及び「国連ジャーナル」誌を通じて、各期間の会合日程を公表する。（パラグラフ47）
・安保理ＰＫＯ作業部会の会合における、事務局、要員派遣国その他の主要な関係者の出席を奨励する。（パラグラフ48）

(2)「アリア・フォーミュラ」会合（二〇〇六年一一月二七日）

（文書手続作業部会議長により準備され、この文書の内容は、二〇〇六年一二月二〇日、安保理に対し口頭で報告された）

下記の諸要素は、非公式文書手続作業部会の「アリア・フォーミュラ」会合に関する共通理解を代表するものと見られる。

・安保理メンバーは、「アリア・フォーミュラ」会合を安保理議長ノート（S/2006/507）パラグラフ54に従って計画し、またそれらの会合に参加することを奨励される。

・二〇〇二年に事務局により準備された、「アリア・フォーミュラ」会合に関する背景説明ノートの内容は、「アリア・フォーミュラ」会合の現在及び過去の慣行についての有益な記述を提供している。安保理メンバーは、本件背景説明ノートを、「アリア・フォーミュラ」会合の柔軟性を損なうことなく、ガイドラインとして活用することを奨励される。

・「アリア・フォーミュラ」会合を開催する安保理メンバーは、その非公式な性格を維持するため、注意深く開催することを奨励される。

・「アリア・フォーミュラ」会合を開催する安保理メンバーは、その会合における、計画されている手続き及び出席者について、出席するすべての安保理メンバーに通知すべきであり、かつ十分事前に通知することを奨励される。

(3) 安保理メンバーによる「アリア・フォーミュラ」会合に関する背景説明ノート（二〇〇二年一〇月二五日）

（事務局により準備された、非公式ノンペーパー）

「アリア・フォーミュラ」会合は、安保理メンバーによる比較的最近の慣行である。安保理非公式協議と同様、「アリア・フォーミュラ」会合は、国連憲章においても安保理仮手続規則においても想定されていない。しかし、憲章第三〇条の下で、安保理は自らの手続きの主人であり、自らの実行を決定する自由を持つ。

「アリア・フォーミュラ」会合は、（会合のファシリテーターまたは開催者ともなる）安保理メンバーが、見解を聴取し、またはメッセージを伝達することが有益であると考える者を招致し、柔軟な手続き的枠組の下、安保理メンバーがその者と率直かつ私的な意見交換を行うことを可能にする、極めて非公式、かつ秘密裏の集会である。「アリア・フォーミュラ」会合は、政府及び国際機関の上級代表（しばしば後者の要請により）並びに非政府の当事者と、それらの者が関係しかつ安保理の責任範囲にある事項に関し、関心のある安保理メンバーが直接対話を行う機会を提供する。

このプロセスは、安保理におけるベネズエラ代表（一九九二年～一九九三年）として一九九二年にこの慣行を開始した、ディエゴ・アリア・ベネズエラ大使に因んで名づけられた。アリア大使自身は、その時点の安保理議長として、一九九二年に「アリア・フォーミュラ」会合を開催したが、最近の慣行は、安保理議長以外の安保理メンバーがイニシアティブをとることが選好されていることを示唆している。会合を開催する安保理メンバーが、議長を務める。

「アリア・フォーミュラ」会合は、安保理非公式協議と以下の面において異なる。

・この非公式の集会は安保理の活動を構成せず、安保理メンバーのイニシアティブにより開催される。この会合への参加は各安保理メンバーが決定することであり、安保理メンバーの一部が出席しないことを選んだ実例がある。

・「アリア・フォーミュラ」会合は国連の会議場のうちの一つで開催され、安保理非公式協議室では開催されない。

・「アリア・フォーミュラ」会合の開催者は、他の一四安保理メンバーに対し、会合の場所、日時、見解を聴取する関係者の名を示した書面の招待状を、開催者の常駐代表部からファックスで発出するものであり、事務局からの通知によらない。

・「アリア・フォーミュラ」会合は、日刊の「国連ジャーナル」誌で公表されない。

・招致を受けない限り、事務局員は、通訳と会議サービス間を除いて、出席することが期待されない。

（招致を受けて出席した例として、事務総長がＯＡＵ事務局長との「アリア・フォーミュラ」会合（一九九八年一〇月五日）及びＮＡＴＯ事務局長との「アリア・フォーミュラ」会合（二〇〇一年三月六日）に出席した。またＳＣＡＤの下部機関部部長が、イラクに関する「アリア・フォーミュラ」会合（一九九八年四月二七日）に、招致され出席した。）

(4) 安保理に関連する諸会合のフォーマット

会合の名称		会合のフォーマット	安保理非メンバーの討議への参加に関する慣行	事務局によるブリーフィング	公式記録	会合の場所
公式会合	公開会合	公開討論	非メンバーは、要請により討議に参加するよう招致されることがある	行われる場合と行われない場合がある	公表	安保理議場
		討論	審議案件に直接関連するか影響を受ける、あるいは特別の利害を有する非メンバーは、要請により討議に参加するよう招致されることがある	行われる場合がある		
		ブリーフィング	安保理メンバーのみがブリーフィングに引き続き発言を行うことがある	行われる		
		採択	非メンバーは、要請により討議に参加するよう招致される場合と、されない場合がある	行われない		
	非公開会合	非公開討論	安保理非メンバー、事務局員その他の者は、要請により、安保理手続規則三七または三九に従い、討議に参加するよう招致されることがある	行われる場合がある	写しを取らない原本のみ作成され、事務局が保管。コミュニケを発出	安保理議場
		要員派遣国会合	安保理決議一三五三(二〇〇一)が指定する関係者は、同決議に従い討議に参加するよう招致される	行われる場合がある		経社理・信託統治理事会議場または国連会議室
非公式協議			認められない	行われる場合がある	作成されない	非公式協議室
「アリア・フォーミュラ」会合			認められない	行われない	作成されない	決まりはない

(5) 安保理によりとられる行動の主要な類型*

行動の類型（文書シンボル）	通常の決定手続
決　議 (S/RES／[番号]（[採択年]）)	憲章第二七条に従い、Ｐ５の一致した投票を含む九メンバーの賛成票。公式会合（採択）で決定。
議長声明 (S/PRST／[採択年]／[番号])	コンセンサス。安保理議長が公式会合（採択）で声明を読み上げ。
安保理議長ノート	コンセンサス
安保理議長発書簡**	コンセンサス
プレス・ステートメント	コンセンサス。安保理議長がプレスに対しステートメントを読み上げ。

*文書手続作業部会議長が、国連憲章、安保理仮手続規則、安保理の慣行及び安保理議長ノート（S/2006/507）を基に作成。この表の内容は、正式に定められたものでなく、また安保理によるすべての行動を網羅することを意図するものでもない。

**例外的ケースにおいて、書簡は公式会合（採択）において採択される。

参考文献一覧

1　ウェブ・サイト

安保理ホームページ（http://www.un.org/Docs/sc/）
外務省ホームページ（http://www.mofa.go.jp/mofaj/）
国連代表部ホームページ（http://www.un.int/japan/jp/）

2　書　籍

明石康『国際連合』（岩波新書、一九八五年）
上杉勇司『変わりゆく国連ＰＫＯと紛争解決――平和創造と平和構築をつなぐ』（明石書店、二〇〇四年）
大芝亮、藤原帰一、山田哲也（編）『平和政策』（有斐閣、二〇〇六年）
大沼保昭『人権、国家、文明――普遍主義的人権観から文際的人権観へ』（筑摩書房、一九九八年）
北岡伸一『国連の政治力学』（中公新書、二〇〇七年）
田畑茂二郎『国際法講義　下』（東信堂、一九八四年）
広島市立大学広島平和研究所（編）『人道危機と国際介入――平和回復の処方箋』（有信堂高文社、二〇〇三年）
藤田久一『国連法』（東京大学出版会、一九九八年）
Bailey, Sydney D. and Sam Daws, *The Procedure of the UN Security Council*, 3rd edition (Oxford: Oxford University Press, 1998)

Luck, Edward, *UN Security Council* (London: Routledge, 2006)
Malone, David M. (ed.), *The UN Security Council: From the Cold War to the 21st Century* (Boulder CO: Lynne Rienner, 2004)
Matheson, Micheal J., *Council Unbound: the Growth of UN Decision Making on Conflict and Postconflict Issues after the Cold War* (Washington DC: United States Institute of Peace Press, 2006)

3 論文・記事・国連文書

麻生太郎「日本外交、試練と達成の一一日間」（『中央公論』二〇〇六年九月号所収）
大島賢三「内側から見た国連安保理と日本の戦略」（『正論』二〇〇七年五月号所収）
川上隆久「安保理改革へ日本が投じた一石――国連安保理ＰＫＯ作業部会議長国として」（『外交フォーラム』二〇〇七年六月号（通巻第二二七号）所収）
星野俊也「米国のコソボ紛争介入――その道義性・合法性・正統性」（『国際問題』二〇〇〇年二月号（通巻第四七九号）所収）
松浦博司「安保理における政治力学――Ｐ５（常任理事国）とＥ10（非常任理事国）」（国連フォーラム第二四回勉強会（二〇〇六年八月二四日）記録（http://unforum.org/lectures/24.html にて閲覧可能））
"The discreet charms of the international go-between," *The Economist,* July 5, 2008, pp.67-68
"Legal Consequences for States of the Continued Presence of South Africa in Namibia (South West Africa) notwithstanding Security Council Resolution 276 (1970)," Advisory Opinion, *I.C.J. Reports 1971*
"An Agenda for Peace: Preventive Diplomacy, Peacemaking, and Peacekeeping (Report of the Secretary-General Pursuant to the Statement Adopted by the Summit Meeting of the Security Council on 31January 1992)." A/47277-S/24111, June 17, 1992
"Supplement to An Agenda for Peace: Position Paper of the Secretary-General on the Occasion of the Fiftieth Anniversary of the United Nations." A/50/60-S/1995/1, January 3, 1995.

"Report of the Panel on United Nations Peace Operations: A far-reaching report by an independent panel." A/55/305?S/2000/809, August 21, 2000.

"A More Secure World: Our Shared Responsibility: Report of the High-level Panel on Threats, Challenges and Change." A/59/565, December 2, 2004.

"Security Council enlargement and the cascade effect: enlargement of the permanent member category and its effect on the United Nations system." (Annex to the note verbale dated 24 June 2005 from the Permanent Mission of Costa Rica to the United Nations addressed to the Secretary-General (A/59/856))

〔ま行〕

〔や行〕

〔ら行〕

〔わ行〕

索　引

著者紹介

松浦博司（まつうら　ひろし）
1964年大阪府生まれ。
1987年東京大学教養学部教養学科卒業、外務省入省。
国連代表部参事官等を経て、
現在外務省経済局経済統合体課長兼アジア欧州協力室長、東京大学客員教授、
中央大学客員講師。

国連安全保障理事会—その限界と可能性

2009年6月30日　　初　版第1刷発行　　〔検印省略〕

定価はカバーに表示してあります。

著者©松浦博司／発行者　下田勝司　　印刷・製本／中央精版印刷

東京都文京区向丘1-20-6　郵便振替00110-6-37828　　発行所
〒113-0023　TEL (03) 3818-5521　FAX (03) 3818-5514　　株式会社 東信堂

Published by TOSHINDO PUBLISHING CO., LTD.
1-20-6, Mukougaoka, Bunkyo-ku, Tokyo, 113-0023 Japan
E-mail : tk203444@fsinet.or.jp　http://www.toshindo-pub.com

ISBN978-4-88713-920-6 C3032

東信堂

人間の安全保障—世界危機への挑戦	佐藤誠・安藤次男編	三八〇〇円
スレブレニツァ—あるジェノサイドをめぐる考察	長有紀枝	三八〇〇円
政治学入門	内田満	一八〇〇円
政治の品位—日本政治の新しい夜明けはいつ来るか	内田満	二〇〇〇円
「帝国」の国際政治学—冷戦後の国際システムとアメリカ	山本吉宣	四七〇〇円
解説 赤十字の基本原則—人道機関の理念と行動規範	J・ピクテ 井上忠男訳	一〇〇〇円
医師・看護師の有事行動マニュアル—医療関係者の役割と権利義務	井上忠男	一二〇〇円
社会的責任の時代	功刀達朗・野村彰男編著	三二〇〇円
国際NGOが世界を変える—地球市民社会の黎明	功刀達朗・毛利勝彦編著	二〇〇〇円
国連と地球市民社会の新しい地平	功刀達朗・内田孟男編著	三四〇〇円
公共政策の分析視角	大木啓介編著	三二〇〇円
実践 ザ・ローカル・マニフェスト	松沢成文	一二三八円
実践 マニフェスト改革	松沢成文	二三〇〇円
NPO実践マネジメント入門	パブリックリソースセンター編	二三八一円
インターネットの銀河系—ネット時代のビジネスと社会	M・カステル著 矢澤・小山訳	三六〇〇円
〈現代臨床政治学シリーズ〉		
リーダーシップの政治学	石井貫太郎	一六〇〇円
アジアと日本の未来秩序	伊藤重行	一八〇〇円
象徴君主制憲法の20世紀的展開	下條芳明	二〇〇〇円
ネブラスカ州における一院制議会	藤本一美	一六〇〇円
ルソーの政治思想	根本俊雄	二〇〇〇円
シリーズ〈制度のメカニズム〉		
アメリカ連邦最高裁判所	大越康夫	一八〇〇円
衆議院—そのシステムとメカニズム	向大野新治	一八〇〇円
WTOとFTA—日本の制度上の問題点	高瀬保	一八〇〇円
フランスの政治制度	大山礼子	一八〇〇円
イギリスの司法制度	幡新大実	二〇〇〇円

〒113-0023 東京都文京区向丘 1-20-6 TEL 03-3818-5521 FAX03-3818-5514 振替 00110-6-37828
Email tk203444@fsinet.or.jp URL:http://www.toshindo-pub.com/

※定価：表示価格（本体）＋税

東信堂

社会階層と集団形成の変容―集合行為と「物象化」のメカニズム	丹辺宣彦	六五〇〇円
階級・ジェンダー・再生産―現代資本主義社会の存続のメカニズム	橋本健二	三二〇〇円
イギリスにおける住居管理―オクタヴィア・ヒルからサッチャーへ	中島明子	七四五三円
人は住むためにいかに闘ってきたか―〔新装版〕欧米住宅物語	早川和男	二〇〇〇円
（居住福祉ブックレット）		
居住福祉資源発見の旅：新しい福祉空間、懐かしい癒しの場	早川和男	七〇〇円
どこへ行く住宅政策：進む市場化、なくなる居住のセーフティネット	本間義人	七〇〇円
漢字の語源にみる居住福祉の思想	李桓	七〇〇円
日本の居住政策と障害をもつ人	大本圭野	七〇〇円
障害者・高齢者と麦の郷のこころ：住民、そして地域とともに	伊藤静美 田中秀樹 加藤直人	七〇〇円
地場工務店とともに：健康住宅普及への途	山本里見	七〇〇円
子どもの道くさ	水月昭道	七〇〇円
居住福祉法学の構想	吉田邦彦	七〇〇円
奈良町の暮らしと福祉：市民主体のまちづくり	黒田睦子	七〇〇円
精神科医がめざす近隣力再建：進む「子育て」砂漠化、はびこる「付き合い拒否」症候群	中澤正夫	七〇〇円
住むことは生きること：鳥取県西部地震と住宅再建支援	片山善博	七〇〇円
最下流ホームレス村から日本を見れば	ありむら潜	七〇〇円
世界の借家人運動：あなたは住まいのセーフティネットを信じられますか？	髙島一夫	七〇〇円
「居住福祉学」の理論的構築	柳中権 張秀萍	七〇〇円
居住福祉資源発見の旅Ⅱ：地域の福祉力・教育力・防災力	早川和男	七〇〇円
居住福祉の世界：早川和男対談集	早川和男	七〇〇円
医療・福祉の沢内と地域演劇の湯田：岩手県西和賀町のまちづくり	高橋典成 金持伸子	七〇〇円

〒113-0023 東京都文京区向丘 1-20-6 TEL 03-3818-5521 FAX03-3818-5514 振替 00110-6-37828
Email tk203444@fsinet.or.jp URL:http://www.toshindo-pub.com/
※定価：表示価格（本体）＋税

東信堂

〔世界美術双書〕		
バルビゾン派	井出洋一郎	二〇〇〇円
キリスト教シンボル図典	中森義宗	二三〇〇円
パルテノンとギリシア陶器	関隆志	二三〇〇円
中国の版画—唐代から清代まで	小林宏光	二三〇〇円
象徴主義—モダニズムへの警鐘	中村隆夫	二三〇〇円
中国の仏教美術—後漢代から元代まで	久野美樹	二三〇〇円
セザンヌとその時代	浅野春男	二三〇〇円
日本の南画	武田光一	二三〇〇円
画家とふるさと	小林忠	二三〇〇円
ドイツの国民記念碑—一八一三—一九一三年	大原まゆみ	二三〇〇円
日本・アジア美術探索	永井信一	二三〇〇円
インド、チョーラ朝の美術	袋井由布子	二三〇〇円
古代ギリシアのブロンズ彫刻	羽田康一	二三〇〇円
〔芸術学叢書〕		
芸術理論の現在—モダニズムから	藤枝晃雄・谷川渥 編著	三八〇〇円
絵画論を超えて	尾崎信一郎	四六〇〇円
幻影としての空間—図学からみた東西の絵画	小山清男	三七〇〇円
美術史の辞典	P・デューロ他 中森義宗・清水忠訳	三六〇〇円
図像の世界—時・空を超えて	中森義宗	二五〇〇円
バロックの魅力	小穴晶子編	二六〇〇円
新版 ジャクソン・ポロック	藤枝晃雄	二六〇〇円
美学と現代美術の距離—アメリカにおけるその乖離と接近をめぐって	金悠美	三八〇〇円
ロジャー・フライの批評理論—知性と感受性の間で	要真理子	四二〇〇円
レオノール・フィニ—境界を侵犯する新しい種	尾形希和子	二八〇〇円
イタリア・ルネサンス事典	J・R・ヘイル編 中森義宗監訳	七八〇〇円
キリスト教美術・建築事典	P・マレー/L・マレー 中森義宗監訳	続刊
福永武彦論—「純粋記憶」の生成とボードレール	西岡亜紀	三二〇〇円

〒113-0023 東京都文京区向丘 1-20-6 TEL 03-3818-5521 FAX03-3818-5514 振替 00110-6-37828
Email tk203444@fsinet.or.jp URL:http://www.toshindo-pub.com/

※定価：表示価格（本体）＋税